会計プロフェッションと
内部統制

町田祥弘

税務経理協会

はしがき

　今日，会計および監査に関する話題は，新聞，雑誌等において広く一般的な関心事として取り上げられるようになってきている。諸外国では，以前から，会計および監査制度は資本市場を支える最重要の経済インフラであるとの認識に基づく議論があったように思われるが，今や，日本においても，経済社会を語る際に欠かすことのできない重要な問題として受けとめられているといえよう。

　このような状況はいつ始まったものであろうか。顧みれば，わずかここ数年，少なくとも1997年のアジア経済危機以降のことのように思われる。アジア経済危機以降，世界の資本市場の一体性が強く認識され，国際的に，会計，監査およびガバナンスの収斂ないし統一化に関する議論が急速に進められてきている。それを受けて，日本においても会計および監査制度の整備が進められ，結果として，時価評価，減損会計，ストックオプション，あるいは監査の厳格化等の問題に見られるように，会計基準の内容や監査人の判断のあり方が経済活動を左右する事態を顕在化させ，その重要性が広く社会的に認知されるようになったのである。

　その一方で，会計または監査に関わるさまざまな問題が，脚光を浴びている現在，当該領域で研究または実務に携わる者にとっては，かつてない程の期待と責務が課せられているといえるであろう。

　本書は，監査環境の変化に伴う会計プロフェッションの役割期待の変化，およびそれに対する会計プロフェッションの対応の問題を検討している。この点については，主に本書の第Ⅰ部で論じているが，今日の監査環境の変化は，従来の財務諸表監査の枠組みを大きく変化させ，会計プロフェッションに対して新たな役割を果たすことを求めているように思われる。

なかでも，経営者不正，ゴーイング・コンサーン問題および内部統制問題が重要な課題であると解される。これらの問題は，経営者が担う財務報告責任と監査人が担う監査責任との峻別を求める，いわゆる二重責任の原則によっては必ずしも捉えきれない問題であり，これらを包括する財務諸表監査の新たな枠組みの構築を要請するものであるということができよう。

　これらのうち本書では，第Ⅱ部において，内部統制問題，とくに内部統制報告の問題を検討している。内部統制報告とは，経営者が自社の内部統制の有効性について報告し，それに対して監査人が財務諸表監査とは別の追加的な手続によって報告を行うというものである。英米等の監査領域では，かなり以前から議論されてきた問題であったが，監査人に対して新たに重大な責任を課すものであることから，度重なる制度への導入の議論にもかかわらず，これまでは限られた特定の領域で義務づけられるにとどまっていた。

　ところが，現在，これまで実施の見通しのなかった内部統制報告が，各国で義務づけられる方向となってきている。これは，アメリカにおいて2002年7月30日に制定された企業改革法（サーベインズ＝オックスリー法）の中で，内部統制報告が法定されたことによるものに他ならない。アメリカでは，エンロンやワールドコム等の経営破綻を契機として相次いで表面化した，不正な財務報告問題が社会問題化し，資本市場からの直接金融を主たる資金調達手段としているアメリカ経済全体を揺るがす大きな危機に直面したのである。企業改革法は，この国家的な危機に対して，従来，各方面で議論されてきた会計，監査およびガバナンスに関するさまざまな改革案をほぼ網羅的に取り入れた包括的な処方箋として制定されたものであり，内部統制報告制度もその1つとして導入されたのである。

　内部統制報告の問題は，私が研究に着手した10年前は，財務諸表監査とは異なる枠組みの問題であり，監査研究における重要な課題ではないとさえいわれていたことを記憶している。企業改革法の成立とその内容を知った折には，まさに大きな時代の転換点を目の当たりにしたように感じたものである。

　世界的に見ても，会計および監査は，アメリカの企業改革法を契機として大

きな変革の渦中に巻き込まれ，一種のパラダイム転換を果たしたと解される。本書では，そのような新しい監査環境の中で，会計プロフェッションにとっての重要な課題の1つと捉えられる内部統制報告の問題の意義，論理および課題について，内部統制報告を積極的に評価する立場から論じている。

今後，日本においても，国際的な動向に鑑みて内部統制報告制度の導入が俎上に載ることが予想される。本書がその際の議論に基礎の一部を提供することができれば幸いである。

本書の完成に至るまでには，多くの方々にご指導をいただいた。紙幅の関係上，そのすべてのご厚誼を記すことは到底できないものの，一部ではあるが，ここに感謝のことばを述べさせていただきたい。

まず何より，長年，指導教授としてご指導いただいた，塩原一郎教授（名古屋経済大学教授・早稲田大学名誉教授）に感謝申し上げたい。先生に出逢わなければ，おそらく私は会計学研究の道を歩むことはなかったであろう。先生には，大学一年生のときにお目にかかって以来，今日に至るまでの長きにわたってお世話になってきている。浅学非才ながらも，どうにかここに本書をまとめることができたのは，ひとえに，先生の厳しいご指導と叱咤激励によるものである。まだまだ研究途上であるとはいえ，本書によって少しでも先生のご恩に報いることができたとすれば幸いである。

同じく大学院在籍時にご指導いただいた，故・染谷恭次郎教授，ならびに，藤田幸男教授（芝浦工業大学理事長・早稲田大学名誉教授）にも感謝申し上げたい。

染谷先生には，大学に奉職した折に，すぐさまお祝いのお手紙をいただき，その中で，「今日からは，自由に研究ができるのです。研究をしなさい。そして，それを論文にしなさい。書くことで初めて，あなたが何に関心を持ち，何を課題としているかが明らかとなるのですから。」という厳しくも暖かいお言葉をいただいたことが，つい昨日のことのように思い出される。もし本書をお読みいただいたならば，厳しいご批判をいただくものと思われるが，それが叶わないことが残念でならない。

藤田先生からは，学位を取得するように，そしてそのためにも海外に出て一定の期間，研究に専念する時間をとるように，と繰り返し仰っていただいた。藤田先生のように海外の大学で学位を取得することはできなかったが，今日，幸運にも学位を取得し，英国 *Warwick* 大学で在外研究を経験することができたのは，先生のご示唆が少なからず影響しているように思われる。

　また本書は，私の学位申請論文をもとに，一部，内容を書き改めて，一冊の書物としてまとめたものである。本書に先立つ学位申請論文の作成および提出の過程では，加古宜士教授（早稲田大学）に大変お世話になった。

　加古先生には，さまざまなご公務を抱えておられる非常にお忙しい身でありながら，論文に目を通していただき，論文の構成から，結論の整理の仕方まで，本当に親身のご指導をいただいた。何度となく先生の研究室にお伺いし，そのたびに論旨の不備や曖昧な箇所が1つ1つ解消され，徐々に論文の体裁が整っていった。先生のご指導，ご尽力なくしては，学位申請論文および本書が，曲り形にも完成することはなかったであろう。深く感謝申し上げたい。

　同じく早稲田大学の石塚博司教授，片山覺教授，河榮徳教授，川村義則助教授には，ご多忙中にもかかわらず，論文をお読みいただき，さまざまな点についてご指導を賜った。数多くの至らない部分を改めることができたのは，先生方のご指導のお蔭である。

　その他，辻正雄教授，広瀬義州教授，清水孝教授，長谷川惠一教授，さらには，すでにご退職になってはいるが，小川洌教授（城西国際大学），西澤脩先生，大塚宗春先生（会計検査院検査官）といった先生方にも，在学時以来，今日に至るまでさまざまな面でご指導ご鞭撻をいただいてきている。心より御礼申し上げたい。

　現在私が所属している東京経済大学の先生方，田中章義教授，高山朋子教授，久木田重和教授，中光政教授，武脇誠教授，小野武美教授，青木章通講師にも感謝申し上げたい。先生方には，日頃から，若輩の私を温かい目で見守っていただいている。先生方のご寛恕のお蔭で，自由な雰囲気の中で研究・教育活動を続けることができており，非常に有難いことと受けとめている。

さらに，学会や研究会においても，非常に多くの先生方にお世話になってきている。飯野利夫先生（中央大学名誉教授・一橋大学名誉教授），加藤恭彦教授（甲南大学），脇田良一教授（明治学院大学），山浦久司教授（明治大学），八田進二教授（青山学院大学），秋月信二教授（埼玉大学），伊藤邦雄教授（一橋大学），高田敏文教授（東北大学），伊豫田隆俊教授（甲南大学），内藤文雄教授（神戸大学），山﨑秀彦教授（専修大学），松井隆幸教授（拓殖大学），堀江正幸教授（日本大学），橋本尚教授（日本大学），松本祥尚教授（関西大学），林隆敏助教授（関西学院大学）に感謝申し上げたい。

とくに，八田先生には，監査論研究の専門家として，故・日下部與市教授から受け継がれた「唇歯輔車」の考え方，すなわち，実学たる監査の領域では，研究と実務とが連携して監査の発展に寄与していかなくてはならない，という考え方のもと，日本の監査実務を踏まえた研究の場に導いていただき，今日までご教導いただいている。もし私に幾許かの監査論研究者としてのバランス感覚が身についているとすれば，それはすべて先生のご指導によるものに違いない。

また，監査論という研究領域の特性から，多数の公認会計士等の実務家の方々にもご助言等をいただいている。なかでも，川北博氏（川北博事務所），村山徳五郎氏（中央青山監査法人顧問・東北公益文科大学教授），片山英木氏（中央青山監査法人），小野行雄氏（監査法人トーマツ），五十嵐則夫氏（中央青山監査法人），小宮山賢氏（あずさ監査法人），中村恭久氏（日本内部監査協会），角田善弘氏（CSKネットワークシステムズ㈱取締役），多賀谷充氏（金融庁）には，研究上の多大なご助力をいただいた。

その他，多くの同輩，後輩の諸兄にもご協力をいただいた。とくに，共同研究者として，多くの刺激と助言を与えてくれた，中野貴之助教授（流通経済大学），土屋和之助教授（千葉商科大学）には心より感謝している。

いうまでもなく，本書の内容等の過不足は，すべて私の勉強不足によるものであるが，一方，これまでの研究を含めて，本書に反映されている研究成果の多くの部分は，上記の皆様のご指導ご鞭撻と，研究仲間および後輩諸兄からの

研究上の示唆や助力によるものである。重ねて，衷心より感謝御礼申し上げ，今後とも変わらぬご交誼とご指導ご鞭撻をお願いしたい。

　最後なったが，本書の出版にご理解を賜り，多大なご配慮をいただいた㈱税務経理協会代表取締役社長大坪嘉春氏ならびに書籍企画部長峯村英治氏に，心より御礼申し上げたい。

2004年1月21日

町　田　祥　弘

付記：本書の刊行に当たっては，東京経済大学より学術図書刊行助成費の支給を受けている。記して，謝意を表したい。

目　次

はしがき

第1章　監査環境の変化と問題の所在……………………………3
1　問題の所在と本書の目的……………………………………3
2　本書の構成……………………………………………………11

第Ⅰ部　監査環境の変化と会計プロフェッションの対応

第2章　適正性レベル………………………………………………19
1　財務諸表監査における適正性レベル………………………19
2　適正性概念の歴史的経緯……………………………………21
3　適正性概念の議論……………………………………………24
4　開示レベルと適正性レベル…………………………………28
5　適正性レベルのモデル化……………………………………29

第3章　GAAPとGAAS……………………………………………35
1　GAAP環境から生じる問題…………………………………35
2　未確定事項……………………………………………………36
3　GAASの論理の検討…………………………………………41
4　GAAPとGAAS………………………………………………45

第4章　日本における監査環境の変化と
　　　　会計プロフェッションの意識……………………………51
　1　日本における監査環境の変化…………………………………51
　2　調査対象となる問題の識別……………………………………53
　3　インタビュー調査の概要………………………………………62
　4　インタビュー調査の結果………………………………………64

第5章　保証業務のフレームワークと監査需要論……………69
　1　保証業務のフレームワーク……………………………………69
　2　保証業務の展開の意義…………………………………………71
　3　監査需要論からの検討…………………………………………77
　4　日本における保証業務の意義…………………………………88

第6章　MD&A 開示に対する保証の付与………………………93
　1　MD&A 開示の事例………………………………………………93
　2　MD&A 開示規制…………………………………………………94
　3　MD&A 重視の背景と会計プロフェッションの関与…………99
　4　会計プロフェッションに対する需要の観点からの検討……104

第7章　監査環境の変化と会計プロフェッションの対応……109
　　　　―小　　結―
　1　監査環境の変化と会計プロフェッションの対応……………109
　2　内部統制問題の重要性…………………………………………112

第Ⅱ部　内部統制に対する会計プロフェッションの関与

第8章　内部統制フレームワーク設定の意義と背景……………117
　1　コーポレート・ガバナンスの議論と内部統制フレームワークの設定…117

2　各国の内部統制フレームワークに共通する2つの特徴…………120
　3　内部統制フレームワークに相違をもたらす3つの要因…………123
　4　内部統制フレームワークの国際的動向と日本の状況……………131

第9章　内部統制フレームワークをめぐる新たな動向………………135
　1　内部統制フレームワークをめぐる2つの新たな動向……………135
　2　ERMフレームワーク案公表までの経緯……………………………136
　3　ERMフレームワーク案の概要………………………………………143
　4　ERMフレームワーク案の特徴………………………………………150
　5　今後の課題……………………………………………………………156

第10章　マネジメント・レターによる内部統制報告………………159
　1　1990年代までの内部統制報告の展開………………………………159
　2　マネジメント・レターの意義………………………………………162
　3　内部統制に関する報告の歴史的経緯の検討………………………171
　4　マネジメント・レターをめぐる経営者と監査人の関係…………179
　5　マネジメント・レター制度化の意義と日本の状況………………185

第11章　金融機関における内部統制報告……………………………187
　　　　　―FDICIAの制定とアテステーションの枠組み―
　1　内部統制報告に関する議会の動向…………………………………187
　2　FDICIAに先立つ議会とSECの動向………………………………188
　3　FDICIAの成立経緯…………………………………………………192
　4　内部統制報告書の一般化……………………………………………197
　5　問題点の考察…………………………………………………………200

第12章　英国・カナダにおける内部統制報告問題…………………203
　1　内部統制報告の国際的な展開………………………………………203

2 アメリカ，英国およびカナダにおける議論の比較……………………205
 3 ガバナンスの論理と内部統制報告の議論……………………………212

第13章　追加的監査報告としての内部統制報告……………………215
 1 追加的報告………………………………………………………………215
 2 外部監査人による内部統制報告の問題点……………………………216
 3 監査に関する従来の考え方の検討……………………………………220
 4 監査人に期待される役割の変化………………………………………228

第14章　不正問題と内部統制……………………………………………233
 1 内部統制と不正問題……………………………………………………233
 2 内部統制の限界とそれに対する対処…………………………………238
 3 不正問題への対応に関する2つの動向………………………………244
 4 不正問題への対応の焦点………………………………………………248

第15章　内部統制に関する不正事例とその影響………………………251
　　　　　—大和銀行問題を中心として—
 1 不正事例と内部統制報告の展開………………………………………251
 2 大和銀行事件と内部統制問題…………………………………………253
 3 金融検査マニュアルと内部統制問題…………………………………259
 4 金融機関における内部統制問題の意義………………………………265

第16章　企業改革法による内部統制報告問題…………………………267
 1 企業改革法による内部統制報告の法制化……………………………267
 2 内部統制報告の展開……………………………………………………269
 3 企業改革法による一般企業への適用…………………………………274
 4 日本における内部統制報告問題の現状と課題………………………278

第17章 わが国における内部統制問題の調査 ……………………281
1 内部統制に関する調査の概要………………………………………281
2 日本の外部監査における内部統制問題……………………………283
3 コーポレート・ガバナンスと内部統制問題………………………293

第18章 結びにかえて ……………………………………………299
1 本書の要約……………………………………………………………299
2 展　　望………………………………………………………………305

参 考 文 献……………………………………………………………307

索　　引…………………………………………………………………327

凡　例

AAA	American Accounting Association	アメリカ会計学会
AcSEC	Accounting Standards Executive Committee	会計基準常務委員会
ADR	American Depositary Receipts	米国預託証券
AIA	American Institute of Accountants	アメリカ会計士協会
AICPA	American Institute of Certified Public Accountants	アメリカ公認会計士協会
APB	Auditing Practices Board	監査実務審議会
ASB	Auditing Standards Board	監査基準審議会
ASOBAT	A Statement of Basic Accounting Theory（AAA, 1966）	『基礎的会計理論』
AudSEC	Auditing Standards Executive Committee	監査基準常務委員会
AuSB	Auditing Standards Board	監査基準審議会
BIS	Bank for International Settlements	国際決済銀行
CEO	Chief Executive Officer	最高経営責任者
CoCo	Criteria of Control Board	統制規準審議会
COSO	Committee of Sponsoring Organization of the Treadway Commission	トレッドウェイ委員会支援組織委員会
EDGAR	Electric Data Gathering, Analysis and Retrieval	エドガー・システム
ERM	Enterprise Risk Management	企業リスク・マネジメント
FASB	Financial Accounting Standards Board	財務会計基準審議会
FBI	Federal Bureau of Investigation	連邦捜査局
FCPA	Foreign Corrupt Practice Act of 1977	『海外不正支払防止法』
FDICIA	Federal Deposit Insurance Corporation Improvement Act of 1991	『連邦預金保険公社改革法』
FEI	Financial Executives Institute	財務担当役員協会
FRB	Federal Reserve Board	連邦準備制度理事会
FIRREA	Financial Institutions Reform, Recovery and Enforcement Act	『金融機関の改革，復興および強制執行に関する法律』
GAAP	Generally Accepted Accounting Principles	一般に認められた会計原則
GAAS	Generally Accepted Auditing Standards	一般に認められた監査基準
GAO	General Accounting Office	米国会計検査院
GASAE	Generally Accepted Standards for Attestation Engagement	アテステーション契約基準
IAASB	International Auditing and Assurance Standards Board	国際監査・保証基準審議

凡　例　7

	会	
IAPC	International Auditing Practices Committee	国際監査実務委員会
IAS	International Accounting Standards	国際会計基準
IASB	International Accounting Standards Board	国際会計基準審議会
IASC	International Accounting Standards Committee	国際会計基準委員会
ICAEW	Institute of Chartered Accountants in England and Wales	イングランド・ウェールズ勅許会計士協会
ICMG	International Capital Market Group	国際資本市場グループ
IFAC	International Federation of Accountants	国際会計士連盟
IFAD	International Forum on Accountancy Development	会計基盤強化のための国際フォーラム
IFRS	International Financial Reporting Standards	国際財務報告基準
IIA	Institute of Internal Auditors	内部監査人協会
IMA	Institute of Management Accountants	管理会計士協会
IOSCO	International Organization of Securities Commissions	証券監督者国際機構
ISA	International Standards on Auditing	国際監査基準
ISAE	International Standards on Assurance Engagement	国際保証業務基準
IT	information technology	情報技術
MA(S)	Management Advisory (Service)	経営助言（業務）
MD&A	Management's Discussion and Analysis	経営者観測分析
OECD	Organisation of Economic Cooperation and Development	経済協力開発機構
PCAOB	Public Company Accounting Oversight Board	公開会社会計監視委員会
POB	Public Oversight Board	公共監視審査会
SAP	Statement on Auditing Procedure	監査手続書
SAS	Statement on Auditing Standards	監査基準書
S&L	savings and loan association	貯蓄貸付組合
SEC	Securities and Exchange Commission	証券取引委員会
SFAS	Statement of Financial Accounting Standards	財務会計基準書
SOP	Statement of Position	見解表明書
SSAE	Statement on Standards for Attestation Engagements	アテステーション契約基準書

会計プロフェッションと内部統制

町 田 祥 弘

第1章
監査環境の変化と問題の所在

1　問題の所在と本書の目的

　今日，社会・経済状況が目まぐるしく変化している中で，会計および監査をめぐる環境も，数年前には想像できなかったほどに著しく異なってきている。
　一般に，会計の機能を企業の経済活動を写像するものと捉えるならば，会計上の課題は，その時代における企業の経済活動のあり様や，より広く，社会・経済の状況に応じて，さまざまな形で尽きることなく生起し続けていくものであろう。
　さらに監査の場合には，一層問題が複雑になる。たとえば，財務諸表監査では，経営者が作成・開示した財務諸表に対して監査人が意見表明を行う，すなわち，会計処理および開示という経営者による第一義的な行為があって，その後に監査人による関与が行われるのである。したがって，監査をめぐる環境には，企業活動の状況の他に，会計上の処理および開示規定等，いわゆる一般に認められた会計原則（Generally Accepted Accounting Principles: GAAP）のあり様や，その枠組みの中での企業または経営者の会計行動等が，非常に重要な要因として含まれることとなる。
　ここで，「監査環境」という概念を用いるならば，当該概念は，そのような会計上の問題が包摂されるという意味で，会計についていう場合の「環境」よりも一層広範なものとなり，また，会計上の問題に対して第二義的であるという意味で，より複雑な様相を呈することとなるであろう。

本書は，今日の監査環境の変化に対する会計プロフェッションの対応について考察することを目的としている。

では，上記の点を踏まえて考えたときに，今日見られる監査環境の変化とはいかなるものであろうか。

第1に，国際化の問題があげられよう。

1960年代頃から，企業活動および資本市場の国際化を背景として，会計の国際化が重要な問題として意識されるようになり，国際会計基準委員会 (International Accounting Standards Committee: IASC) が創設されるなど，さまざまな取組みが行われてきた。しかしながら，今日見られる国際化の課題は，かつてのように国と国の間の制度の相違を調和化するというものではなく，世界経済が緊密な関係を有する現状を背景として，世界的に統一された制度および実務を希求する方向にあるという点で，従来のいわゆる会計の国際化問題または国際的調和化問題とは大きく異なるものであるといえよう。

この国際的な統一化のプロセスは，国際会計士連盟 (International Federation of Accountants: IFAC) の活動内容に顕著に表れているように思われる[1]。IFACでは，従来および今後の活動の中心的課題を，3つの段階に総括しているが，それによると，まず第1段階は，会計基準の収斂 (convergence) または統一化を図るプロセスであり，これは，IASCへの証券監督者国際機構 (International Organization of Securities Commissions: IOSCO) のオブザーバーとしての参加から，国際会計基準 (International Accounting Standards: IAS) のコア・スタンダードの策定までの時期に相当する。その後，IASCは，2000年に国際会計基準審議会 (International Accounting Standards Board: IASB) へと組織変更を行い，新たに国際財務報告基準 (International Financial Reporting Standards: IFRS) を公表してきており，今や，会計基準の統一化プロセスは，基準の策定段階から適用段階へと移行しつつあると

---

1) IFACの近年の活動内容および今後の展望等の概要については，たとえば，藤沼 (2002) を参照されたい。

いえよう。

　これに続く第2段階が，監査基準の統一化である。IASの整備に一定の方向性が見えたことで，2000年5月のIFAC総会において，これまでも実質的にはそれぞれ独立的に活動していたものの，形式的には依然としてIFACの一機関であったIASCをIFACから完全に分離することが決定された。この"happy divorce"と呼ばれる組織改革を契機として，IFACの活動は，会計プロフェッションの国際的な自主規制機関としての役割に特化され，国際監査基準 (International Standards on Auditing: ISA)による監査基準の統一化とそれに伴う世界的な監査実務水準の均質化の方向へと大きく踏み出したと解されている。

　2002年3月には，従来ISAの設定・公表を担ってきた国際監査実務委員会 (International Auditing Practice Committee: IAPC)が国際監査・保証基準審議会 (International Auditing and Assurance Standards Board: IAASB)に改組され，基準設定プロセスとその透明性を強化することを目的として，会計士以外の委員を加えて委員数を増やすとともに，審議に当たっては，オブザーバー制度が設けられるなどの改革も図られた。目下IAASBでは，世界的な統一適用を目標としたISAの見直し作業が進められている。

　さらに，第3段階としては，各国のコーポレート・ガバナンスの基礎構造の統一化が構想されている。近年，各国で世界的な動向を踏まえたガバナンス原則等の公表が進められてきていることや，日本においても，2002年5月の商法改正（2003年4月1日より施行）では，英米のガバナンス構造を大幅に取り入れる取締役会関連規定の改正が行われたことなどは，そのような視点から捉えることができよう。

　今後，世界的なガバナンス構造の統一化の過程で中心的な役割を担うと考えられるのが，1999年に，IFACが，世界銀行等の国際的金融機関，主要国の市場監督者およびビッグ5（当時）等の参加を求めて発足させた「会計基盤強化のための国際フォーラム」(International Forum on Accountancy Development: IFAD)という組織である。IFADでは，世界各国の会計に関するインフラを整備・強化し，

監査実務の統一的基盤を形成することが意図されている[2]。

以上のように，会計，監査およびガバナンスに関する規制が，最終的な目標達成の程度や進展の速度は別としても，世界的に統一化の方向にあることは明らかであり，そのような状況は，監査機能または監査を担う会計プロフェッションに対して，大きな影響を及ぼすものと思われる。

次に，今日の監査環境の変化の第2の点として，時価およびリスク情報の開示の進展があげられよう。

今日の時価会計の進展は，そもそも，1980年代以降，さまざまな金融商品およびそれらに関する技法やシステムが開発され，市場に浸透してきたことによって，金融商品市場の取引額が，実物資産または経済の規模をも上回るようになったことを背景としている。したがって，時価会計は，まず，金融商品に対して導入され，続いて，金融商品に対応する実物資産に導入され，その後，次第に他の領域へと適用範囲が広げられていったのである。

このような時価会計の進展は，資本市場における投資家保護の観点から，金融商品にかかるリスクを即時または適時に開示させる必要が生じ，その手段として，時価の開示が進められていったと解される。ここで重要なのは，このような経緯で導入され，適用されている時価会計では，相対的に，評価の適正性よりも，情報の即時性・適時性に重点が置かれているという点である[3]。

また同時に，リスク開示という目的から，従来のような成果報告および現状報告としての財務情報に限らず，リスク情報として，事前情報および定性的情報を開示することが求められることになった。このようなリスク情報の開示としては，リスク管理情報の開示，将来予測情報の開示，経営者観測分析（Management's Discussion and Analysis: MD&A）における定性的情報としての経営計

---

2) IFADに先行する取組みとしては，国際資本市場グループ（International Capital Market Group: ICMG）が，1995年に公表した報告書（ICMG, 1995）において，ガバナンス構造を国際的に収斂する必要性について提言を行っている点があげられよう。
3) 近年，財務諸表において時価情報がいかなる意義を有するかについては，たとえば，加古（1991）を参照されたい。

画の開示等があげられよう。これらの開示は，従来の財務諸表による開示の枠組みを越えて，ジェンキンズ報告書4)等が提唱している，いわゆる事業報告の枠組みを導入することにつながる問題であろう。

以上のような時価会計にかかる即時性・適時性に重点を置いた開示や，リスク情報を含む事業報告の拡大という動向に対しては，従来の財務諸表監査の機能では十分な対応を図ることができない。ここで必要とされているのは，相対的に低い信頼性の水準であったとしても，開示の早さに対応して保証を付与したり，財務数値のみならず，定性的な情報に対しても一定の保証を付与するという，会計プロフェッションの新たな対応であるといえよう5)。

さらに，監査環境に関する第3の変化は，情報技術（information technology: IT）の進展である。1990年代のアメリカの経済発展の基盤となったITの進展は，今や，企業活動，資本市場の国際化の基盤でもある。www（world wide web）上での大量かつ即時的な情報提供，双方向性のコミュニケーション，電子商取引等々，その進展は従来の情報の提供者と利用者という枠組みに大きな変化をもたらすものであるといえよう。

また，資本市場に目を向ければ，アメリカ証券取引委員会（Securities and Exchange Commission: SEC）のエドガー・システム（Electric Data Gathering, Analysis and Retrieval: EDGAR）等において，膨大な情報の中から利用者が必要な情報を取り出す新たな開示のシステム基盤がすでに現実のものとなってきており，ITの進展によって，1960年代に提唱された時価主義会計や事象会計のアプローチが，近い将来に実現する可能性も否定できないように思われる。

このようなITの進展とそれに伴う企業活動および情報コミュニケーション

---

4) American Institute of Certified Public Accountants [AICPA], *Improving Business Reporting — A Customer Focus* (a.k.a. Jenkins Report), 1994, AICPA. （八田進二・橋本尚訳『事業報告革命』，白桃書房，2002年。）とくに，包括的報告モデルを扱っている第5章およびそれに対する監査人の関与を扱っている第7章を参照のこと。
5) 内藤（1998）によれば，会計情報が質的量的に拡大することでそれらに対する検証可能性の程度が相対的に低下するため，監査等によって提供される保証内容が多元化される方向にあるとされる。

の枠組みの変化は，会計プロフェッションにとっても新たな課題をもたらすこととなる。常時，情報のコミュニケーションが行われるとすれば，定期的な期末における監査だけではなく，期中を通じて企業のシステム等をチェックする継続監査が必要となるであろうし，電子商取引等のインターネット・ビジネスが今後一層，普及していく中で，アメリカ公認会計士協会（American Institute of Certified Public Accountants: AICPA）による Web Trust サービスに代表されるような保証の枠組みも必要となるであろう。さらに，開示された情報だけではなく，その背景または出所となる，企業内のシステムに対する監査，すなわちシステム監査の重要性が高まっていくことが想定されるため，それに対応した監査手法が必要とされるであろう。

以上のように，今日の監査環境は大きな変化を見せている。これらの変化は，これまで主に監査を主たる業務としてきた会計プロフェッションに対して，新たな役割を担うことを要求するものであるといえよう。

本書では，監査環境の変化の中で，会計プロフェッションがいかなる役割を担うことを社会から期待され，それに対してどのように対応してきているのかを検討し，また今後の課題として，いかなる問題があるのかを識別することを目的の1つとしている。

ところで，古くから，会計とは何か，という議論が行われてきているのは周知のとおりである。『基礎的会計理論』（ASOBAT）[6]のように，情報という観点から，非常に一般化された形で会計の定義を行ったものもあるが，多くの場合，企業会計に議論を限定して，財務会計と管理会計の区分から議論を整理することが多いように思われる。すなわち，会計情報の受け手が，企業の外部に位置する者であるか，それとも内部に位置する者であるかという点に注目し，前者

---

6) American Accounting Association, Committee to Prepare a Statement of Basic Accounting Theory, *A Statement of Basic Accounting Theory*, AAA, 1966.（飯野利夫訳『基礎的会計理論』，国元書房，1969年。）

を財務会計，後者を管理会計として区分した上で，そのうちの財務会計に関して，幅広い利害関係者を有する大企業を想定して定義を示す，というものである[7]。

しかしながら，今日，管理会計は，かつて経営学が対象としてきた領域をかなりの程度にわたって包含するものになっており，また，企業評価や業績評価等に見られるように，財務会計との間でも多くの共通分野を抱えるようになってきている。他方，財務会計の側からも，経営や管理に関する情報の開示問題を典型として，従来，管理会計領域に属すると考えられてきた領域をも対象とせざるを得ない状況が見受けられる。現在では，開示制度を扱う制度会計の領域と，制度に規定されていない企業における情報問題を扱う領域といった，かなり曖昧な区分しか適用できないのではないか，とさえ思われる。

仮に，今や財務会計と管理会計という区分に従来ほどの意義を見出せないとするならば，現代の会計ほど，かつてASOBATが提唱した，情報という観点での統合的な会計観が適用可能な状況はないともいえよう。

そのような枠組みにおいては，財務諸表監査という領域区分も，あまり意味をもたないものとなるであろう。市場参加者等の企業外部の情報利用者は，財務諸表に記載される内容にとどまらず，情報の出所または背景となる企業内の機構，さらには，企業および経営者の活動や行動に関する情報を必要としているため，財務諸表における開示内容を対象として行われる監査という従来の財務諸表監査の機能だけでは，監査または監査人に対して社会から期待されている役割が果たせないからである。すなわち，現代の監査は，資本市場に対して提供される幅広い情報に関与するという，より広範な機能を有するものとして位置づけられることになる[8]。

---

7) たとえば，次のような定義がある（塩原，1994，p.56）。
　「(財務会計とは) 準公共的な性格をもつ大規模株式会社に固有の領域であり，このような会社の投資家をはじめとする外部の意思決定者に対して，当該会社についての有用な情報を作成しようとする会計の領域である。」
8) この点については，たとえば，八田 (1999) を参照されたい。

このことは，これまで監査における不可侵の原則とされてきた，二重責任の原則に対して，妥協ないし修正を余儀なくさせるように思われる。経営者によって開示された情報を第二義的に監査するというだけでは，上述のような機能を担うことができないからである。

　今日，監査人は，市場からの情報ニーズのもとで，以前には見られなかった役割を期待されている。監査人が，市場または社会から期待される役割を果たすために機能するというのであれば，その役割が厳格な二重責任の原則に則っているかどうかは，すでに主たる問題ではないようにも思われる。現代の監査は，新たな役割または機能を担うのかどうかという選択を迫られているのであり，大きなパラダイム転換の機会が到来していると解されるからである。問題の焦点は，各国においてこれまで監査を担当してきた会計プロフェッションが，現在の監査環境の変化に対してどのような立場で対応するのか，という点にあるといえよう。

　したがって，本書では，監査環境に対する「監査人」の対応問題を扱うのではなく，財務諸表監査の枠組みよりもより広い領域を対象とすることを想定して，「会計プロフェッション」に対する社会からの期待と，それに対する「会計プロフェッション」の関与の問題を主題とする。

　ただし，この場合，あくまでも監査業務を行っている監査人が，会計プロフェッションとしてどのような役割を担うか，という観点に立つものであり，単に会計プロフェッションの新たな保証業務等について議論を進めるものではない。以下では，監査人という用語と会計プロフェッションという用語を，主に，前者は監査実務を行っている当事者としての問題に言及する際，後者は，それに限らず，監査以外の業務を担当する場合や，より広く社会において認められた会計職業専門家としての意味で，適宜使い分けていくこととするが，場合によっては両者が互換可能な文脈もあることに留意されたい。

　以上のように問題意識と対象範囲を設定した上で，本書では，主に第Ⅱ部において，内部統制の問題をとりあげることとする。

会計プロフェッションに対する社会からの役割期待にはさまざまなものがあるが、その中から、内部統制問題を取り上げるのは、次のような理由による。

すなわち、第1に、内部統制問題が、従来の財務諸表監査の領域と、現在問題となっている、会計プロフェッションの新たな役割とされる領域との双方において、一貫して、重要な位置を占めているためである。言い換えれば、内部統制問題は、旧来の監査と現代の保証の枠組みとを繋ぐ意義をもつものと位置づけることができるであろう。

第2に、内部統制問題は、現在、社会科学の幅広い領域において大きな議論の対象となっている、コーポレート・ガバナンスの議論との関連性が高いということがあげられよう。内部統制は、そもそも企業において機能している統制の状況を、監査という立場で利用することに他ならない。したがって、内部統制に関する監査人の関与のあり方を考えることは、コーポレート・ガバナンスの議論に対する監査論の立場からの1つのアプローチを示すものとして、重要な考察であると思われるからである。

本書では、このような内部統制問題について会計プロフェッションの役割を検討することで、監査環境の変化に対応する会計プロフェッションの対応と今後の課題を明らかにしていきたい。

2　本書の構成

本書では、まず第Ⅰ部において、前述のような監査環境の変化が、監査の領域および会計プロフェッションの役割にどのような変化をもたらしているのかを明らかにする。

次章（第2章）では、財務諸表監査の究極の要証命題である適正表示の問題を手掛りに、今日の監査環境の変化の中で、GAAPへの準拠の問題を超えて、どこまでの判断を監査人が行うのかについて、適正性レベルという概念を用いて検討している。適正性レベルとは、たとえば、各国において監査の水準や監査の基礎となるGAAP等が異なる場合、その結果として、監査人の関与によって

保証され，リスクが軽減される程度や範囲が異なってくるという考え方である。この考え方は，近年，日本の会計および監査に対する国際的な懸念を背景として，日本企業の英文監査報告書に付されるようになった，いわゆるレジェンド問題についても，適用可能な考え方であると思われる。

続く第3章では，第2章で検討した適正性の枠組みの議論を踏まえて，GAAPと一般に認められた監査基準 (Generally Accepted Auditing Standards: GAAS) の関係に起因する問題，すなわち，GAAPの整備状況（GAAP環境）が，GAASのあり様，ひいては監査人の責任の範囲にどのように影響を及ぼすものかという点について検討する。そのために，アメリカにおける未確定事項やゴーイング・コンサーン問題に対する限定付適正意見の改廃問題の経緯を例にとって，議論を進めることとする。

第4章では，第2章および第3章の内容を踏まえて，日本におけるGAAP環境と監査判断の問題を考察している。近年，日本では，会計ビッグバンと呼ばれるように，会計基準の整備が急速に進められてきた。このGAAP環境の変化を背景として，日本の会計プロフェッションがどのような意識で監査に携わっているのかをインタビュー調査によって明らかにしようとしている。調査では，とくに，近年，企業の経営破綻の際によく言及された「監査判断の厳格化」の問題を検討している。

第5章では，会計プロフェッションの新たな役割として注目されている，保証業務の問題を取り上げている。保証業務とは，会計プロフェッションが会計情報に限らずさまざまな事象について保証を付与するという，新たな会計プロフェッションの業務のことであり，日本においても，導入が議論され始めている。しかしながら，保証業務の問題は，単に会計プロフェッションの業容拡大の問題にとどまらない。最近，諸外国においては，従来行われてきた監査をはじめとする会計プロフェッションが提供するさまざまな業務をも包含する形での，広義の保証業務というフレームワークを設けるようになってきている。本書では，そのようなフレームワークによれば，社会における会計プロフェッションに対する役割期待が，新たな観点で捉えられるということを論じ

ている。とくに，従来，監査がなぜ必要とされるのかを説明する議論として論じられてきた監査需要論をもとに，広義の保証業務はどのように捉えられるのかという視点で考察を行っている。

第6章では，第5章における保証業務のフレームワークの議論を踏まえて，先に述べたように，事業報告が質量ともに拡充していく中で，その最も重要な開示手段の1つとされているMD&Aの問題について検討している。MD&Aの問題，とくにそれに対する保証の付与の問題は，保証業務のフレームワークのもとで，会計プロフェッションが社会の役割期待に応えようとする方策の1つのあり方として，重要な意味を有していると思われる。

第7章では，第I部の小結として，第I部を通して検討してきた，監査環境の変化に対する会計プロフェッションの対応のあり様について総括するとともに，現在，会計プロフェッションが直面している重要な課題のいくつかを識別し，そのうちの内部統制の問題に特化して，以降の議論を進めていく意義を明らかにしている。

以上の第I部は，いわば監査環境の変化に対する会計プロフェッションの対応についての一般論として位置づけられるのに対して，第II部においては，各論として，内部統制問題に焦点を絞って議論を進めていく。

第8章は，内部統制問題の基本的課題である内部統制概念のフレームワークについて検討する。近年，各国で内部統制概念のフレームワークが設定，公表されてきているが，それらに共通の背景となる状況と，それらが異なる内容を有することの意味について議論を行っている。

第9章では，内部統制フレームワークの新たな動向として，リスク・マネジメントとの関連で内部統制を捉えようとする，アメリカと日本における2つの取組みをとりあげ，それらの検討を通して，現在，内部統制フレームワークが有する課題を論じている。

第10章から第12章は，内部統制に関する監査人の報告の問題をいくつかの側面から考察していく。まず，第10章では，マネジメント・レターと呼ばれる監査人から経営者に向けて提出される書簡のうち，内部統制に関するものが監

査制度の中に取り込まれていき，現行制度における内部統制にかかる脆弱性の通知という一種の内部統制報告規制に至ったことの意味について検討する。

　第11章は，アメリカの金融機関の財務報告において一般の外部利用者向けの内部統制報告が初めて制度上とり入れられた際の議論を検討し，内部統制報告の意義およびそれに対する会計プロフェッションの関与を求める論理について考察している。

　また第12章では，英国およびカナダにおける内部統制問題をとりあげ，アメリカでの議論との異同について論じている。

　続く第13章では，若干，理論的な側面に転じて，従来の監査報告に追加して新たに内部統制に関する報告を行うことにどのような意義があるのかという点について，わが国監査論の領域において以前から議論のある，情報監査と実態監査という概念区分の問題を踏まえて考察を行っている。

　第14章では，近年，経営者不正問題に対してさまざまな取組みが行われていることを踏まえて，その内容と内部統制の評定および報告の議論とがどのような関係にあるのかについて検討する。

　続く第15章では，第14章で検討した不正問題と内部統制の議論を踏まえて，実際の不正問題の1例として，有効な内部統制の構築責任が認められ，その後，日本のみならず国際的にも大きな影響を及ぼした大和銀行事件を取り上げ，同事件における内部統制問題とその影響について論じている。

　第16章では，2002年7月にアメリカで制定された企業改革法における内部統制報告制度の内容を，それに至るまでの内部統制報告問題の経緯を再整理しつつ，検討している。

　第17章では，第Ⅱ部において，議論を進めてきた内部統制に関する会計プロフェッションの関与の問題について，日本における実態を把握するために実施したアンケート調査について，その結果を検討し，日本における内部統制評定の現状，および，内部統制報告導入の将来的な展望等について論じている。

　以上のように，第Ⅱ部では一貫して，諸外国およびわが国において，現在，内部統制問題に対する社会的期待がどのようなものとなっており，それに対す

る会計プロフェッションの対応がどのように位置づけられるのかについて考察している。

　最後に，第18章においては，本書において検討してきた点を総括するとともに，アメリカの企業改革法の制定等の動向も踏まえて，今後の日本における監査環境の変化と会計プロフェッションの対応について，若干の展望を述べることとしたい。

第Ⅰ部

監査環境の変化と会計プロフェッションの対応

第2章

適正性レベル

1 財務諸表監査における適正性レベル

　財務諸表監査においては，公認会計士たる外部監査人（以下，監査人という）によって財務諸表の適正性についての意見表明が行われる。この適正性概念は英米の監査領域で生成したものであるが，英米の影響を受けて世界各国の制度にも採り入れられ，今や英米固有の概念というよりは，国際的に共通の概念，あるいは監査理論上の重要な概念であるといえよう。

　ところが，適正性概念は，これまで必ずしも明確な一定の意味内容で把握されてきたわけではない。その概念の曖昧さとそれに対する見解の相違を原因として，学界，実務界，あるいは監査訴訟の場において，さまざまな議論が行われてきた。なかには，監査意見の表明に当たっては適正性への言及を排除すべきであるとの主張さえ示された。しかしながら，適正性概念は，その意味内容を変容させながらも，今日に至るまで財務諸表監査の中心的概念として位置づけられてきている。

　適正性概念の議論における最大の論点は，適正性とGAAP準拠性とがどのような関係にあるのかという点であった。すなわち，適正性はGAAP準拠性と同義なのか，あるいは，両者はそれぞれ独立的な関連性のない概念なのか，また何らかの関連性があるとすればそれはどのように把握されるのかという問題である。アメリカ監査における制度規定ないし会計プロフェッションの見解の歴史的展開を見る限りは，一貫して適正性概念をGAAP準拠性との関連で捉える

とともに，GAAPの枠組みを拡大することで適正性の意味内容を変容させてきたといえよう。

一方，国際会計の領域においては，国際会計基準の議論の一環として，各国における開示レベルの議論が広く行われている。各国におけるさまざまな開示規定や慣行を比較し，国際的観点から各国の開示レベルを特定しようというものである。言うまでもなく，そのような比較が成立するのは，各国の開示レベルに，今なお有形無形の相違が存在するためである。

開示レベルの議論は，これまでもっぱら国際会計の領域で行われてきたが，適正性概念がGAAP準拠性との関連で捉えられる限り，財務諸表監査にとっても同様に重要な問題を提起する。すなわち，開示レベルが異なる国において表明されるそれぞれの適正意見は同じ意味内容をもつものなのか，という問題である。

適正性概念がいかなる形であれGAAP準拠性によって規定されるならば，各国における適正性のレベルも異なるであろう。言い換えれば，財務諸表利用者に対して適正であるとして提供される情報水準が，各国のGAAPおよびGAASのレベルに応じて異なるのではないか，ということである。

このことは，監査の立場からは大きな問題である。各国の外部監査人がほぼ同様の形式で表明する適正意見について，そのような適正性レベルの相違が存在すると想定することは妥当なのであろうか。この点について，各国のGAAPおよびGAASのレベルの相違に対する注意を監査報告書で喚起する必要がある，というのが，いわゆる英文監査報告書におけるレジェンド（警句）問題であろう。

本章では，財務諸表監査における適正性概念の議論を整理した上で，開示レベルの議論をもとに適正性レベルの問題を検討してゆく。とくに，投資家が求める適正性レベルを一定の所与のものとした場合に，適正性レベルがどのように規定されるのか，また，そこにおいて外部監査人の役割はどのようなものになるのかを明らかにしたい。

2 適正性概念の歴史的経緯

「適正性」は，英国の"true and fair view"，アメリカにおける"present fairly"の用語に相当する。前者は「真実かつ公正な概観」と訳され，後者は「適正に表示している」と訳されている。両者の相違を歴史的に検討することも重要ではあるが，近年では，どちらの意味するところも変わらないと考えられている[9]ため，以下の議論では，アメリカの状況をもとに議論を進めていくことにする。

アメリカにおいては，1933，34年のいわゆる証券二法によって財務諸表開示制度とその一環としての法定監査が施行された。適正表示の文言は，1933年にニューヨーク証券取引所から当時の会計プロフェッション団体であったアメリカ会計士協会（American Institute of Accountants: AIA）に宛てた書簡[10]において初めて用いられたものである。そこでは，それまでの実務慣行，すなわち，監査人が「監査証明書（Audit Certificate）」において「正確（correct）であることを証明」していた状況は，監査人の責任の観点から適切ではないとして，かわって「適正に表示している」という表現を用いた監査報告書の標準形式が示された。AIAはその標準形式を採用し，実務上，適正性概念が定着していったのである。

その後，適正性概念は，1947年のAIAの『監査基準試案』[11]に導入され，1960年の監査手続書（Statement on Auditing Procedure: SAP）No. 30『財務諸表監査における独立監査人の責任と機能』[12]，1963年のSAP No. 33『監査基準および手

---

9) 実務上，両者の適用に本質的な相違は見られないとする見解もある（Cowan, 1965）。また，近年の国際監査基準の規定においても両者は同義として扱われている。
10) この書簡は，『会社会計の監査』（*Audit of Corporate Accounts*）として1934年に公表されているほか，May（1946, pp.72-85；同訳書 pp.74-88）にも所収されている。
11) AIA, Committe on Auditing Procedure [CAP], *Tentative Statement of Auditing Standards-Their Generally Accepted Significance and Scope*, AIA, 1947.
12) AICPA, CAP, Statement on Auditing Procedure[SAP] No.30, *Responsibilities and Function of the Independent Auditor in the Examination of Financial Statements*, AICPA, 1960.

続』[13]，1973年の監査基準書（Statement on Auditing Standards: SAS）No.1『監査基準および手続』[14]へと引き継がれていった。そのような制度上の展開過程において，適正性概念はGAAP準拠性と同義であるという認識が会計プロフェッションに広く受け容れられていったのである[15]。この認識の背景には，当時の会計プロフェッションが監査人の責任を限定することを目的として，GAAP準拠性以外の事項，とくに不正の問題等についてはほとんど関与しないという立場をとっていたことがあるといえよう。

ところが，1969年，コンチネンタル・ベンディング・マシン社事件[16]の判決において，そのような会計プロフェッションの認識が否定された。適正性概念はGAAP準拠性だけによっては構成されないという判断が示されたのである。この判決を契機として，適正性概念の議論，とくにGAAP準拠性との関連性についての議論が高まりを見せるとともに，会計プロフェッションによる制度的な対応が迫られることになった。

会計プロフェッションとしてAIAの後継団体であるAICPAがとったアプローチは，GAAPを従来の認識よりも広義に解釈して適正性概念の意味内容を拡大する一方，GAAPの枠組みの中に適正性概念を位置づける点は変更しないというものであった。すなわち，新たな解釈として，適正性をGAAP準拠性を基礎として，そこにGAAP適用に関する監査人の判断が介在するものとし，適正性概念の意味内容を拡大したのである。この立場は，1975年のSAS No.5『独立監査人の監査報告書における「一般に公正妥当と認められた会計原則に準拠して適正に表示している」という文言の意義』[17]に示された。

---

13) AICPA, CAP, SAP No.33, *Auditing Standards and Procedures,* AICPA, 1963.
14) AICPA, Auditing Standards Executive Committee [AudSEC], Statement on Auditing Standards [SAS] No.1, *Codification of Auditing Standards and Procedures,* AICPA, 1973.
15) 当時の状況および会計プロフェッションや学界の認識については，鳥羽（1983, pp.126-132）に詳細に紹介されている。
16) The Continental Vending Machine Corporation Case.
　　なお，同事件については，鳥羽（1983, pp.364-372）に詳細な解説が示されている。
17) AICPA, AudSEC, SAS No.5, *The Meaning of 'Present Fairly in Conformity with Generally Accepted Accounting Principles' in the Independent Auditor's Report,* AICPA, 1975.

さらに，1975年のエクイティ・ファンディング社事件とその後の不正問題の議論を経て，1977年に SAS No. 16『誤謬や不正の摘発についての独立監査人の責任』[18] と SAS No. 17『依頼人による違法行為』[19] が公表された。これらによって，財務諸表に影響を及ぼす重大な不正や誤謬，違法行為についても，適正性概念に関連する考慮事項として，新たに適正性概念の枠組みに位置づけられたのである。

その後，SAS No. 16 および No. 17 は，1980年代の期待のギャップの議論を受けて1988年にいわゆる新 SAS としてそれぞれ SAS No. 53 および No. 54[20] に改訂され，一層その摘発責任が拡大された。他方，SAS No. 5 についても，1992年に SAS No. 69[21] に改訂されている。SAS No. 69 は，基本的には，SAS No. 5 の考え方を踏襲しているものの，さらに GAAP の階層構造を示している点に特徴がある[22]。

このようにアメリカ監査の領域においては，今日に至るまで，適正性概念を一貫して GAAP 準拠性の枠内でとらえ，GAAP 自体の意義を拡大したり，その他の考慮事項を追加することで，適正性概念の意味内容を拡大させてきたといえよう。

---

18) AICPA, AudSEC, SAS No.16, *The Independent Auditor's Responsibility for the Detection of Errors or Irregularities*, AICPA, 1977a.
19) AICPA, AudSEC, SAS No.17, *Illegalities Act by Clients*, AICPA, 1977b.
20) AICPA, Auditing Standards Board [ASB], SAS No.53, *The Auditor's Responsibility to Detect and Report Errors and Irregularities*, AICPA, 1988a.
　　AICPA, ASB, SAS No.54, *Illegalities Act by Clients*, AICPA, 1988b.
21) AICPA, ASB, SAS No.69, *The Meaning of 'Present Fairly in Conformity with Generally Accepted Accounting Principles' in the Independent Auditor's Report*, AICPA, 1992.
22) SAS No.69 における GAAP の階層構造については，広瀬（1995, pp.98-111）を参照されたい。
　　また，このような GAAP の階層構造を会計プロフェッションが示すことについては，アメリカ財務会計基準審議会（Financial Accounting Standards Board: FASB）と AICPA の関係の変容，とくに，アメリカにおいて会計基準設定の一元化を維持するための調整が図られた結果である（今福，1993），とする分析もある。

3 適正性概念の議論

　適正性概念をどのように把握するか,とくに GAAP 準拠性との関係をどのように考えるかについては,先に述べたように,コンチネンタル・ベンディング・マシン社事件の判決を受けてさまざまな見解が示された。監査基準の設定者である会計プロフェッションは,最終的に GAAP の枠組み内における適正性の解釈の変更というアプローチを採用し,それは今日まで続いている。ここで,当時の議論[23]をもとに適正性概念の意義について検討してみたい[24]。

　それらの議論において示された見解およびそれらに対する批判等は,以下のように整理することができる。

① 適正性を GAAP 準拠性とする見解

　これは,GAAP 準拠性をもって適正性の必要十分条件とする立場である。歴史的に見れば,1960 年代まで会計プロフェッションの間で支配的だった考え方であり,コンチネンタル・ベンディング・マシン社事件の判決によって否定されたものである。

　会計プロフェッションの立場からすれば,「証明している」という文言にかえて「適正に表示している」という文言を監査報告書に採用した経緯からして,財務諸表利用者に過度の期待を抱かせないように監査人の責任を限定することこそが適正性概念の意義であると捉えるのは当然の帰結であったと思われる。

---

[23] Rosenfield, Paul and Leonard Lorensen, "Auditors' Responsibilities and the audit report," *Journal of Accountancy*, Vol.138 No.3, September 1974, pp.73-83; Carmichael, D. R.,"What does the Independent Auditor's Opinion Really Mean?" *Journal of Accountancy*, Vol.138 No.5, November 1974, pp.83-87; Burton, John C., "Fair Presentation: Another View, " *CPA Journal*, Vol.45 No.6, June 1975, pp.13-19.

[24] 以下に示す当時の議論については,たとえば,鳥羽 (1983, pp.133-139), 佐藤 (1987), 森川 (1994), 山浦 (1997) 等の文献を参照されたい。

また，GAAPへの準拠を適正性の唯一の要件とすれば，監査人は，客観的かつ統一的な判断規準を得ることができるかもしれない。その場合，会計プロフェッション内で一定の監査水準を維持することができるし，いわゆるオピニオン・ショッピングの問題を回避できるであろう。ただし，その条件となるのは，GAAPがすべての会計処理や表示について単一の規定を用意している場合であろう。

現実は，そのような状況にはない。GAAPには，1つの会計事象に2つ以上の処理方法を認めている場合があり，その選択適用に当たっては経営者の判断が介在することになる。そのとき，GAAP準拠性のみを確認する監査人は，経営者の選択した会計処理方法を無条件に受け容れることになってしまい，監査人によるプロフェッションとしての独立的な評定の意義が損なわれることになってしまう。

このように，適正性を単なるGAAP準拠性として把握する立場には，多くの問題があると言わざるをえない。この見解の本質的な問題は，GAAPを所与として適正性概念を構想しようとしたことにあるように思われる。GAAP自体が，規定の非統一性や不完全性等のさまざまな欠陥を有するものであり，またそれらは改善されて，時を経るに従ってGAAPは変容してゆくものである。そのようなGAAPの性質を考慮の外においたことに問題があるといえよう。

② 適正性をGAAP準拠性とは独立的に把握する見解

これは，適正性概念をGAAP準拠性によるのではなく，それ自体として把握しようという立場である。この見解はさらに，Mautz and Sharaf (1961) に見られるような監査人の意見表明は適正性のみについて行われるべきだとする立場と，1950年代の監査報告書において実際に行われていたように，監査人は適正性とGAAP準拠性のそれぞれについて意見を表明するという，いわゆる二重意見の立場に分けることができる。前者は，GAAPの不完全性を理由として，それに依拠することを問題視するものである。また，後者は，コンチネンタル・ベンディング・マシン社事件の判決によって採用されたものと考えられており，同判決では，財務諸表のGAAP準拠性は適正性の必要条件ではあっても十分条

件ではなく，経営者の誠実性を確かめることも監査人の責任であるという考え方がとられたのである。

2つの見解は，GAAPに対する認識において大きな差異がある。しかし，これらの見解はいずれにしても適正性概念をGAAP準拠性から切り離して把握するのであるから，適正性の判断に当たってはGAAP自体の不完全性の問題から解放されることになる。ただし，一方では適正性をどのように把握するのかという問題が生じることになる。GAAP以外の何らかの規準を明示しなくては，適正性の判断に当たって監査人の個人的意見が表明される危険性が問題となるであろう。そのような具体的規準がどのようなものなのかは明らかではない。また，GAAP準拠性から完全に独立的に適正性が判断できるのか，という問題もあるように思われる。

さらに，二重意見については，監査報告書上でGAAP準拠性についての意見と適正性についての意見が異なる場合が問題となる。そのような場合，監査人は監査報告書においてGAAPについての自己の見解を述べることになり，GAAPは常に相対化されるためにGAAPの普遍的水準が損なわれることになる。

③ 適正性をGAAPの適用を含めた幅広いGAAP準拠性とする見解

これは，適正性を判断するに当たって単なるGAAP準拠性ではなく，その状況下で適切なGAAPが適用されているかどうかについて監査人の独立的な評定を必要とする立場である。先に述べたように，会計プロフェッションはこの立場を採用し，SAS No. 5以後の規定にこれを採り入れていったのである。

この見解は，上記の①と②の中間に位置するものといえる。適正性をGAAP準拠性だけによって把握するのではないが，GAAP準拠性を放棄したり，あるいはそれとは別に適正性について意見を表明するというものでもない。この見解においては，GAAP準拠性の立場を堅持しつつ，さらにそこにGAAPの適用についての監査人の評定という問題を取り込んだのである。

会計プロフェッションがこの見解を採用するに当たっては，従来の会計プロフェッションによる適正性概念の認識を否定したコンチネンタル・ベンディング・マシン社事件の判決は，適正性をGAAP準拠性のみによって定義すること

を否定したものであって，GAAP準拠性の意義を拡大することで対応できるものと考えられたのである。

また，これを制度上実施するには，GAAPの適用についての規準が必要となる。それが，SAS No. 5とその改訂版としてのSAS No. 69におけるGAAP構造の構築とその適用規定であったといえよう。

このように，適正性概念については，GAAP準拠性からの分離も含めた幅広い議論が行われたものの，最終的にはGAAPの枠組み内で適正性概念を把握する立場が維持された。新たな解釈は，それ以前のGAAP準拠性を適正性の必要十分条件とする立場に比べれば多くの点で問題が解決されたといえよう。しかしながら，そのようなアプローチでは，適正性概念がGAAP準拠性に基づいて規定されることによって，常にGAAPの不完全性を原因とする問題を内包することになるであろう。

なお，その後，監査人の責任を検討したコーエン報告書（AICPA, 1978, p.14；同訳書，pp.27-28）においては，適正性概念に対する解釈や改善は実益のないものとして，その文言を監査報告書から排除することが提案されている。そこでは，適正性概念そのものを排除し，GAAPの意味内容を明らかにしたうえで，GAAP準拠性のみによって監査報告を行うことが提唱されているのである。この見解は，経営者による会計情報の開示とそれに対する監査人の監査という理念的な二重責任の構図においては説得力がある。しかしながら，不正問題等のGAAPによって把握できない事項も適正性概念と関連づけられる現実の状況下では，監査人に期待される役割は単なる会計情報に対する信頼性の付与ではないため，GAAP準拠性によって適正性概念を置き換えようという考え方は妥当とはいえないであろう。言い換えれば，適正性概念は，そのようなGAAPの範囲外の事項も含めて，監査が対象とするもの，あるいは現実の監査において監査人に期待される役割を包括する概念といえるのではないだろうか。

4　開示レベルと適正性レベル

　適正性概念がいかなる形であれ GAAP 準拠性によって把握されるならば，GAAP の規定内容が問題となるであろう。これまでに検討してきた議論は，すべてアメリカの状況をもとにしたものであった。しかし，各国の GAAP には，IAS・IFRS への収斂が図られているとはいえ，今なお多様な形態での相違があることが知られている。そのような状況を考えたときに，適正性概念の問題はどのように把握されるのであろうか。その問題を考えるために，国際会計の領域において議論されている「開示レベル」の議論を検討してみたい。

　開示レベルの議論とは，主に国際会計の領域において，各国の開示状況の相違に着目し，各国の開示状況を数値化するなどして比較するものである。たとえば，損益計算書項目に関する規制の数値化を図るという研究（Barrett, 1976）や，10ヶ国を対象とした開示規定の比較研究（Choi and Bavish, 1982），外国市場の開示レベルと上場意思決定との関連性に関する調査（Saudararan and Biddle, 1994）等があげられよう。またその他にも，開示レベルの国際比較を通じて，2国間で同一項目として扱われている会計数値の情報内容の相違を検討したり（Jacobson and Aaker, 1993; Pope and Rees, 1994），特定の国の開示状況を批判的に検討したりするもの（Hudack and Orsini, 1992）等もある。

　各国の開示レベルを決定する開示状況には，各国の法律，規則，原則，さらには実務上の慣行に至るまでのさまざまな項目が含まれるため，研究者によってさまざまな範囲で調査，あるいは議論が行われている。それらの中で開示レベルの主たる決定要因となるのは，各国の GAAP である（Pope and Rees, 1994, p.76）。そこで，以下では簡単化のために，開示レベルを GAAP レベルと同義として扱うことにする。

　さて，GAAP（＝開示レベル）が，今なお国際的に大きな相異を有すると認められるならば，それを基礎として規定される適正性概念も，国際的な相異をも

つことになるものと思われる[25]。ここに,開示レベルの概念を敷延して,適正性概念についても「適正性レベル」なる概念を想定することができよう。

言い換えれば,財務諸表利用者に対して提供される情報は,各国のGAAPによって作成・開示されているために,その内容の厳しさや詳細さ等のレベルによって,異なる内容をもつものとなり,それと同時に,GAAP準拠性を主たる構成要素とする適正性概念も,GAAPおよびGAASの内容によって異なる。したがって,各国の財務諸表利用者が受け取ることのできる情報の適正性にも相異=レベルが生じると考えられるのである。

このことは,アジア経済危機以降,わが国の英文監査報告書において付されることとなったレジェンド(警句)問題を想起させよう。レジェンドにおいては,「この財務諸表は日本の会計基準に従って作成され,日本の監査基準に従って監査された」旨が表明される。この文言は,日本の監査報告書において表明されている適正性のレベル,すなわち,会計情報の適正性のレベルが,国際的にみて(とくに英米における適正性のレベルと比べて)異質な,さらに言えば劣るものであるから注意を要する,との警句であると解される。

このような観点に立って,以下では,これまでの議論を適正性レベル概念によってモデル化して議論を進めてみたい。

5 適正性レベルのモデル化

はじめに,前節において検討した適正性概念の類型を適正性レベルとの関係でモデル化してみよう。

---

25) たとえば,Higson and Blake (1993) では,真実かつ公正な概観(=適正性)の概念が,各国においてその文化依存性のために異なる意味内容をもつものであることが実証的に明らかにされている。

彼らはさらに,会計基準の国際的調和化のためには,適正性概念を放棄すべきであるとしている。この見解は,先に述べたコーエン委員会の適正性に関する文言を監査報告書から排除すべきという主張とは大きく異なるものである。

適正性レベルを F，国の数を n とすれば，ある国における適正性レベルは，

$$F_k \quad \text{ただし，} k = \{k|\ 1,\ 2,\ 3,\ \ldots,\ n\}$$

と表すことができる（ここでの k は，順不同に各国に割り当てられる序数を示すものとする）。

これに，各国の GAAP を p_k，財務諸表監査における準拠性確認手続を $f(\cdot)$ で表すとすると，第3節における①の類型は次の式で表される。

$$① : F_k = f(p_k) \quad \cdots\cdots(1)$$

②についても，適正性を GAAP 準拠性によらずに把握する見解を②-1，二重意見の見解を②-2 とすると，それらにおける適正性レベルは，次のようになる。

$$②\text{-}1: F_k = C \qquad C : 一定 \quad \cdots\cdots(2)$$

$$②\text{-}2: F_k = \{f(p_k),\ g(q_k)\} \quad \cdots\cdots(3)$$

ただし，$g(\cdot)$ は異なる監査手続，q_k は GAAP と異なる適正性に関する規準であり，したがって，$f(\cdot)$ と $g(\cdot)$，p_k と q_k はそれぞれ独立である。

さらに，③は，$h(\cdot)$ を適用すべき GAAP の判断とすれば，

$$③ : F_k = f(h(p_k)) \quad \cdots\cdots(4)$$

である。

次に，各国における開示レベル D_k を定義しておこう。r を個々の開示規定とすれば，

$$D_k = \{r|\ r_1,\ r_2,\ \ldots,\ r_m\}$$

ただし，m は順不同な識別番号で，$m \geq 1$ であり，

$$p_k = \{r_1,\ r_2,\ r_3,\ \ldots,\ r_m\},\ 1 \leq s \leq m$$

となるが，本稿では先述のとおり議論の簡単化のため $s = m$ としているため，

$$D_k = p_k$$

である。

さて，ここで，各国における財務諸表利用者が期待する開示レベルを e_k とすると，それに基づく期待適正レベル I_k が次式で得られる。

$$I_k = f(e_k) \quad \cdots\cdots(5)$$

この(5)式を先の①式と比較すると，通常，$e_k \geq p_k$ と考えられるので次のよ

うなことが考えられるであろう。

$$I_k = F_k + \alpha_k \qquad \alpha \geqq 0$$
$$\therefore f(e_k) = f(p_k) + \alpha_k \qquad \cdots\cdots(6)$$

α_kは，$f(p_k)$で対処できない部分を示している。(6)式において，期待開示レベルが高ければ高いほど，α_kの値は大きくなるであろう。

また，I_kのうちには過度の期待も含まれているであろうから，それについては，期待のギャップの議論において論じられたように，財務諸表利用者に対する啓蒙活動によって，I_kを抑制することもできよう。

他方，そのような期待については，妥当な，あるいはモデルとなる一定の水準を想定することもできよう。それが財務諸表利用者が想定するであろう最低限の期待であるのか，あるいは国際的に見て妥当な水準なのかは，ここでは議論の外とするが，いずれにせよ，一定の期待水準とそのもとでの適正レベルをそれぞれ，$\bar{e}$, I'とおくと，

$$I' = f(\bar{e}) = f(p_k) + \beta_k \qquad \cdots\cdots(7)$$

であり，β_kは一定の期待開示レベルのもとでの$f(P_k)$で対処できない部分である。

次に，この(7)式を，特定の2国の状況について考えてみる。任意の2国，$k=1, 2$について(7)式を考えると，

$$I' = f(\bar{e}) = f(p_1) + \beta_1 = f(p_2) + \beta_2 \qquad \cdots\cdots(8)$$

であり，ここにおいて$p_1 > p_2$とすれば次の関係が成立するであろう。

$$f(p_1) > f(p_2) \Rightarrow \beta_1 < \beta_2$$

(8)式において，一定の期待適正性レベルであるI'を，財務諸表監査において監査人が果たすべき機能と読みかえることも可能であろう。すなわち，開示レベルの低い国（$k=2$）において，一定の国際的な適正性レベル（I'）を達成するには，開示レベルの相対的に高い国（$k=1$）よりもGAAP準拠性の確認以外の手続が必要になる割合が高いということである。そのような部分に対する対処を図ろうとするとき，監査人は，さらなる責任を負うことになるであろう。

このことを踏まえて，(7)式を，現行の制度的な適正性概念に対する見解であ

る(4)式によって，変更してみよう。

$$I' = f(\overline{e}) = f(h(p_k)) + \beta_k \quad \cdots\cdots\cdots(9)$$

この(9)式は，(7)式の状況と β の部分については相違がない。このように，現在の適正性概念の解釈のもとでは，投資家が求める適正レベルを一定の所与のものとする場合，各国の開示レベルの相違を埋める役割が外部監査人の責任によって賄われていると考えられよう。

さらに議論を拡張して，監査人ないし会計プロフェッションが提供することを期待される一定の機能 L を I と置き換え，β を財務諸表監査の手続において対応可能な部分 γ とそれ以外の手続が必要な部分 θ に分けてみよう。ここで，γ に対する手続は，(4)式から，$f(h(\cdot))$ であり，θ に対する手続も(3)式から $g(\cdot)$ とすることができるので，(9)式は，次のように変換される。

$$L = f(\overline{e}) = f(h(p_k)) + f(h(\gamma)) + g(\theta) \quad \cdots\cdots\cdots(10)$$

この(10)式において，$f(h(p_k)) + f(h(\gamma)) = X$，$g(\theta) = Y$，$f(h(\gamma)) + g(\theta) = Z$ とおけば，X は従来の意見表明のレベルで対応できるものであり，Y はそれ以外の方法による監査人の関与を表すものである。Z は，X の一部と Y とからなるもので，GAAP 判断という範囲を越えた監査上の対応が求められる領域を示している。

先に述べたように，監査人の責任に依存されるのは開示規制が不備な部分であるが，その不備の部分について監査制度上の改善を施すときに，従来の意見表明のレベルで対応しようとするのか，それとも新たな枠組みを設定するのかということが問題となるといえよう。

具体的に述べるならば，たとえば，アメリカの監査においては，不正問題は財務諸表への重要な影響に鑑みて検討されてきており，X の領域に含まれるものということができ，本書の第Ⅱ部で扱う内部統制報告問題は，監査報告書における意見表明とは別の方法によって監査人の対応が模索されてきたという点で，Y に含まれることとなる。また，次章で見るように，ゴーイング・コンサーン問題については，会計プロフェッションの側では，Y の領域であると主張してきたにもかかわらず，従来，X の領域において対応することが財務諸表

利用者によって期待され,監査実務上,それに応えざるを得ない状況にあったのである。

監査上の課題に,X,Y いずれの枠組みで対応するかは,各国の開示レベルや,監査人の位置づけによっても異なるであろうが,今後将来指向的な監査対象が増えてゆくにつれて,X,Y の領域に属する事項は一層増えていくことが予想される。そのような状況下で,会計プロフェッションが,可能な限り Z の領域を減らすために,情報に保証を与える側の観点で現行の開示規定に対する改善策として,ジェンキンズ報告書に見られるような新たな事業報告の枠組みを提示してきたことに留意する必要があろう。

適正性概念は,意見表明を中心におく現在の財務諸表監査にとって非常に重要な概念である。しかし,そこには GAAP 準拠性を基礎とすることによって生成する問題点が常に含まれている。

適正性概念の基礎として,内部統制の信頼性と GAAP 準拠性をおくことの問題点は,実証的な先行研究[26]によっても明らかにされている。また,塩原 (1995) では,GAAP を中核にして構成される適正概念は,一般概念たりえない個別性あるいは地域性の性質をもつものと指摘し,Smieliauskas and Smith (1990) のモデルをもとに,適正性概念の一般化,すなわち理念的な適正性概念モデルの構築を図っている。本章においては,そのような理念的なモデルの構築については言及しなかったが,たとえば先に示した(9)式の左辺（I'）を GAAP によらない方法で規定する試みも重要であろう。

将来的には,IAS・IFRS への準拠性を基にして国際的に共通な適正性概念を適用するというアプローチが可能となることも考えられる。しかし,国際会計基準においても,必ずしもすべての開示規定が統一されるわけではないし,当面,各国の監査基準および監査実務の相異も残るであろう。そのような中で,前述のように適正性概念のモデル化を図ることは,監査の究極命題である適正

---

[26] たとえば,Stephens (1983) 等を参照されたい。

性の概念との関係において，監査人の関与する領域を特定し，かつ，社会からの期待をどこまで，どのように引き受けるのか，という問題を考える際に，重要な意義があると思われるのである。

第3章
GAAP と GAAS

1 GAAP 環境から生じる問題

　前章では，適正性の概念の検討を通じて，GAAP 準拠性を超えた部分が監査上の重要な問題となることを論じた。本章では，より具体的な問題として，かつてアメリカにおいて未確定事項問題に関する監査報告のあり方を巡って生起された議論を取り上げて，GAAP 等からなる監査環境が，どのように監査人の役割または責任に大きな影響を及ぼすのかを明らかにしたい。

　アメリカの監査領域では，1970 年代に顕在化したいわゆる「期待ギャップ」に対して，その解消に向けて，従来の監査のあり方を再検討し，1980 年代後半に，新 SAS と呼ばれる新たな監査規範を設定することとなった。期待ギャップはさまざまな局面に渡っているためにその対応策も多様であるが，議論の対立が最も激しかったものの 1 つとして，ゴーイング・コンサーン問題を含む未確定事項（uncertainty）[27] についての監査上の対応，とくに，監査報告における限定付適正意見の問題をあげることができよう。

　そこでは，それまで広く行われていた，適正意見に対して未確定事項に関す

---

27) uncertainty と未確定事項とでは，厳密にいえば，その指し示すものが必ずしも同じではないが，「不確実性の下での（under uncertainty）意思決定」のように用いられるuncertainty との混同を避けるとともに，英語やアルファベット表記による煩雑さを考慮して，本章で問題とする uncertainty については，未確定事項という語を用いることにする。

る限定事項を付ける実務を全面的に廃止することが議論されたのである。この問題については，わが国でも大きな関心が寄せられ，1990年代以降，主に新SAS等の紹介・検討という形で，数多くの文献で取り上げられた[28]。それらが一様に指摘するところによれば，ゴーイング・コンサーン問題に関する監査規範（新SAS）の策定では，財務諸表で開示されている情報の「評定」を監査人本来の役割とする考え方が，監査報告書による「情報提供」を求める一般投資家の期待やそれに応えようとする実務家としての会計職業専門家の反対を受けて，妥協を余儀なくされたという。

ここで問題となるのは，当初の主張を曲げてこのような妥協をせざるをえなかった原因はなにかという点である。たしかに，一般投資家や実務サイドからの反対があったにせよ，それに抗しきれなかったのには，何らかの構造的な問題点が背景としてあるのではないか。また逆に，そのような妥協をもたらした構造を前提とするとき，ゴーイング・コンサーン問題を中心とする未確定事項の問題，ひいては，適正性に関する監査意見の表明問題一般について，いかなる論理的帰結が得られるのであろうか。本章では，それらの点について，GAAPとGAASの関係という視座から，若干の考察を試みたい。

2 未確定事項

未確定事項とは，監査報告の時点では，最終結果の予測が不可能であったり，最終的影響額を見積もることが不可能な事項のことである。その事項の性質や財務諸表に及ぼす影響の重要性の程度に応じて，監査報告上の取扱いが問題となる。

かつてアメリカの監査慣行では，未確定事項については，監査報告書上において限定事項として扱われ，そのような限定事項を付した適正意見のことを限定付または条件付適正意見（subject-to opinion；以下，subject-to意見という）と呼ん

---

28) たとえば，村山（1991）等を参照されたい。

でいた。subject-to 意見は，財務諸表利用者に対して情報を提供するものとして広く利用されていたが，後述するように，期待のギャップ問題への対応策の一環として，そのような subject-to 意見は，1988 年に新 SAS の 1 つとして公表された SAS No. 58『監査済み財務諸表についての報告』[29] によって廃止され，未確定事項については，同 SAS No. 58 によって創設された説明文節（explanatory paragraph）に記載されることとなったのである。

ところで，ここに限定事項とは，監査報告に当たって，無限定適正意見の表明に至らなかった場合に，監査人が，財務諸表の適正性の限度を示し，監査人の責任の限定を図るために記載する事項のことであり，**図表 3-1** のように分類することができる。

図表 3-1　限定事項として未確定事項の位置づけ（新 SAS 以前）

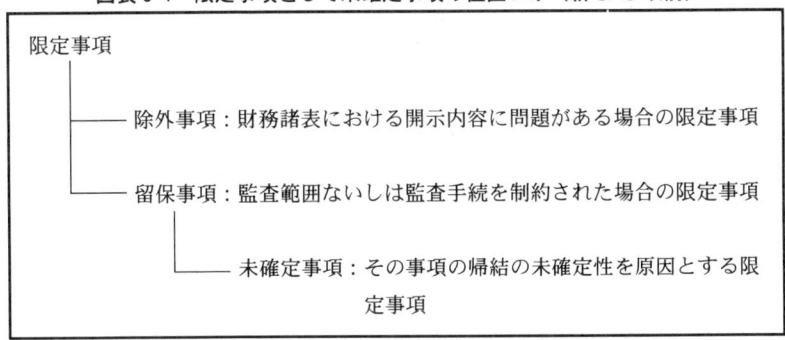

```
限定事項
  ├── 除外事項：財務諸表における開示内容に問題がある場合の限定事項
  ├── 留保事項：監査範囲ないしは監査手続を制約された場合の限定事項
  │     └── 未確定事項：その事項の帰結の未確定性を原因とする限定事項
```

上図において留意すべき点は，本来，未確定事項が，留保事項の一種に分類されるものでありながらも，通常の留保事項とは性格のかなり異なるものであったということである。未確定事項は，監査範囲や監査手続が制約を受けたというのではなく，あくまでもその事項のもたらす影響が予測不可能であるという未確定性をその原因とする限定事項であった。ここに未確定事項の特色として，その問題が，その事項自体に由来する問題であるという点を指摘できよ

---

[29] AICPA, Auditing Standards Board[ASB], *Statement on Auditing Standards No.58: Reports on Audited Financial Statements*, AICPA, 1988d.

う。

　また，現代の会計では，取得原価主義を採用している限りにおいて，原価の期間配分が不可避である。配分の過程では多くの予測あるいは見積りが必要となるため，現代の会計は，本質的に未確定性を内包しているものであるということができよう。しかしながら，未確定事項は，そのような現行会計にあっても，さらに未確定の程度および影響額が異常なものということになる。

　次に，限定事項一般との関連性を検討してみよう。限定事項は，極言すれば，重要性の原則に従って記載されるものといってよい。すなわち，監査人が，監査意見の表明に当たって，財務報告の開示内容における問題点，および監査範囲ないし監査手続の制約が財務報告内容の修正を必要とするか否かという「財務報告に対する重要性」の問題を勘案した結果，限定事項の記載で事足りるとの判断を下したものであるといえる。

　これに対して，未確定事項は，このような限定事項一般とは，2つの点で性格を異にしている。第1に，未確定事項については，財務報告に対する重要性が低いわけではないということである。いかに重要性が高くとも，先に述べたように，その事項自体が未確定性を有するために，財務報告の修正の方法がなく，監査意見を限定せざるをえないとされているのである。第2に，未確定事項の中には，ゴーイング・コンサーン問題のように，GAAPの枠組みに抵触するような問題がある。そのような問題に対しては，「財務報告の前提」に関わる問題を勘案することになろう。このように，未確定事項は，財務報告の枠組みとの関係においても特異な地位を有していることが指摘できる。

　このような未確定事項の主な具体例としては，次のような状況があげられよう。

- 現在係争中の訴訟が将来巨額な損害賠償支払をもたらしかねない。
- 取引の重要な部分が未確定である。
- 事故や戦乱等による被害額が未確定である。

また SAP No. 32『限定および意見差控』30)においては，未確定事項とは，ある事項が将来どうなるかによって，その事項がもたらす影響に異常な未確定性が存在する事項であるとした上で，次の2つに分類している。

1. 最終的な結果が企業外部の要因によって決まることから，経営者も監査人もその事項が財政状態および経営成績に及ぼす影響を評価できないもの
2. たとえば，研究開発費のように，資産の評価または換金性が経営者の判断のみによって決まるもの

以下ではこのうち，1.のケースの未確定事項を取り上げることとする。

次に，アメリカにおける未確定事項に関する規定の推移を見るとおよそ**図表3-2**に示したとおりである。

1962年以前には，未確定事項に関する規定がなく，監査実務上では，subject-to と except-for が混在して使われていた31)。しかしながら，会計士業界は，監査業務に対する公的規制の脅威を感じていたため，1962年にSECが subject-to を容認したことを契機として，多くの監査人は，SECの意向に沿うように，未確定事項について subject-to を使用するようになったのである。

ところが，同年公表された SAP No. 32 において subject-to の使用に当たっての明確な規定が示されなかったことを原因として，それ以後は，監査報告実務において subject-to の安易な表明が横行するようになった。そのような状況に対応し，subject-to の使用に制限を設けるために，SAS No. 2 が公表され，そこでは，財務諸表利用者に対して有益な情報を提供するために，財務諸表の他の項目がGAAPに準拠して作成されている場合に限って，subject-to を表明することも認められる，と規定されたのである。

その後，subject-to の実務としては，未確定事項のなかでもゴーイング・コンサーン問題，すなわち，ビジネス・リスクに対する評価問題が重要性を増していくこととなる。そのような実務については，次節で検討するように，もとも

---

30) AICPA, CAP, SAP No.32, *Qualifications and Disclaimers*, AICPA, 1962.
31) 1962年以前のアメリカの監査実務における subject-to の実態については，たとえば，永見（2002）を参照されたい。

図表 3-2　アメリカにおける未確定事項に関する規定の変遷

年	内容
1962 年	ASR No. 90 : *Certification of Income statements* ・subject-to 意見記載の監査報告書を添付した財務諸表の提出を容認。
1962 年	SAP No. 32 : *Qualifications and Disclaimers* ・未確定事項が存在する場合の監査意見表明問題を初めて正式に規定。 未確定事項に言及する場合には，subject-to の文言が適当とする。subject-to および except-for の用法を示した曖昧さを残す。
1974 年	SAS No. 2 : *Reports on Audited Financial Statements* ・未確定事項の定義を示すとともに，subject-to の使用に制限を設けようとする。
1975 年	SFAS No. 5 : *Accounting for Contingencies* ・偶発事項の問題について規定。
1978 年	コーエン委員会 *Report of the Commission on Auditors' Responsibilities* ・subject-to の除去を勧告。
1981 年	SAS No. 34 : *The Auditor's Considerations When a Quesition Arises about an Equity's Continued Existence* ・subject-to によるゴーイング・コンサーン問題への言及を規定。
1982 年	ASB ED, *Evaluating the Adequacy of Disclousure of Matters Involving Uncertainty* ・subject-to の廃止を提案。
1988 年	SAS No. 58 : *Reports on Audited Financial Statements* ・subject-to の廃止とそれに代わる説明文節の創設を規定。
1988 年	SAS No. 59 : *The Auditor's Consideration of an Equity's Ability to Continue in Existence* ・（SAS ＃ 58 の規制事項の他に）すべての監査人にゴーイング・コンサーン問題についての検討を求める。
1990 年	SAS No. 64 : *Omnibus Statement on Auditing Standards-1990* ・ゴーイング・コンサーン問題についての表現の修正。
1995 年	SAS No. 77 : *Amendments to Statements on Auditing Standards No. 22, Planning and Supervision, No. 59, The Auditor's Consideration of an Equity's Ability to Continue as a Going Concern, and No. 62, Special Reports* ・ゴーイング・コンサーン問題への言及に当たって，条件文を用いてはならないことを規定。
1996 年	SAS No. 79 : *Amendments to Statements on Auditing Standards No. 58, Reports on Audited Financial Statements* ・ゴーイング・コンサーン問題以外の未確定事項につき，説明文節への記載を禁止。

と批判が多かったが,さらに期待ギャップ問題が顕在化すると,会計プロフェッションの側では,二重責任,すなわち,経営者と監査人の役割区分の一貫性が追求され,コーエン報告書において subject-to の廃止が提唱され,その影響を受けた1982年の新 SAS の公開草案では,subject-to の廃止が盛り込まれたのである。

しかしながら,公開草案に対しては,財務諸表利用者および実務家としての監査人から相当な反対意見が寄せられ,最終的に,SAS No. 58 および No. 59 では,subject-to は除去するものの,ゴーイング・コンサーン問題を含む未確定事項について言及するための説明文節を創設するという妥協的な規定が置かれることとなった。

このように,アメリカでは,少なくとも新 SAS の設定段階においては,監査規範(GAAS)の設定主体たる会計プロフェッションは,subject-to を廃止することができなかったのである。それはなぜであろうか。

3　GAAS の論理の検討

未確定事項について監査報告書で言及すること,すなわち,subject-to には以前から批判があった。それが顕著な形で示されたのが,コーエン報告書における廃止勧告である。subject-to に対する批判的見解は,以下のように整理することができよう[32]。

①　監査人の役割との関係

監査人の役割は,意見表明による保証の付与である。監査人は財務諸表に示

---

32)　森(1992a, pp.158-166)では,監査人による早期警告情報の提供に対する批判として,9項目にわたって整理・説明されている。項目だけを列挙するならば,1.監査の伝統的機能をこえる業務,2.倒産予測の困難性,3.早期警告情報の倒産促進効果,4.条件付限定意見の不適切性,5.オピニオン・ショッピング問題の誘発,6.監査人の独立性に対する影響,7.条件付限定意見の規準,8.早期警告情報の提供に対する基本的責任,および9.継続企業問題の期間,である。

された情報の評定をするのであって，subject-to による情報の提供は，かかる監査人の役割とは矛盾する，あるいは監査人の果たすべき役割ではない。そのような情報提供は，二重責任の原則に抵触するものである。

さらに，そもそも期待ギャップとは，情報利用者が，監査人はゴーイング・コンサーン問題，すなわちビジネス・リスクを評定し，企業の財務的健全性を保証するものだと考えていることに原因の一端がある。監査人は，財務諸表における情報の適正性，すなわち情報リスクを評定し，それを保証するのである[33]。

また，subject-to は，監査人の責任の限定のために記載されるといわれているが，訴訟結果によれば，subject-to は監査人の責任を免除することには役立たない[34]。

② 財務諸表利用者に対する影響

subject-to を記載することは，未確定事項が存在していることを監査人が証明（attest）することであり，逆に subject-to がなければ，ビジネス・リスクがないとの誤解を招いてしまう。

subject-to は，財務諸表の不十分さの補足説明なのか，間違いや欠陥の指摘なのかが明らかではない。したがって，財務諸表に欠陥があるとの誤解や，将来，未

---

33) コーエン報告書では，その勧告を導き出すに当たっての背景的論文（background papers）の1つに，Carmichael（1976）をあげている。

そこでは，情報リスク（information risk）とビジネス・リスク（business risk）について，次のような説明が与えられている。

「情報リスクとは，情報を集計，要約および表示する過程において偏向もしくは誤った期待が生ずるかもしれない危険性であり，監査人が最善を尽くして排除しなければならないものである。ビジネス・リスクとは，不確実な開放経済において必ず存在するものであり，それゆえ，企業活動には必ず伴うものとして投資家が仮定しておかなければならないリスクである。また，監査人にとっては，どうすることもできないリスクである。」

34) 訴訟（Talley Industories case や Herzfeld case）で問題となったのは，監査意見の修正の問題ではなく，財務諸表利用者が未確定事項の結果を自ら判断する上での必要な情報が十分に提供されていたか否かの問題である（AICPA, 1978, p.28; 訳書, pp.52-53）。

確定事項が解決したときにそれが再表示されるとの誤解を招くおそれがある。ゴーイング・コンサーン問題に関するsubject-toは，企業倒産の予見として受け取られてしまうかもしれない。そうなった場合，資金繰りの悪化をもたらし，企業倒産を促進してしまう可能性がある[35]。

③ 経営者との関係

ゴーイング・コンサーン問題に関するsubject-toには，上記のような可能性があるため経営者の利害と対立し，オピニオン・ショッピング問題を生じさせる危険がある。

未確定事項の開示は，subject-toではなく，経営者に責任のある，財務諸表における開示もしくは修正によって効果的に行うことができる。また，subject-toが，監査報告書において監査人が注意を喚起しなくてはならないほど重要なものであるのならば，それこそ，財務諸表において開示されるべき，あるいは財務諸表が修正されるべきもののはずである。

以上のようなsubject-toに対する批判を受けて，subject-toの廃止が提案されたのである。しかし，逆にsubject-toの廃止案に対しても多くの反対意見が表明された。それらの見解は，次のようにまとめることができよう。

①' 監査人の役割との関係

監査人は，企業の外部者でありながら，業務上，企業の内部情報にアクセスすることが可能であり，またそれらに専門家としての知識を適用して企業の経済的実態を十分に把握することができる特異な立場にある。したがって，監査人は，ゴーイング・コンサーン問題に関する警告的情報を提供する，すなわち，

---

35) Altman (1968), Altman & McGough (1974), Edmister (1972) 等の実証研究では，ゴーイング・コンサーン問題に関するsubject-toには，予測能力の高い有用な情報が含まれていないことが明らかにされている。

　これは，監査人がそのようなsubject-toがもたらす結果に対するおそれによるものと考えられる (Kida, 1980)。しかし，後に述べるように，同様のsubject-toについて，予測能力が高いと結論付ける実証研究も多い。

red flag 機能を果たすべきである（Campbell and Mutchler, 1988）。

公開草案に寄せられたコメントの多くに見られたように，監査実務に携わる者の間では，subject-to の意義に対して高い評価が与えられている。これは，一定の責任限定を図りながら，利用者の情報要求に応えようとするものと考えられる（古賀，1990，pp.214-215; 森，1992a, p.156, etc.）。

監査人が過大な責任を負わされたり，ゴーイング・コンサーン問題に影響を及ぼしてしまうことを避ける方法も考えられる。たとえば，監査人が subject-to の表明に当たって，なんらかの客観的な方法・基準を適用すれば，有効な red flag となる（内藤，1992）。また，監査リスクのレベルを一定水準に保つモデルや，監査契約の最終段階での品質管理に役立つモデルが研究されていた。それらのモデルによって監査報告書が正当であるとの保証を得ることも可能であろう（Chen and Church, 1992）。

また，subject-to は，監査人が疑問を抱いた事実の指摘に過ぎず，将来の不確実性を減らすものでも，ゴーイング・コンサーン問題についての監査人の意見を述べたものでもない。

②' 財務諸表利用者に対する影響

subject-to の意図が，情報の受け手に正しく理解されている限りにおいては，red flag としての意義を果たすものである。

subject-to の表明に当たっては，予測した不確実性の評価が行われるので，脚注表示やメディアの報道等の情報よりも予言能力が高く有用な情報となる（Mutchler, 1985; Raghunandan, 1993, etc.）。

③' 経営者との関係

監査人は，被監査企業の倒産によって財務諸表利用者から訴訟を起こされるコストと，subject-to による顧客喪失コストの両者を最小化したいと考えるので，予言能力をもった subject-to を表明する。事実，多くの場合，subject-to が記載された場合に悪い結果がもたらされている（Raghunandan, 1993）。

経営者は，ゴーイング・コンサーン問題のような企業にとってマイナスの情報，ひいては経営者自身にとって不利となる情報は開示したがらない。また，

経営者の判断は、多くの場合、主観的で楽観的なものとなるため、情報の信頼性に疑念が生じる。経営者に、十分な警告情報を開示させるには、そのための開示規定が必要であるが、そのような基準はまったくない（Mutchler, 1984）。

ところで、本章では、ここで整理したsubject-to批判論とsubject-to支持論のどちらが妥当であるかについて論及するつもりはない。前述のように、本章の検討対象は、新SASが、最終的に両者の立場の折衷案ともいうべき規定、すなわち、subject-toを除去し、ゴーイング・コンサーン問題についてのコメントを説明文節に記載するという規定を採択せざるをえなかったのはなぜかという点である。

財務諸表利用者や実務に携わる監査人の主張に抗しきれなかった面もあったと推察される。すなわち、監査報告書からsubject-toを除去し、ゴーイング・コンサーン問題には触れない（以下、これをnon subject-toという）ことを規定したものの、そのような急進的な改革に対する関係者の反応に鑑み、最終的に、政治的判断として、漸進的な改革を志向したとも考えられよう。

しかしながら、non subject-toは、期待のギャップに対して会計プロフェッション側から提示された対応策の1つであったはずである。したがってnon subject-toが、反対意見に歩み寄らざるをえなかった原因、さらには、その主張に対して数多くの異議が唱えられた背景として、監査の枠組みを超えた構造的な問題点があったのではないだろうか。ここで注目したいのは、GAAPとGAASの関係である。いわば、GAASの一貫性を追求する意味でのnon subject-toの主張に対して、それを可能としないGAAPの状況があったのではないか、と考えるのである。そこで、以下、GAAPとGAASの関係という観点から考察を進めていくことにする。

4　GAAPとGAAS

はじめに、カナダにおける監査規範の設定状況を検討する。カナダでは、ア

メリカ国の場合とは対照的に,コーエン報告書の勧告する non subject-to が 1980 年に制度化された36)。アメリカで制度化しえなかった non subject-to を,カナダではなぜ制度化することができたのであろうか。

カナダ基準では,subject-to を廃止するとともに,ゴーイング・コンサーン問題に関する監査報告問題について,次のように定めている。

監査人は,ゴーイング・コンサーン問題を検討し,継続企業に適用される GAAP が不適切であると認められる場合には,財務諸表を清算価値 (liquidation values) によって書換えるよう求めなければならない。また,未確定事項が原因で監査意見の形成に至らない場合には,企業に対して適切な開示を求めなければならない。

これらの規定は,アメリカにおける公開草案あるいはコーエン報告書[37]の目指していた監査報告のあり方と方向を同じくするものである。というのも,企業ないし経営者が,財務諸表における開示を担当し,監査人は開示された情報に対して non subject-to を示すことになるからである。

しかし,カナダとアメリカとの間には,その後の制度化の成否に結び付く大きな相違があったように思われる。カナダ基準では,監査人が,企業側に対して清算価値による再表示を求めたり,未確定事項についての適切な開示を求めることになっている。この背景には,カナダにおける開示規定 (GAAP) の充実とそれを背景とした監査人の被監査企業に対する権威の強さが指摘できよう (Thornton, 1983, pp.103-107)。

一方,新 SAS の導入時,アメリカでは,1975 年の財務会計基準書 (Statement of Financial Accounting Standards: SFAS) No. 5 において偶発事象の開示内容と開示時

---

36) Canadian Institute of Chartered Accountants [CICA], *CICA Handbook*, sec. 5510. 49.
37) 本章では詳しく検討しないが,コーエン報告書では,監査人はゴーイング・コンサーン問題(ビジネス・リスク)を評定するものではないという考え方に立っているので,その点では,カナダ基準ともアメリカの公開草案とも異なる見解と捉えることもできよう。しかし,本章の以下の議論での主題は監査報告についての non subject-to 完全実施説であり,それを企図したものという点から三者を同様の方向性をもつものとして考察を進めている。

期等について規定しているのみで,未確定事項,特にゴーイング・コンサーン問題についての開示規定は見られなかった。また,監査人の権威も,そのようなGAAP環境を背景として,subject-to除去の提案が監査人の責任逃れと受け取られる状況(Thornton, 1983, p.116)にあったとされ,十分に確立されたものではなかった[38]。

両者の比較からいえるのは,充実したGAAPおよびそれを背景とした監査人の権威の高さを基礎として初めて,監査報告書におけるnon subject-toの完全制度化が成立するという点である。このことは逆にいえば,GAAPが未整備である状況のもとでは,non subject-toを志向するGAASの論理は,実施に移すことが困難である,すなわち,GAASの論理に対して,GAAPの状況が制約条件となるということを意味している。

その後アメリカにおいては,1994年にAICPAの会計基準常務委員会(Accounting Standards Executive Committee: AcSEC)から見解表明書(Statement of Position: SOP) 94-6『特定の重大なリスクおよび不確実性の開示』[39]が公表され,未確定事項についての開示規定が整えられた。SOP 94-6では,SFAS No. 5の範囲を越える未確定事項問題のうち,ゴーイング・コンサーン問題以外について,「営業の性質」,「財務諸表の作成における見積りの利用」,「特定の重大な見積り」,および「特定の集中に起因する現在の脆弱性」の4つの項目をあげ,近い将来に深刻な影響を与える未確定事項問題に関する開示規定を示している。その結果,先の**図表3-2**に示したように,アメリカでは新SASの公表から約10年を経て,説明文節から少なくともゴーイング・コンサーン以外の未確定事項

---

38) 歴史的に見ると,アメリカにおいては,財務報告基準の不完全さを1つの原因として,監査人がsubject-toを自らの責任回避のために監査報告書上で用いるようになったという(Konrath, 1985)。

また,監査人の権威の不十分さについては,Gwilliam (1993, p.72)参照のこと。そこでは,英国の状況をもとにして,監査人によるゴーイング・コンサーン問題に関わるsubject-toの表明と経営者による監査人の交替問題の関係を指摘している。

39) AICPA, AcSEC, SOP 94-6, *Disclosure of Certain Significant Risks and Uncertainties*, December 1994.

の記載を排除するに至ったのである[40]。

　では，残されたゴーイング・コンサーン問題についてはどうであろうか。現在，英国の会計および監査基準や IAS・IFRS および ISA においては，GAAP におけるゴーイング・コンサーン問題に関する開示とそれを受けての監査上の対応という方向性がとられているとされる。また，2002 年 1 月に改訂されたわが国の監査基準も，明示的ではないものの，同様の方向性を志向していると捉えられる。

　そのような規定を突き詰めて考えれば，継続企業を前提とする取得原価主義会計からの離脱をも想定することになろう。たとえば，現在価値基準に基づいて企業のゴーイング・コンサーンとしての能力が評定され，存続可能性に問題があると認められた場合には，清算基準（売却時価基準）が適用されることになる。実際に，カナダ基準では，継続企業に適用される GAAP が不適切であると認められる場合には清算基準を適用すると規定しており，取得原価主義に基づく現行の GAAP が，いくつかの代替的 GAAP のうちの 1 つに過ぎないとの理解に立っていると解されるのである。

　一方，アメリカにおいては，たしかに，当時から，財務諸表利用者の側からも，GAAP としてゴーイング・コンサーン問題に関する開示規定を設けることを求める声は多く（Elliott and Jacobson, 1987），実際に，これまでにも ASB が AcSEC や財務会計基準審議会（Financial Accounting Standards Board: FASB）とともにゴーイング・コンサーン問題に関するワーキング・グループを設置し，その開示規定を検討するなどしてきているが，ゴーイング・コンサーン問題を扱う開示規定の整備にまでは至っておらず，依然として，監査人が企業のゴーイング・コンサーン問題を第一義的に評価し，必要に応じて企業側に対応を求める，というプロセスがとられているのである。

　このことを踏まえて，逆に，アメリカにおける GAAP の状況を所与とする立場から検討してみよう。この場合，ゴーイング・コンサーン問題の評定および

---

[40]　SOP 94-6 の意義については，内藤（1996）を参照されたい。

開示はGAAPによっては果たされないので，その問題についての情報を提供するには，何らかの代替策が採られなくてはならない。この代替策とは，かつては，未確定事項として監査報告書に記載することによって財務諸表利用者に評価ないし判断を委ねることであった。それが情報要求の高まりを受けて，ゴーイング・コンサーン問題として監査人がそのような評価ないし判断を担当することが求められるようになった，と説明することができよう。

　監査は会計を基礎としており，よってGAASは，GAAPのあり様によってかなりの程度規定されることとなる。GAAPが未整備ならば，GAASは二重責任の原則に見られるその論理を全うすることができず，GAAPとの関係のなかで，本来GAAPにおいて規定されるはずの問題をGAAS，すなわち監査人の役割と責任において取り扱わなくてはならなくなるのである。

　本章では，かつてアメリカにおける未確定事項およびゴーイング・コンサーン問題への監査上の対応の議論を中心に，GAAPのあり方によってGAAS（監査人の役割と責任）が規定されることについて検討してきた。本章においてGAASの論理と称した，会計プロフェッションの見解を代表するコーエン報告書の勧告内容は，監査人の役割を情報の評定に限定するという前提を認めれば，演繹的に導かれるものであろう。しかし，GAAPや，それを背景とした情報利用者の期待は，そのようなGAASの論理を全うすることを困難にし，GAASの論理からすれば矛盾が残るともいえる規定を招来せしめたのである。

　監査制度は，社会的選択によるものといわれている。どのような監査規範の形態が実現するかは，GAASの論理のみに基づいて理念的に決まるものではなく，GAAPの状況を中心とした監査環境との関連のなかで，社会的選択の一部として決まるものといえよう。現行のGAAPが新しい取引に対応する規定を兼ね備えていない場合があることや，ゴーイング・コンサーン問題のようにそもそもGAAPとして規定することが困難な問題があることを想定するならば，今後も，財務報告制度の充実という観点から，GAAS側の譲歩，すなわち，GAAPの不備を補う形での監査人の役割および責任の拡充という方向が避けら

れないのではないか，と思われるのである。

第4章
日本における監査環境の変化と会計プロフェッションの意識

1 日本における監査環境の変化

　前章までの議論を通じて，GAAPを含む監査環境の変化がいかに監査人の役割および責任に影響を与えるかを示してきた。そこで，実際に日本における現在の状況について，監査環境の変化が監査人ないし会計プロフェッションの意識にどのような影響を与えているのかを明らかにしてみたい。

　近年，日本においても監査環境に大きな変化が生じている。すなわち，監査の重要性が広く社会的に認知され，監査に対する社会の期待がこれまでになく高まっているように思われるのである。そのような変化の徴候は，監査役監査または内部監査についても指摘することができるものの，最も顕著なのは，公認会計士による外部監査の局面においてであるといえよう。

　従来も，不況期等に企業の経営破綻が多発し，そのうちの多くの事例について粉飾決算や経営者不正の問題が顕在化した折には，監査人（公認会計士）は何をしていたのか，という批判が寄せられてきた。たとえば，商法特例法監査の導入は，そもそも昭和30年代の山陽特殊製鋼の粉飾決算事件を契機として生じた議論の産物であった。

　しかしながら，最近の状況は，いくつかの点で，これまでの議論とは異質なもののように思われる。第1には，資本市場のグローバル化を通じて，日本においても否応なくいわゆる市場主義の波が訪れ，健全な市場機能の維持のために必要不可欠な存在として，監査，なかでも外部監査に対する期待が高まって

いるという点がある。バブル経済崩壊以前，あるいは高度成長下の経済社会においては，間接金融が資金調達の中心であり，相対的に資本市場の重要性は低かったといえよう。ところが，現在では，資本市場を無視しての企業経営は成立しない。そのような変化の中で，市場におけるモニタリング機能の担い手としての外部監査の重要性が広く認知されてきたものと思われる。

また第2に，外部監査において準拠性を問う対象となるGAAPの改訂が急速に進んできたという点がある。いわゆる金融ビッグバン以降，日本の会計制度は，国際会計基準をはじめとする国際的な動向への調和化を図るために，急速な改訂が進められてきた。このような会計インフラの改革ないし整備は，監査の実施に大きな影響を及ぼすものである。従来扱われていなかった問題に関する規定や，これまでよりも詳細な規定が整備されれば，監査人は，それらの規定に関する監査を通じて，より一層開示内容に対する関与を深めることになるからである。

第3に，レジェンド（警句）問題に見られるように，日本の監査に対して国際的な疑念あるいは批判が高まっている状況がある。1997年のアジア経済危機以降，日本の大手監査法人は，英文で公開する日本企業の監査報告書において，監査が日本の会計および監査基準に基づいて行われた旨の警句を付すよう，提携先のビッグ5（当時）から要求され，ほとんどの場合，それに従っている。このようなレジェンドは，日本の会計および監査基準が特異なものであるかのような印象を読者に与えることになる。以来，日本公認会計士協会をはじめとして，日本の会計プロフェッションにとっては，このレジェンドを外すことが重要な課題の1つとなった。2002年1月に企業会計審議会から公表された，約10年ぶりの全面改訂となる監査基準も，そのような文脈において，国際的に見て遜色ない監査を実施すべく制度上の対応を図ったものと解することができよう。同監査基準は，その後，日本公認会計士協会による実務指針の公表を経て，2003年3月期決算における財務諸表監査から適用されている。今後は，実際の監査実施の現場において，これまで以上に監査の実効性を高めることが求められる段階にあるといえよう。

以上のような点から，現在の監査環境の変化は，従来繰り返されてきた監査が無機能化しているという批判の議論の場合とは異なって，外部監査に対する必要性および重要性の社会的認知を背景として，外部監査を担当する会計プロフェッションの意識および行動に対して大きな影響を及ぼす，または変化を迫るものであるように思われるのである。

そこで，監査環境の変化に応じて会計プロフェッションの意識がどのように変化し，実際の監査の実施に当たってどのような影響があったのかを明らかにするため，後述するように，GAAPの改訂が進み，同時に，監査の厳格化ということばによって監査人の判断の変化が報道され始めた2000年3月期決算にかかる監査終了後の時期に，外部監査を担当する会計プロフェッションに対してインタビュー調査を実施した。

インタビュー調査は，大きく分けて2つの目的に基づいている。1つは，監査の現場における監査判断の変化を把握することであり，もう1つは，調査当時，日本では制度的に導入されていなかった，内部統制報告とゴーイング・コンサーン問題について意識調査を行うということであった。

とくに，最近では，りそな銀行や足利銀行における繰延税金資産の計上にかかる監査人の判断に社会的な注目が集まったが，以下に述べるように，問題の端緒は，1990年代末以降の監査環境の変化に見ることができるのである。

2　調査対象となる問題の識別

調査の内容および結果について述べる前に，調査における質問事項の背景となっている問題を識別しておきたい。

(1)　「監査の厳格化」の意味

1990年代末頃から，決算に関するマスコミ報道等において，「監査の厳格化」または「厳格監査」と呼ばれる事例が見られるようになった[41]。監査人が，監査に際して従来の姿勢を転換し，厳しい姿勢で臨むようになったというのであ

る。その結果として，企業側は引当金の積増しや不良資産等の早期の損失処理を求められ，なかにはそれらに対応しきれずに経営破綻を公表せざるを得なくなった事例もあるといわれている[42]。

　概観すると，それらの事例は，販売用不動産の強制評価減に関する問題，金融機関をはじめとする引当金の設定額に関する問題，連結会計における範囲画定基準の変更を原因とする子会社の不良資産評価に関する問題等を主な原因と

---

41) たとえば，次のような新聞報道がみられた。
- 「・・・背景に監査法人がより厳しい会計処理を企業に求めていることがあるのも見逃せない。」(「興国鋼線索更生法申請　監査厳格化が引き金」,『日本経済新聞』, 1999年7月20日, p.9)。
- 「・・・会計監査の厳格化で不良資産の抜本的処理を求められ，自力での再建は難しいと判断した。」(「ハザマ, 1050億円債権放棄要請　ゼネコンに厳格監査の波」,『日本経済新聞』, 2000年5月25日, p.11)。
- 「・・・前期は会計士が個別に企業の自主的な評価減計上を求める形を取ったが，今期はルールに基づく形で『一段と厳格に対処してもらう』(奥山章雄日本公認会計士協会副会長)としている。」(「販売用不動産巨額含み損に厳しく　下落5割未満でも評価減」,『日本経済新聞』, 2000年7月8日, p.17)。

42) しかしながら，このような一連の用語法には若干の違和感を覚えずにはいられない。なぜならば，監査が「厳格」になったというからには，言外に，従来の監査は厳しくなかった，すなわち緩慢なものであったということが意味されているようにも思われるからである。また，制度上は現在も従来も何ら変わりのない適正意見が表明されている以上，もし実際の監査人の対応にそのような「厳格化」という変化が生じているのだとすれば，意見表明における適正性のレベルまたは内容について，現在のそれと従来のそれとの間に何らかの相違があるのか，との疑問が生じてくるからである。

　もちろん，「監査の厳格化」という用語法は，あくまでもマスコミ報道上のものであり，必ずしも厳密に使われているとは限らないため，その用語法自体を詳細に分析することに大きな意義があるとは思われない。ここで問題にすべきは，まず，一般に「監査の厳格化」と呼ばれている事態がどのようなものを指しているのかについて，明確な状況認識を行うことであろう。そのような状況認識を踏まえた上で，実際にそのような事態が生じていたのかどうか，とくに監査人の判断との関連においてそのような変化が見られたのかどうかを確かめるとともに，もし生じていたとするならば，その原因はどのようなことに求められるのかを明らかにする必要があると思われる。ある意味で本調査は，そのような問題意識を端緒として着手したものである。

していることがわかる。これらの問題は，いずれも，90年代末にGAAPの整備または変更が行われたものとして総括することができよう。

販売用不動産については，「販売用不動産等の強制評価減の要否判断に関する監査上の取扱い（案）」と題する実務指針案が2000年2月に公表され，その後，表現等を中心に若干の修正を経て7月に決定，公表された。同指針では，時価が50％以下に下落した販売用不動産の資産価額を強制評価減することが規定されており，また，金額が大きい等の場合には，下落率が50％未満であっても強制評価減の対象とするとされている。

同指針では，このような規定を2000年4月1日以後に開始する事業年度に係る監査から適用すると規定されていたが，指針中にも明記されているように，強制評価減自体は商法および「企業会計原則」が従来から規定しているものであり，従来の規定が変更されたというわけではない。しかしながら，監査実務上，このような指針案が公表され，日本公認会計士協会の考え方または今後の方向性が示された後に迎えた2000年3月期決算の監査においては，当該問題に対して従来以上の配慮が働いたであろうことは想像に難くない。

また，金融機関等の引当金設定に関する問題については，『金融検査マニュアル』における貸出債権の詳細な分類方法および償却・引当規定が関連している。『金融検査マニュアル』自体は以前より設けられてはいたものの，金融監督庁の設置に伴う検査機能の充実やルールに基づく透明な金融行政への転換を図る目的で監督庁内の検討会による見直しが行われ，1999年4月に確定版として公表された。それに基づく金融機関の自己査定が1999年9月の中間決算から義務づけられたことで，多くの金融機関において貸倒引当金の積増しが必要となったのである[43]。

---

[43] 大手金融機関については，それに先立って，マニュアル原案に基づく自己査定を1999年3月期から導入している。なお，マニュアルの見直しに伴って，1997年4月に公表されていた日本公認会計士協会による実務指針（銀行等監査特別委員会報告第4号「銀行等金融機関の資産の自己査定に係る内部統制の検証並びに貸倒償却及び貸倒引当金の監査に関する実務指針」）も1999年4月に一部改正されている。

その他，連結範囲画定に実質支配力基準が導入されたことによる子会社資産の評価問題の顕在化という事態も同様であろうし，税効果会計における繰延税金資産の回収可能性の問題や退職給付債務における計算基礎の問題等についても，新しい会計規定が導入されたことによって監査上の新たな問題が生じてきた領域ということができよう。

　このように当時いわれるようになった「監査の厳格化」の意味としては，第1に，「GAAPの厳格化」という点があげられよう。アジア経済危機を契機として行われた，会計ビッグバンと称される大幅なGAAPの改訂または新設によって，グローバル・スタンダードを受け容れる過程で，従来行われていたような恣意性が含まれる余地の多い処理が認められなくなったということである。

　しかしながら，前述の問題を含め，すべての事態を新しい会計規定の導入または変更に帰することは妥当ではないように思われる。たとえば，販売用不動産の強制評価減の問題は，いわゆる強制低価法の適用問題として従来から「企業会計原則」等に規定されていたことであり，実務指針に述べられているようにそれが従来の規定を変更する性質のものでないならば，従来の監査上の対応または監査人の判断との相異はどのような点にあるのであろうか。同様に，貸倒引当金の問題についても，『金融検査マニュアル』に規定されているか否かにかかわらず妥当な引当金の設定率について監査上の判断が求められるはずであり，従来の監査上の対応はどのようなものであったのか，という疑念が生じるであろう。

　このような点を考慮すると，「監査の厳格化」と呼ばれている事態には，GAAPの厳格化の問題の他に第2の意味として，やはり実際に「監査人の対応の厳格化」という側面があるように思われる。冒頭に述べたように，監査環境の変化が監査人の判断に影響を及ぼし，企業への対応が厳しくなって，場合によっては，監査意見の表明にまで直接結びつけられているという状況があるように思われるのである。

　さらに，いくつかの企業において，そのような監査人の対応の厳しさを原因として最終的に倒産または廃業という事態に至っていることから，そのような

結果の厳しさをもって「厳格」と呼んでいる側面もあるといえよう。すなわち，厳格化の第3の意味として，「結果としての事実の厳しさ」をあげることができるように思われる。

以上のことを整理すれば，図 4-1 のようになるであろう。

図 4-1 「監査の厳格化」のプロセス

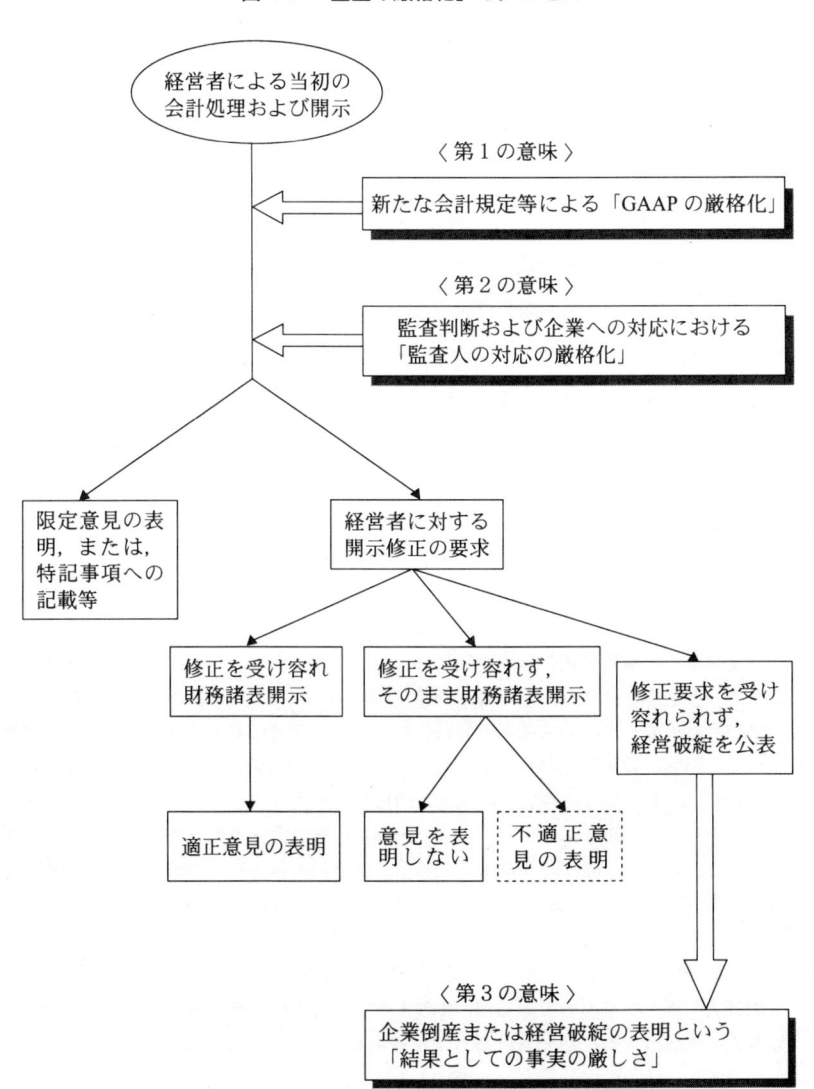

```
          経営者による当初の
          会計処理および開示
                │
                │        〈第1の意味〉
                │  ┌────────────────────────┐
                ◁──│ 新たな会計規定等による「GAAPの厳格化」│
                │  └────────────────────────┘
                │
                │        〈第2の意味〉
                │  ┌────────────────────────┐
                ◁──│ 監査判断および企業への対応における      │
                │  │ 「監査人の対応の厳格化」             │
                │  └────────────────────────┘
                │
   ┌────────────┼──────────────┐
   ▼            ▼              
限定意見の表    経営者に対する              
明，または，    開示修正の要求              
特記事項への        │                    
記載等             │                    
         ┌─────┼────────┐
         ▼     ▼        ▼
    修正を受け容れ  修正を受け容れず，  修正要求を受け
    財務諸表開示   そのまま財務諸表開示 容れられず，
         │        │              経営破綻を公表
         ▼     ┌──┴──┐            │
    適正意見の表明 意見を表 不適正意         │
              明しない 見の表明         │
                                    │
                    〈第3の意味〉    │
                ┌──────────────────▼─┐
                │ 企業倒産または経営破綻の表明という  │
                │ 「結果としての事実の厳しさ」       │
                └──────────────────────┘
```

(2) 監査判断の研究

 これまで検討してきたように,「監査の厳格化」と呼ばれる事態が, GAAP の厳格化, 監査人の対応の厳格化および結果としての事実の厳しさを意味するものであるとするならば, 監査論上の課題は, それらのうちの監査人の対応の厳格化の局面について, 実際の監査実務においてそれがどの程度およびどのような形で生じているのか, さらには, そのような監査人の対応をもたらしている背景となる事柄は何かということであろう。

 とくに, 会計基準がない, あるいは十分でない領域における監査人の判断が問題となろう。新たに会計基準が設けられた, または「厳格化」された領域では, 監査判断の厳格化の問題は間接的なものにとどまらざるを得ないが, それに対して, 会計基準の未整備な領域においては, 監査人の判断の内容が直接的に被監査企業に対する開示修正等の要求に結びつく問題となると思われるからである[44]。そのような領域において監査人が判断の拠り所とするのは一体何かを含めて, 現在の日本における監査人の判断はどのようなものとなっているのかを検討する必要があると思われる。

---

44) 会計基準の未整備な領域における監査判断の問題については, 2002 年 1 月に改訂公表された監査基準においても, 次のように述べられている。
 「会計方針の選択や適用方法が会計事象や取引の実態を適切に反映するものであるかの判断においては, 会計処理や財務諸表の表示方法に関する法令又は明文化された会計基準やその解釈に関わる指針等に基づいて判断するが, その中で, 会計事象や取引について適用すべき会計基準等が明確でない場合には, 経営者が採用した会計方針が当該会計事象や取引の実態を適切に反映するものであるかどうかについて, 監査人が自己の判断で評価しなければならない。また, 会計基準等において詳細な定めのない場合も, 会計基準等の趣旨を踏まえ, 同様に監査人が自己の判断で評価することとなる。新しい会計事象や取引, 例えば, 複雑な金融取引や情報技術を利用した電子的な取引についても, 経営者が選択し, 適用した会計方針がその事象や取引の実態を適切に反映するものであるかどうかを監査人は自己の判断で評価しなければならない。」(前文・三 主な改訂点とその考え方・9監査意見及び監査報告書③)
 この問題は, 会計基準準拠性と財務諸表の適正性の関係の問題をどう捉えるかという問題の一部をなすものであるが, このような監査人の判断に関する規定のもとでは, 監査人の責任は大幅に拡充されるものと解することができるであろう。

第4章 日本における監査環境の変化と会計プロフェッションの意識　59

　海外では，この種の監査人の判断に関して多くの先行研究の蓄積がある。そのなかでも本研究との関連で問題となるのは，開示プロセス[45]において会計プロフェッションの判断が開示内容にどのような影響を及ぼすのかという問題意識に基づく調査・研究である[46]。

　アメリカにおいて行われた，実験研究を含む実証研究および実態調査を概観すると，そこでは概ね次のような結果が示されているように見受けられる[47]。

［A-1］制度上の規定がある場合，開示プロセスにおいて経営者と会計プロフェッションの間では，監査人の判断に優位性が認められる。

［A-2］制度上の規定がない場合も，訴訟の脅威やピア・レビューによる報告への懸念から，多くの場合，開示プロセスにおいて監査人に判断の優位

　　前述のりそな銀行等の事例が，新監査基準の適用が開始された2003年3月期決算において見られたことは，新監査基準のもとでの監査人の判断と責任の問題と深い関係があるように思われる。

45）ここに「開示プロセス」と述べているのは，単に，財務諸表の開示プロセスは監査を受けることによって完結することになる，という意味であり，監査人による情報提供云々の問題を提起しているわけではない。

　　しかしながら，少なくともその用語の意味するところには，財務諸表が開示されるまでには，監査人によるいわゆる指導的機能の発揮も含めて監査人の判断が大きなウエイトを占めているという認識がある。すなわち，いわゆる二重責任の議論に見られるように，経営者と監査人の関係を極端に抽象化して，監査人は経営者から提示されたものに対して手続を実施するだけであるという認識に立つのではなく，あくまでも二重責任とは，開示された財務諸表に対して経営者と監査人が二様の責任分担を図るという程度の意味として把握する見解に立つものである。

46）他方，日本においては，同種の研究の蓄積がほとんどなく，専ら諸外国の研究成果を受けて，監査判断に関するモデル等のレビュー研究であるように思われる。その背景には，日本の監査研究領域においては，監査判断の研究に限らず，実務界と学界とが共同して調査を実施し，その成果を実務や制度にフィードバックするという基盤が構築されていないことがあるように思われる。

　　もちろん，例外的な研究もいくつか見られる。一例として，本調査との問題意識との関連性の高さから，松本（1995）をあげておきたい。

47）たとえば，Emby and Davidson (1998)，Gramling (1995)，Wallace (1992) 等の研究があげられよう。

性がある。

[A-3] 監査人の判断が経営者の意向に影響されるのは,企業を取り巻く外部要因についての判断や経営計画にかかわる問題について判断の幅がある場合であり,そのような場合には,監査および経営助言(Management Advisory: MA)業務の契約条件や監査契約期間等の要因が影響を及ぼす場合が多い。

(3) 新たな監査課題

本研究では,上記のような監査判断の実態に関する調査と併せて,調査当時,日本ではまだ制度化されていなかった監査上の課題について,会計プロフェッションの意識に関する調査を行うこととした。前者の調査が監査環境の変化を受けての監査人の対応の現状を把握するものであるのに対して,後者の調査は,まだ導入されていない問題に対する監査人ないし会計プロフェッションの受容度あるいは対応可能性を図ろうというものである。将来的に,日本においても監査制度上の課題として取り上げられてゆくであろう問題について,会計プロフェッションの意識を調査することは,いわば将来の監査環境の変化に対する会計プロフェッションの対応を推し量ることにもなるのではないか,との問題意識に基づくものである。

本研究では,そのような新たな監査課題として,内部統制報告とゴーイング・コンサーン問題をとりあげた。この2つの課題はいずれも,1980年代以降,諸外国において大きな監査上の課題として提起され,数々の取組みが行われてきたものである。

まず,内部統制報告の問題とは,本書の第Ⅱ部で詳しく検討するが,簡単に要約すれば次のような課題である。すなわち,現在の財務報告と監査の枠組みに加えて,新たに,経営者に有効な内部統制の策定および維持に関する責任表明の報告を行わせ,その報告に対して会計プロフェッションが意見表明を行うというものである。

アメリカにおいては,1990年代はじめにトレッドウェイ委員会支援組織委員

会 (Committee of Sponsoring Organization of the Treadway Commission: COSO) による報告書,『内部統制フレームワーク』(以下, COSO内部統制フレームワークという) [48] によって内部統制の概念枠組みが提示された後に, 経営者による報告については制度上, 強制規定となり, それに対する会計プロフェッションの意見表明については, アテステーション契約に基づく自主的な実施に委ねられてきた [49]。

一方, 日本では, インタビュー調査当時,『金融検査マニュアル』や監査基準委員会報告書第4号「内部統制」等に COSO 報告書の考え方が大きく影響を及ぼしていたにもかかわらず, 依然として広く利害関係者が依って立つ概念規定が示されず, ましてや内部統制報告に関する議論は, ほとんど行われていない状況にあった [50]。

一方, ゴーイング・コンサーン問題は, 前章で見たように, GAAP と GAAS の関係をめぐって複雑な問題があり, その結果, 各国で多様な規定が置かれることとなっているものの, インタビュー調査当時, 少なくとも先進諸国の中で, 同様の監査上の規定をもたなかったのは, 日本だけであった。ところが, 当時すでに, 日本においても, 企業の経営破綻の多発を背景として, 監査人がゴーイング・コンサーン問題について何らかの対応を図ることが期待されるようになっており, その取扱いが定められていないために実務上の混乱が生じている

---

[48] COSO, *Framework, Reporting to External Parties, and Evaluation Tools*, AICPA, September 1992.（鳥羽至英・八田進二・高田敏文訳『内部統制の統合的枠組み』＜理論篇＞および＜ツール篇＞, 白桃書房, 1996年。）

―――, *Internal Control - Integrated Framework: Addendum to "Reporting to External Parties,"* AICPA, May 1994.（『前掲訳書』,＜理論篇＞所収）

[49] その後, 2002年7月に制定された『企業改革法』(*Sarbanes-Oxley Act of 2002*) では, 内部統制報告が経営者の報告のみならず監査人による報告も義務づけられるに至っている。

[50] 日本においても2002年の改訂監査基準において, COSO に準じた内部統制概念が規定され, 内部統制報告についても, 金融機関に限ってではあるが, 経営者と監査人の両者による内部統制報告を実施に移す実務指針として, 日本公認会計士協会より,「金融機関の内部管理体制に対する外部監査に関する実務指針」(2001年7月16日) が公表されている。

といわれていたのである。同時期に，企業会計審議会では，監査基準への導入に向けて審議が続けられていた。

インタビュー調査は，これら2つの問題について，監査の実務に携わる会計プロフェッションがどのように認識または理解をし，どのような方向性を想定し，いかなる問題意識を有しているかについて把握しようとしたものである。

3 インタビュー調査の概要

本研究において実施したインタビュー調査の概要は，次のとおりである。

(1) 対　　　象

本調査では，2000年3月期の一般企業の財務諸表監査業務に従事している公認会計士を対象に，被験者の氏名，所属機関名をはじめ，その他インタビュー中にあげられた一切の具体的名称について匿名とすることを条件に，最終的に30人に対してインタビューを実施した[51]。

被験者の所属等は，図4-2のとおりである。監査判断を直接問うには関与社員を対象とすることが適切であると思われるが，それだけではなく，日本の会計プロフェッションの意識という点にも着目したいと考え，シニア・クラスからマネージャーおよびパートナー・クラスにわたる幅広い層の会計士を対象とした。関与社員とそれ以外の会計士の人数は，それぞれ15人ずつである。また，会計士の所属については，いわゆる4大監査法人に所属する者（4分類）とその他の監査法人に所属する者（1分類）について5分類を設定し，それぞれ同じ人数の被験者をとっている。

---

[51] 本研究では，本調査に先立って監査業務に従事する公認会計士5名を対象にパイロット・テストを行い，質問事項およびフレームワークを策定したほか，最終的な調査結果については，インタビューを行った会計士のうち数名にコメントを求めて知見のとり方を若干補正している。

図 4-2　被験者の所属等

(単位：人)

A　監査法人		B　監査法人		C　監査法人		D　監査法人		そ　の　他	
関与社員	その他	関与社員	その他	関与社員	その他	関与社員	その他	関与社員	その他
3	3	3	3	3	3	3	3	3	3

総計 30 人

(2) 調査期間

　調査期間は，前述のように会計および監査制度の改変期に当たっていたため，環境変化の速さを考えると短期にせざるを得ないと考え，2000年3月期の年次監査業務終了後の約1ヶ月間に限定し，2000年の株主総会集中日であった6月29日から翌月の7月末までとした。

(3) 質問事項

　本インタビュー調査における質問事項としては，先に提示した本研究の2つの目的，すなわち監査判断の実態調査および新たな監査上の課題に対する意識調査という観点に従って，次のような事項を設定した。なお質問に当たっては，それぞれについて具体的な事例を尋ねている。

監査判断の実態調査に関する設問

① 監査人の判断と経営者の主張とが対立した経験があるか。現実に（または仮に）そのような場合には，どちらが優先したのか（または優先すると考えられるのか）。

② 実際に監査の現場において，「監査の厳格化」が見られるのかどうか。

③ 監査上の判断の拠り所となるのは何か。実務指針等の会計規定がある場合とない場合とでは，監査判断および対応は異なるのか。また，会計規定がない場合には，何に基づいて判断を行うのか。

④ 監査判断において，現在，最も困っている点は何か。また，それとの関連において，日本の監査環境における問題点は何か。

新たな監査上の課題に対する意識調査に関する設問

⑤ 内部統制報告の問題または制度について知っているか。また，そのような制度が日本において必要か，導入可能か，および導入する際にはどのような問題があると考えられるか。

⑥ 日本における内部統制概念枠組みの公表は必要か，またそれを行うとしたら，どのような機関が，どのような内容のものを作ることになると考えるか。

⑦ ゴーイング・コンサーン問題について，現在の現場の対応として，どのような認識または問題を有しているのか。

⑧ ゴーイング・コンサーン問題に対する制度上の対応として，どのようなものが必要である，または望ましいと考えるか。

4 インタビュー調査の結果

調査の結果であるが，インタビュー調査という方法のため，対象被験者数には限りがあり，調査結果に基づく知見のとり方については，統計的処理によって得られた数値によって実証するというのではなく，インタビューの中で得られたコメントを総括して実態を明らかにすることに焦点をおきたい。

前述の質問事項ごとに結果をまとめると，次のようになる。なお，調査結果においては，所属する監査法人による相異も若干見られたが，本調査ではそのような問題についても匿名を前提としているため，以下の記述においては，関与社員とその他の会計士との間で差異が見られたものに限ってその点について言及することとする。

(1) 監査判断に関する調査結果

① 監査人の判断と経営者の主張との対立

経営者との意見対立の経験の有無については，関与社員クラスでなければ回答は得られないであろう。調査した関与社員15名中，明確にそのような経験

があると回答した者は6名であったが,「対立」という状況に至らなくとも,「意見の相違の調整」とか「交渉」という問題を含めるとほぼ全員がそのような状況を経験していた。

また,そのような状況における監査人の判断の優位性については,関与社員(15名中11名)も,それ以外の会計士(15名中9名)も,監査人が開示プロセスにおいて判断の優位性を有している(または,実際に優先した)との認識を示した者が多かったが,なかには,「状況による」,「以前と現在とでは違う」等の回答もあった。また,監査人の判断が優先するかどうかについては,「経営者からの信頼を得ているかどうか」が重要な問題であるとの見解もあった。

② 「監査の厳格化」の状況

「監査の厳格化」は,たしかに監査実務の場においても意識されているようである。まず,そのような状況があるとの認識を示した者は,30名中25名に及んだ。

さらに,会計基準の厳格化の問題を別にして,監査人の対応の厳格化という状況が見られるかどうかについても,ほぼ同様の回答(30名中22名)が得られた。しかしながら,制度規定の変更以外にどのような具体例があるかについては,そのような認識を示した会計士の多くが明確な回答を示してはくれなかった。

ただし,一部の関与社員の回答として,企業実態や業界の先行き等を考慮して事態を先送りできないとの認識があるという回答や,監査法人内において監査判断上問題となる状況がオープンに議論されるようになったという回答もあった。

③ 会計規定の有無と監査判断の拠り所

監査判断の拠り所としては,総論としては,職業専門家としての知識および経験,あるいは良心等の回答が多く示された(30名中19名)が,前述の「厳格化」の問題とも関連して,具体的には,あくまでも会計規定があるかないかが拠り所となるとの回答がほとんど(30名中27名)であった。

特に質問する中でこちらから言及した強制評価減の問題については,実務指

針が「環境の変化」をもたらした，または「(従来からあった) 規定の実効性をもたらした」との認識が多く示された (30名中22名)。

④ 監査判断ならびに日本の監査環境の問題点

この質問事項は，特定の回答を期待してのものではないため，さまざまな回答が返ってきた。そのうち，複数の回答者から得られたコメントとしては，次のようなものがあげられる。

まず，監査判断については，経営判断に属する領域にかかわる問題についての困難性を指摘する回答 (関与社員15名中7名) や，継続的に実施している監査について新たな判断の変更を示す場合等をあげる回答 (関与社員15名中4名) があった。

一方，監査環境については，企業および経営者の会計および監査に対する認識の低さを指摘するコメントが多く (関与社員15名中10名)，また，監査時間および監査人ないし会計プロフェッション全体の人数の少なさを含む，監査資源の問題を指摘するコメントも多かった (30名中22名)。その他には，監査人の調査権限の弱さや，監査役会および取締役会との連携に当たってのそれらの機構の問題点を指摘するコメントも見られた。

(2) 新たな監査上の課題に関する調査結果

⑤ 内部統制報告の制度化問題

内部統制報告については，ほとんどの被験者がこの問題を知らないということが明らかとなった (30名中24名)。

前述のアメリカで実施されている制度について説明した上で，その導入について尋ねても，監査の枠組みを越えたものである，監査人または会計プロフェッションの責任として対応できるものではない，との認識が多数を占めた (30名中21名)。

日本における導入の問題については，その前提として，次の質問事項である内部統制概念の枠組みの必要性を指摘する者 (5名)，会計プロフェッションの人数等を含む資源問題を指摘する者 (3名) がいたものの，多くの被験者は，上

記のように制度化に否定的な見解しか得られなかった。

⑥ 内部統制概念枠組みの設定問題

内部統制概念の公表が必要と回答した者は半数程度にとどまった（30名中13名）。必要としない，または新たな作業は不要とする残りの17名のうち14名が，すでに監査基準委員会報告書がある，との見解をとっていた。当該委員会報告書が，概念枠組みといえるかどうか，については，「監査業務上支障がない」，「（新たにそのような枠組みを必要とする）理由がわからない」等という回答が示された。

もし仮に設定・公表する場合には，日本公認会計士協会が行うべきという回答が最も多く（30名中20名），次いで学会（同じく6名）であった。COSOのような利害関係者による設定・公表をあげたものは，2名だけであった。

⑦ ゴーイング・コンサーン問題に対する現場の認識

ゴーイング・コンサーン問題については，現在の監査実務における最重要課題の1つであると答える者がほとんどであった（30名中28名；とくに関与社員は15名全員）。また，現在の現場の対応としては，個々の事例ごとに判断してゆくしかないという回答が多く示された（関与社員15名中10名）。

現状認識としては，社会的な期待がある以上対応せざるを得ない（30名中12名）という回答の一方で，当該問題は監査の範囲を越えている（同じく9名）との認識を示す回答もあった。

⑧ ゴーイング・コンサーン問題に対する制度上の対応

現在審議が進められている中で，制度化に対する期待としては，まずは会計規定の整備が必要であるとする意見（8名）や，何よりも実務指針等において具体的な規定が必要であるとする意見（11名）が示された。

調査の結果明らかとなった事項のうち，特に強調しておきたいのは，次の2つの点である。

1つは，日本においては，会計規定ないし実務指針があるかないかが監査判断上，非常に重要視されているという点である。監査のインフラとしての会計

規定の重要性はいうまでもないが，アメリカにおいて見られる先行研究との対比からすると，監査人の判断の拠り所として会計規定等が占める部分が相対的に大きいのではないかと思われる。そのことは，日本においては，新監査基準に謳われているような監査人の「実質的判断」というような実務を可能とするには，監査人ないし会計プロフェッションの意識に見る限り，環境整備がまだ不十分である，ということを意味しているのかもしれない。

もう1つは，新たな監査上の課題についての調査結果に見られるように，日本の会計プロフェッションが必ずしも監査環境の変化に対する対応力が高いとはいえない状況にあるという点である。それは，現場の会計プロフェッションは，監査環境の変化とそれに追いつかない制度との間で，個々の事例にそれぞれが対応してゆくしかないという状況に追い込まれていた，ということかもしれない。そのような意味では，日本においては，監査環境へのキャッチアップの最中にあって，新たな会計および監査制度を踏まえて，さらにIFAC等において議論されているような監査実務の実効性を高めるという議論に進むには，時期尚早の段階にあるようにも思えるのである。

なお，内部統制報告の問題については，第Ⅱ部において改めて言及したい。

第5章
保証業務のフレームワークと監査需要論

1 保証業務のフレームワーク

　前章までは，監査環境を現状の GAAP 等の観点から主に検討してきた。本章では，若干，将来的な問題を取り上げたい。すなわち，会計プロフェッションが直面している課題として，新たな保証業務（assurance service）の問題を取り上げる。監査法人の業務収入のほとんどを監査業務に依存している日本においては，まだまだ将来的な課題と位置づけられるものの，すでに国際的に保証業務の問題は，従来の監査論の考え方に大幅な変更を促すものとなっているからである。

　近年，欧米の会計プロフェッションは，従来彼らが提供してきた監査やレビュー等の業務の他に，さまざまな領域における保証業務の提供を積極的に推進している。AICPA は，保証業務に関する特別委員会（通称，エリオット委員会）を設置し，随時変更される実務指針としての報告書[52]を公表している。英国では，イングランド・ウェールズ勅許会計士協会（Institute of Chartered Accountants in England and Wales: ICAEW）が，「2005 年プロジェクト」の一環として，保証業務の可能性についての検討を行っている[53]。また，IFAC も，国際保証業務基

---

[52] AICPA, the Special Committee on Assurance Service, *Report of the Special Committee on Assurance Service*, AICPA, 1997c.

[53] ICAEW, 2005 Working Party, *Added-value Professionals -Chartered Accountants in 2005*, ICAEW, 1996.

準 (International Standards on Assurance Engagement : ISAE) を公表してきている。これらの海外での動向を踏まえて，研究段階ではあるが，日本においても，1998年3月に日本公認会計士協会内に「次世代会計士保証業務研究会」が設置され，同研究会より，「証明業務基準 (試案)」が公表されている。

　ここでいう保証業務とは，これまで会計プロフェッションが関わってこなかったさまざまな領域において，監査やレビューよりも低いレベルの保証を提供するというものである。会計プロフェッションは，それらを新たな事業機会と捉え，業務領域の拡大を図っているといえよう。

　他方，近年の英米における監査論のテキストの体系においても，1つの大きな変化が見られる。従来の典型的な体系は，今なお日本の多くのテキストがそうであるように，まず財務諸表監査の意義とそれを担う監査主体としての監査人の役割が明らかにされ，続いて，監査業務プロセスに従って，監査計画，監査手続，監査証拠および監査報告の内容が監査基準の規定を引用しつつ説明されてゆくというものであった。ところが，最近，とくに1990年代半ば以降に刊行されたテキストでは，その多くが，（単に監査人ではなく）会計プロフェッションの社会的意義の説明から始まり，会計プロフェッションが提供する業務はすべて保証業務であるとして，その中に監査を含むさまざまな業務を位置づける体系がとられているように思われる[54]。

　これは，会計プロフェッションの業務のフレームワークが実際に変化してきていることによるものである。たとえば，欧米の会計プロフェッション団体では，機関誌やwwwを通じての情報発信において，これまで「監査 (audit)」とされてきた業務区分を「保証 (assurance)」業務に改めている。さらに，カナダに至っては，カナダにおける会計および監査の基準を規定しているCICA Handbookが，以前の「会計篇」と「監査篇」という体系から，「会計篇」と「保証篇」という体系へと改訂されているのである。すなわち，現在では，会計プロフェッションが提供する業務の総体を保証業務として統合的に扱われて

---

54) たとえば，O'Reilly, et al (1998), Rittenberg and Schwieger (1994) 等の文献を参照されたい。

第5章 保証業務のフレームワークと監査需要論　71

いるのである。

　このように，会計プロフェッションによる保証業務の推進は，単にプロフェッションの業容拡大の問題にとどまらず，従来の業務を含めたフレームワークの再編成を意味するものといえよう。

　本章では，保証業務のフレームワークの意義とその背景を検討し，保証業務のフレームワークによって再編成された外部監査人の役割を明らかにしたい。保証業務の問題については，主に，会計プロフェッションの業容拡大の問題，すなわち供給サイドに焦点が当てられてきたように思われる。しかしながら，保証業務による新たなフレームワークを要請する需要サイドについての検討も重要であろう。保証業務のフレームワークは，会計プロフェッションに対する社会的需要を説明する枠組みに対しても，変更を迫るものと思われる。そこで本章では，監査需要論，すなわち，監査がどのような社会的要請によって成立しているのかを説明する議論の観点から，外部監査機能の今日的意義についての考察を行う。さらに，会計プロフェッションをとり巻く日本の監査環境と海外の環境の相違を踏まえて，日本における保証業務の意義や進展の可能性についても言及したい。

2　保証業務の展開の意義

(1) 保 証 業 務

　従来，会計プロフェッションは，年度財務諸表に対する監査（audit）の他に，レビュー（review）や合意された手続（agreed-upon procedures）等のアテステーション（attestation）業務を行ってきた。ところが，前述のとおり，現在，会計プロフェッションは，従来対象としていた領域を越えて，新たなさまざまの対象について保証業務を提供しようとしている。

　ここにいう保証業務とは，たとえばアメリカのエリオット委員会[55]によれ

---

55) エリオット委員会の活動および報告書の概要については，内藤（1998b），山田（1999）等を参照されたい。

ば，次のように定義されるものである。

　「保証業務とは，独立の職業専門家による業務であり，意思決定者のために，情報の質または内容を改善する業務である」。

　この定義は，非常に広範なものであり，会計にとどまらず，さまざまな情報提供の場面において，保証業務の成立する可能性を示している。実際，同委員会によれば，200以上の新たな業務領域があるとされ，それには，たとえば，医療サービスに対する保証や企業のリスク評価に対する保証等が含まれるという。

　また一方で，この定義は，単に新たな領域における業務だけではなく，監査業務やアテステーション業務にも共通して当てはまるものであろう。それらの従来業務も，情報について着目する限りは，保証の提供という意味で同様の性質をもつといえよう。たとえば，アテステーション業務は，監査人による財務諸表監査業務の付随業務として位置づけられ，本来の監査業務とは明確に区分されてきた。しかしながら，この定義のもとでは，会計プロフェッションが提供するすべての業務が，保証業務というフレームワークによって統合的に把握され，それらの間の差異は，本質的には，それらが提供する保証水準の相異として認識されることになる。

　このように，保証業務については，会計プロフェッションによる新たな業務領域としての意義と，会計プロフェッションが提供する業務全体について共通のベースとなるフレームワークの意義があると思われる。そのような観点からすれば，保証業務の問題は，多層的な保証水準のフレームワークのもとで社会のニーズに対応しようとする動向として把握することができよう。

(2) 保証業務の展開の背景

　現在見られるような保証業務の展開を招来した背景としては，さまざまな要因が考えられる。ここでは，需要，供給および規制の観点から整理してみたい。

① 需要サイド

　需要，すなわち情報利用者の立場からの要因としては，まず，近年，いわゆる一般投資家が求める情報の質や形式が変化してきたことがあげられよう。彼らは，投資意思決定に当たって定量的情報よりも非定量的情報，さらには財務情報よりも非財務情報に対してより大きな有用性を認めている。MD&A に対する関心の高まりは，その一例であろう[56]。また，情報開示の適時性または即時性に対するニーズも高い。そのようなニーズに対応するためには，かつての印刷媒体による開示では不十分であり，www を利用した開示を含むさまざまな報告媒体が必要となろう。さらに，情報利用者自体についても，これまでの財務報告が想定してきた一般投資家だけではなく，社会におけるさまざまな利害関係者がそれぞれの立場から多様な情報を求めている状況が見受けられる。

　そのような「多様な情報利用者による多様な情報ニーズ」という状況に対して，会計プロフェッションからの１つの対応策として示されたのが，1994 年に AICPA から公表された，いわゆるジェンキンズ報告書による包括的な事業報告モデルである[57]。

　同報告書においては，債権者，投資家，アナリスト，労働者等々のさまざまな情報利用者における多様なニーズに応じて，それぞれの利用者に必要とされている情報を積極的に開示することが提唱されている。そこでは，すべての利用者に画一的で，その結果として簡素化された情報を提供するのではなく，必

---

[56] MD&A に関する重要性の高まりとそれに対する会計プロフェッションの関与の問題については，次章において検討する。

[57] そもそも同報告書は，従来の財務報告に対する情報利用者の不満や，定性的情報に対するニーズ等を踏まえて，会計プロフェッションが監査およびさまざまな保証業務の基礎となる財務報告側面についての改革提言を行ったものに他ならない。すなわち，監査サイドから会計サイドへの改革提言といえよう。

　第３章で検討した GAAP と GAAS の関係に明らかなように，財務報告制度においては，情報作成者（経営者）が第一義的な報告責任を担い，会計プロフェッションが第二義的な監査責任を果たすという二重責任の枠組みのもとで活動するためには，その基礎となる第一義的情報としての財務報告を改善して充実を図ることが欠かせない。そのことは，監査であれ，他の保証業務であれ，同様に捉えることができるであろう。

要とされるだけ十分な質と量の情報を提供することが重要であるとの考え方がとられている。その上で，そのような事業報告の枠内で提供されるさまざまな情報については，会計プロフェッションが多様なレベルの保証を提供する業務を担うことが提唱されているのである。

ところが，そのような事業報告では，従来の財務情報の開示とは異なり，将来予測情報をはじめとする不確実性の高い情報が含まれることになる。それらの情報提供とそれらに対する会計プロフェッションの関与が情報利用者によって求められている以上，会計プロフェッションとしてもそれに対応しなければならないが，それらの情報について，従来の監査業務と同等の水準の保証を提供することはできないであろう。また，そもそも，それらの情報に関して利用者が求めているのは，確実性や信頼性よりも，適時性や目的適合性であると考えられる[58]ため，そのような情報特性に応じた会計プロフェッションの関与の方法が必要となる。そのような意味で，保証業務という新たな業務提供のフレームワークを通じて，多種多様な手法で保証の提供が行われることへの需要が高まっていたと考えられるのである。

② 供給サイド

供給，すなわち，会計プロフェッションの立場からの要因としては，彼らの新たな業務領域開拓の必要性を指摘できよう。日本に限らず，監査契約市場は事務所間の棲み分けが相当進んでおり，新たな顧客獲得がほとんど望めない飽和状態にある。その上，クライアント側からの監査報酬のディスカウントに対する圧力は強く，各会計事務所では監査業務による収入が減少する傾向が見られる。

したがって，海外の会計プロフェッションは，以前からMA業務に対して，相対的に，収入上および資源配分上の比重を置いてきていた。しかしながら，

---

[58] エリオット委員会の委員長であるエリオット（Elliott, Robert K.）によれば，会計プロフェッションによる保証業務が展開してゆくにつれて，そこで提供される保証の性質は，信頼性に関するものから目的適合性に関するものへとシフトしてゆくという（Elliott, 1997）。

MA業務についても，監査契約に付随して行われることが多く，その上コンサルティングやシステム開発等の領域では，それを専門とする事業者との競争が激しい等，会計プロフェッションが行う付随業務としての位置づけにおいては限界があった。会計プロフェッションとしては，従来の業務領域を越えて，しかも他の専門家に対して競争優位にある事業機会を探求する必要に迫られていたといえよう。その要件を満たすのが，保証業務である。会計プロフェッションとして，これまで監査業務等において提供してきた情報検証のノウハウを活かし，また，そのような検証サービスのプロであるという社会的認知を背景として，新たな保証業務の提供に乗り出したと考えられる。

しかしながら，先に述べたような情報利用者が求める情報に対して多層的な保証を提供するに当たっては，会計プロフェッション側としては，そのような保証の提供によってどのような責任問題が生じるのかが非常に重要な問題となる。社会の需要に応えて，事業報告やその他のさまざまな情報提供に対する保証業務を行う必要があり，そのような業務が会計プロフェッションにとっての新たな事業機会として重要であったとしても，たとえば適時開示や将来予測情報に対して保証を提供する場合には，そこで提供される保証は監査業務等における保証水準と同等のものとはなり得ないということが社会的に認知されていなければ，会計プロフェッションは，常に訴訟等のリスクに晒されることになってしまう。すなわち，責任の限定を図る制度上の枠組みが，供給サイドから保証業務を推進するためには不可欠であったと考えられるのである。

③ 規制サイド

保証業務に関わる責任限定の枠組みは，規制上の問題であり，たとえば，アメリカにおいては，1995年12月に成立した『民事証券訴訟改革法』(*Private Securities Litigation Act of 1995*) によってそれが提供されることとなった[59]。従来，監査人は，監査訴訟において，最終的に多額の損害賠償を負うことを恐れて，和解に応じざるをえないという圧力に晒されていた。それは，監査責任がある

---

59) 同法の概要については，中村（1996）を参照されたい。

種の無限連帯責任として位置づけられ，監査の失敗があった場合には，それに関わる投資等によって生じた損害をすべて賠償するよう求められていたからである。同改革法は，そのような状況を改善し，比例責任を認める，すなわち，監査人が自己の当事者責任比率だけ，損害賠償に応じる責任を有する，とするものである。たとえば，監査人は，監査訴訟において監査の失敗による損害賠償を請求された場合に，彼らの行為がその損害に寄与したと認められる部分についてのみ賠償責任を負えばよいことになる。このように同改革法は，監査訴訟の対象となる監査人の責任範囲の限定を図ったものといえよう。

同改革法の効力は，監査業務領域だけにとどまらない。先の事業報告においては，将来予測情報を含むさまざまな情報提供と，それに対する会計プロフェッションの保証業務の提供が提唱されていた。ところが，情報によっては，そこに含まれる不確実性の程度はさまざまであり，それらに対して一律に際限のない責任を問われていては，そのような情報開示に会計プロフェッションが関与することができなくなってしまう。同改革法は，情報提供の質，あるいは信頼性の程度に応じて，多様な保証の提供者たる会計プロフェッションの責任を限定し，さまざまな形で会計プロフェッションが関与することを可能にするものであったと思われる。すなわち，同改革法は，保証の階層性の必要条件としての「責任の階層性」に対して法的な裏づけを与えたものといえよう。

同法の審議の動向および成立を契機として，AICPAは，保証業務を会計プロフェッションにとっての新たな事業機会と捉える方針を打ち出し，その後，エリオット委員会による実務指針を公表したのである。また，AICPAでは，監査基準を扱うASBにおいても，1997年に公表した戦略計画[60]において，新たな保証業務を促進するために，現行のアテステーション基準を改訂して，そのような保証業務を職業基準の中に整合的に包含してゆく方針を明らかにし，その後，その方針に従った改訂作業を進めてきている。

---

60) AICPA, ASB, *Horizons for the Auditing Standards Boards -Strategic Initiatives towards the twenty-first Century*, December 1997b.

アメリカにおけるこのような訴訟責任の限定のための法律整備とその後の職業基準の展開は，英国をはじめとする各国でも機を同じくして見られるところである。会計プロフェッションの訴訟責任を限定するための規制上の措置は，各国における保証業務の展開を支えるインフラの一部として不可欠の要素となっているように思われる。

以上のように，保証業務の展開の背景には，情報利用者のニーズと会計プロフェッションの業容拡大の必要性が合致し，その進展を支える法律上の責任限定の枠組みとそれを受けた職業基準の整備があったといえよう。

3　監査需要論からの検討

保証業務のフレームワークのもとでは，会計プロフェッションが提供する業務または機能全般に対する社会的需要についても異なる認識が必要となるであろう。本章では，監査需要論，すなわち，従来，監査に対する社会的需要を説明する際に用いられてきたいくつかの理論を援用して，その問題を検討してゆく。

監査需要論は，監査がどのような社会的要請によって成立しているのかを説明する議論であるが，それらの理論ないし仮説はいずれも，監査に対する社会的需要についての説明力を有しており，優劣を議論することにはほとんど意味がないと思われる。それらにおける相異は，監査の提供する機能のうちのどの側面に焦点を当てて説明が図られているかという点に他ならない。以下では，監査における利害関係者の関係に焦点をおく「エイジェンシー仮説」，監査が扱う情報の質に焦点をおく「情報仮説」，監査リスクに焦点をおく「保険仮説」，および監査の付随業務に焦点をおく「監査の副産物」による説明の4つをとりあげたい[61]。

---

61) これらの仮説および説明は，Wallace (1980) にとりあげられている。なお，Wallace (1980) の内容および意義についての検討は，伊豫田 (1990；2003) を参照されたい。

(1) エイジェンシー仮説

　この仮説は，財務報告および監査に関わる当事者の関係に着目したものである。それによれば，監査が需要されるのは，経営者が株主からの信頼を得るために自発的に監査を購入するからであると説明される。

　まず，企業という場において[62]，所有と経営が分離している場合，資金の提供者としての株主とその資金を用いて企業経営に当たる経営者は，それぞれプリンシパル（主体）とエイジェント（代理人）の関係にある。両者にとっての利害は必ずしも一致するわけではないので，プリンシパルの側には，エイジェントがプリンシパルの利益に反して自己の利益を最大化するために行動するのではないかという懸念がある。そこで，プリンシパルとしては，エイジェントの行動をモニタリングすることが必要となる。

　しかしながら，そのようなプリンシパルによるモニタリングの費用は，エイジェントに支払われる報酬の減額によって賄われることになるため，エイジェントの側では，自らの行動の正当性を明らかにするために，自発的に企業の情報を提供し，その情報の信頼性を得るために監査を購入するというインセンティヴが生じる。エイジェントは，モニタリングにかかる費用から生じる自己の損失を回避して，情報の提供や監査の購入によるボンディングの費用を企業の費用として負担することを選択するのである。すなわち，モニタリングを回避するためのボンディングとして監査が要請されるというのである。

　この説明によれば，監査は，エイジェントが自らの利己的行動がないことを明らかにするために，エイジェンシー関係の帰結として自発的に要請されることになる。このことは，監査が自発的に行われていたことを示す歴史的事例

62）　エイジェンシー理論は，契約理論の1つであり，Coase（1937）およびAlchian and Demsetz（1972）による企業理論をもとに，Jensen and Meckling（1976）が理論的枠組みを構築したことに始まるものである。この意味では，後述の情報仮説は当事者が契約の履行状況を評定するために必要とする情報に焦点を当てたものであるし，同様に保険仮説は，契約の不履行あるいはその瑕疵についての賠償の問題を扱ったものと捉えることができることから，いずれもエイジェンシー理論から派生した議論と捉えられるように思われる。

(「市場の証拠」と呼ばれる）によって実証されているといわれている[63]。

しかしながら，この仮説については，いくつかの問題点がある。第1に，市場の証拠とされている監査の歴史的事例の多くは，実際には，ボンディング機能ではなく，監査役監査のようなモニタリング機能を中心とした監査として成立してきたということである。このことは上記の説明と矛盾を生じるように見える。この点については，次のように説明を拡張することで対処することができるであろう。

そもそも資金の拠出者であるプリンシパルに対する受託責任を解除するために，エイジェントは財務諸表による報告を行うようになった。これは，第1段階のボンディングであると考えられる[64]。それに対して，報告された財務諸表の情報内容の信頼性を確保するためには，2つの選択肢が考えられる。1つは，プリンシパルまたはその新たな代理人が企業の内容をモニタリングして，情報の内容を確かめるというものであり，もう1つは，エイジェントがボンディングとして独立的な第三者に情報内容の検証を依頼して，保証を得るというものである。たとえば監査役監査は，株主の代表者によるモニタリング装置として成立したものであり，前者の方法を選択したものと位置づけられよう。それに対して，20世紀初頭にアメリカで成立した財務諸表監査は，後者の典型例といえる。このように監査は，モニタリング機能とボンディング機能のいずれか，あるいは両者の組合せによって多様な形態をもち得るものであり，そのなかから社会的需要に応じて，何らかの監査形態が社会的に選択されると考えられるのである。

また，2つ目の問題として，情報利用者の広がりの問題がある。この仮説では，プリンシパルとして，資金の提供者である現在株主を想定しているが，潜在株主を含む一般投資家や社会の大衆については，どのように位置づけられる

---

[63] 市場の証拠の形態とその意義の検討については，町田・土屋（1997）を参照されたい。
[64] 財務報告がボンディング機能の一種として成立してきた問題については，たとえば，山地（1994）等を参照されたい。

のかが明らかではない。この点についても，議論を拡張しておく必要がある。

　まず，ボンディング機能については，エイジェントが潜在株主等を含む「市場からの信頼」を得るために監査を自発的に購入していると想定することができよう。またモニタリング機能についても，社会からの明示的あるいは暗黙裡の要請に基づいて，監査役の制度が成立し，さらに現在では，そのような機能の一部を会計プロフェッションが担うことが求められていると考えることができよう。

　以上のように拡張したエイジェンシー仮説によれば，保証業務のフレームワークによって統合された会計プロフェッションの提供する機能全体に対する需要についても，説明が可能であると思われる。保証業務の対象となる領域には，株主と経営者のようにエイジェンシー関係が成立するものと，それが成立しないものとがある。しかしながら，エイジェンシー関係が成立しない場合でも，たとえば，財またはサービスの消費者が，その購入にあたって，その背景となる企業等の実態に対してモニタリングを行うインセンティヴを有することに変わりはないであろう。したがって，企業等の経営主体が，それを回避するためのボンディングとして，情報提供とそれに対する保証の購入を行うことが想定できよう。すなわち，企業等の経営主体が，市場における信頼を得るために，自ら情報を開示するボンディング活動の一貫として，会計プロフェッションの関与を求めるのである。

第5章　保証業務のフレームワークと監査需要論　81

図5-1　エイジェンシー仮説

① **財務諸表監査におけるエイジェンシー仮説**

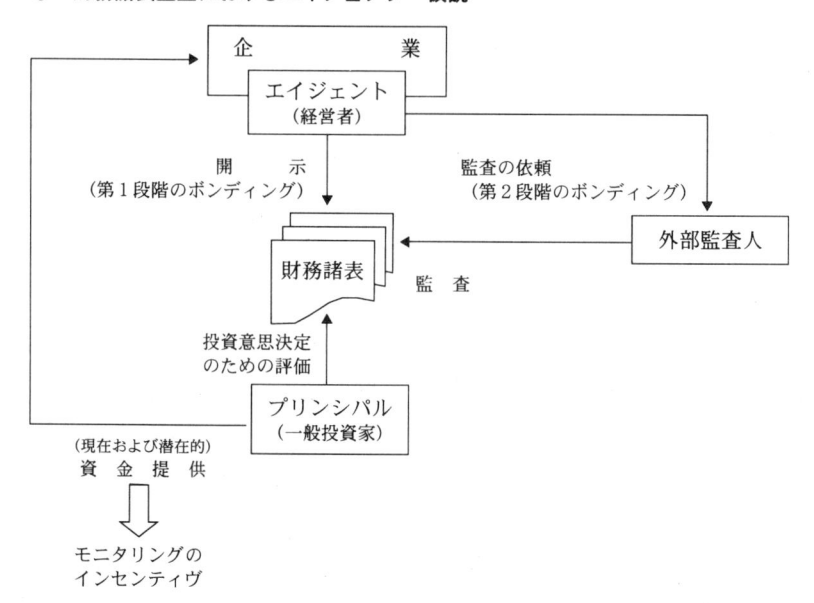

```
        ┌─────────────────────┐
        │      企　　　業      │
        │  ┌───────────────┐  │
        │  │  エイジェント  │  │
        │  │   (経営者)    │  │
        └──┴───────┬───────┴──┘
                   │         監査の依頼
          開　示   │       (第2段階のボンディング)
     (第1段階のボンディング)              │
                   ↓                      ↓
              ┌─────────┐          ┌──────────┐
              │ 財務諸表 │ ← 監査 │ 外部監査人 │
              └─────────┘          └──────────┘
                   ↑
            投資意思決定
             のための評価
                   │
              ┌─────────┐
              │プリンシパル│
              │(一般投資家)│
              └─────────┘

   (現在および潜在的)
     資　金　提　供
           ⇓
     モニタリングの
     インセンティヴ
```

② **保証業務のフレームワークにおけるエイジェンシー仮説**

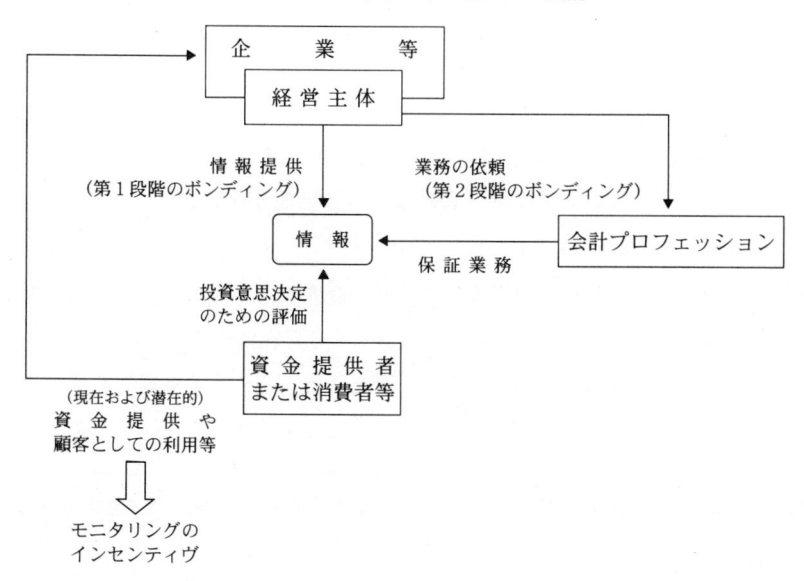

```
        ┌─────────────────────┐
        │    企　業　等        │
        │  ┌───────────────┐  │
        │  │   経　営　主　体  │  │
        └──┴───────┬───────┴──┘
                   │         業務の依頼
        情 報 提 供 │       (第2段階のボンディング)
     (第1段階のボンディング)              │
                   ↓                      ↓
              ┌─────────┐          ┌──────────────┐
              │ 情　報  │ ← 保証業務│会計プロフェッション│
              └─────────┘          └──────────────┘
                   ↑
            投資意思決定
             のための評価
                   │
              ┌─────────────┐
              │ 資金提供者   │
              │または消費者等│
              └─────────────┘

  (現在および潜在的)
   資 金 提 供 や
   顧客としての利用等
           ⇓
     モニタリングの
     インセンティヴ
```

(2) 情報仮説

　この仮説は，財務報告によって提供される情報の質に着目したものである。財務諸表監査は，財務諸表によって提供される情報の質を改善することから需要が生じているというのである。

　情報仮説は，情報経済学の援用である[65]。資本市場において，企業の株式を財とすれば，投資家と経営者は財の購入者と販売者にあたる。まず財務諸表が開示されていない段階では，両者の間には情報の非対称性が圧倒的である。そのまま情報が提供されない場合，購入者たる投資家は，財，すなわち株式の購入を止めてしまうか，あるいは無差別な購入を行うことになる。このように財の購入者によって財の品質が把握できない状況では，逆に質の低い財によって市場が席巻されてしまう可能性がある。いわゆる逆選択による市場の失敗の問題である。質の高い財を提供する者は，その事態を回避するために，シグナリング，すなわち，自らの財の品質に関する情報を提供するインセンティヴを有することになる。その際に，財の販売者による一方的な情報提供では市場からの信頼を得ることができないため，シグナルとしての情報に対する独立的な保証が必要とされる。それが財務諸表に対する監査である。

　また，財の購入者にとっても，監査は，シグナルとしての情報に含まれるノイズ（誤謬）を減少させることで正確性を高め，結果として，彼らが直面する不確実性やリスクを減少させることになる。特に，情報提供が制度化され，市場の失敗のリスクがある程度抑制されている状況においては，シグナリングの問題よりも，ノイズの排除の点が重要な問題となるといえよう。

　このように監査については，シグナリングとしての情報の質やそれに対する信頼性を高めることから，市場における財の販売者と購入者双方からの需要が生じるのである。

　情報仮説において問題となるのは，監査報告書における追加的情報の提供の問題である。この仮説では，監査は情報の質を高める機能を有すると考えられ

---

65) 情報仮説の詳細な議論については，Ng (1978), Benston (1985) 等を参照されたい。

第5章　保証業務のフレームワークと監査需要論　83

ているが，その際に，経営者によって提供されていない情報を監査人が監査報告書において提供することもその機能に含まれるのかということである。多くの実証研究の成果においては，監査報告書における情報提供の有用性は否定されているといえよう。しかしながら，ゴーイング・コンサーン問題のように，経営者による情報開示を期待することが非常に困難であり，制度上も開示の方法が未解決となっている問題については，実質的に，その例外となると思われる。

　この情報仮説は，先に示したエリオット委員会の保証業務の定義に最も適合する仮説であろう。新たな保証業務の提供が考えられる領域については，制度上の開示が確立されておらず，市場の失敗のリスクに晒されているものが多い。そのような状況においては，情報仮説が説明するように，質の高い財やサービスを有する企業等は，シグナリングとしての情報提供を率先して行おうとするであろうし，その際には，会計プロフェッションの提供する保証業務が，そこで提供される情報の質を改善する機能を担うことになろう。

図 5-2　情 報 仮 説

① 財務諸表監査における情報仮説

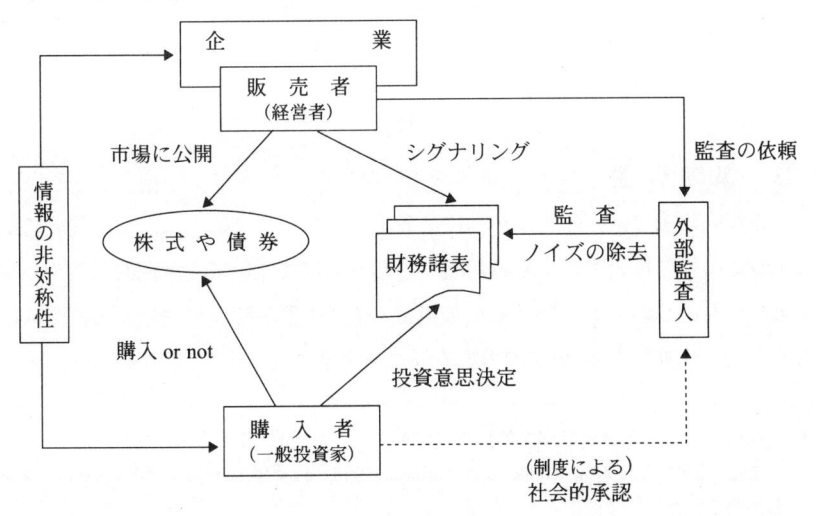

② 保証業務のフレームワークにおける情報仮説

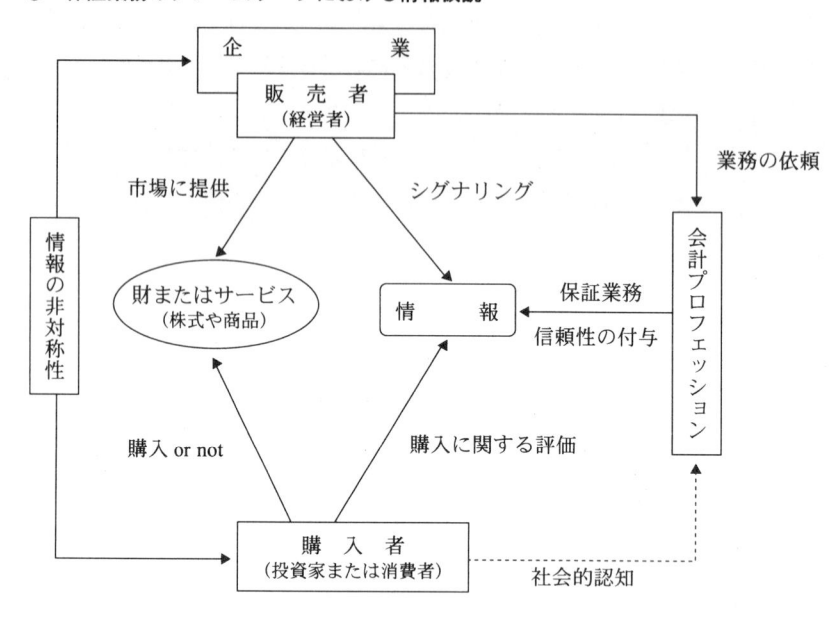

```
                  企      業
                  販 売 者
                  (経営者)
                                          業務の依頼
     市場に提供    シグナリング
情報                                       会計
の非                           保証業務     プロ
対称     財またはサービス    情 報              フェッ
性       (株式や商品)                信頼性の付与  ション
     購入 or not    購入に関する評価
                  購 入 者
                  (投資家または消費者)      社会的認知
```

このように，情報という観点からすると，保証業務のフレームワークは，さまざまな市場における情報開示とそれに対する検証という「報告のループ」の中で，情報の質を担保し，潜在的なリスクを低減させるという意義を有するものである。

(3) 保 険 仮 説

この仮説の焦点は，監査リスクにある。すなわち，監査人は，財務諸表の虚偽記載によって投資家に生じる可能性のある損害について，潜在的保険の役割を果たすというのである[66]。この仮説は，企業の倒産時点においても監査人は当事者のうち唯一損害賠償能力を有しているという，いわゆるディープ・ポ

---

66) 保険仮説の説明および実証的分析については，Menon（1994）等が詳しい。
　また，併せて，Chow, Kramer and Wallace（1998）および Schwartz and Menon（1985）も参照されたい。

ケットとしての認識に基づくものである。この仮説に対しては，訴訟社会であるアメリカの社会的特徴に過ぎないのではないかとの批判もあるものの，そのような会社倒産に至った際の保険機能の提供が監査に対する需要の1つの側面を説明することも確かであろう。一般の保険契約と異なるのは，損害賠償の際に，請求者となるのが監査人と契約を結んだ経営者ではなく，契約における第三者である株主や債権者だという点である。

ところが，この仮説は，前述の民事証券訴訟改革法のような比率責任負担の制度化によって，現在では，修正を余儀なくされたように思われる。従来監査人は，無限責任の保険機能を提供する存在であったが，現在では，その責任は関与の程度に応じた比率責任に限定されている。したがって，情報開示におけるリスクを監査人が負担するものととらえるにしても，改めて取引費用に基づく監査コストの分析が必要となるであろう。

さて，この保険仮説の観点から保証業務のフレームワークを捉えるならば，会計プロフェッションが多層的な保証を提供し，その程度に応じて多層的な保険が用意されているということになろう。

とくに留意すべきは，資金調達の場面に限らず，財やサービスの提供の場面においても，保証業務の提供が想定されることである。その場合，会計プロフェッションは，保証の程度に応じて，損害賠償の保険機能を担うことになる。ただし，倒産等の場合とは異なって，多くの場合には，そのような損害賠償の支払に応じるのは企業等であることから，従来のディープ・ポケットとしての位置づけとはかなり異なるものとなるであろう[67]。

---

67) 保険仮説は，アメリカのような訴訟社会についてのみ当てはまるとの考え方もあるが，広くリスクを低減させる観点で捉える考え方も多い。たとえば松本（1998）等を参照されたい。

86　第Ⅰ部　監査環境の変化と会計プロフェッションの対応

図 5-3　保険仮説

① 財務諸表監査における保険仮説（無限責任の場合）

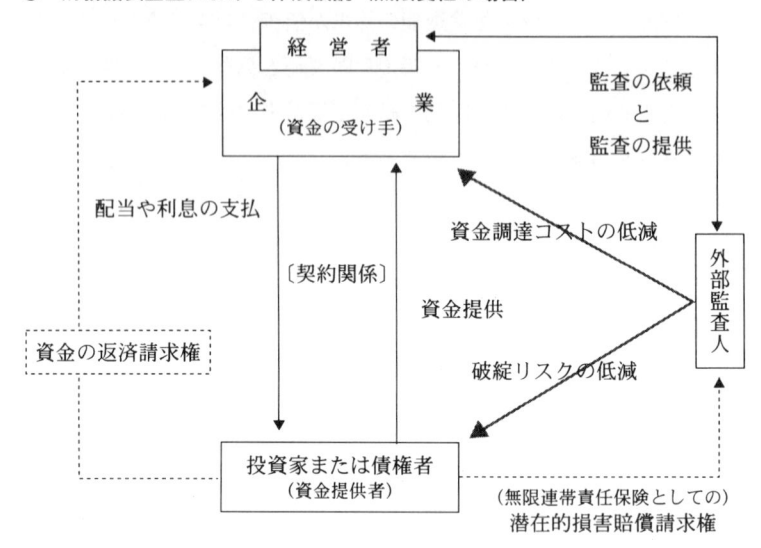

```
                    ┌──────────────┐
                    │  経 営 者     │ ←──── 監査の依頼
        ┌──────────→│ 企    業      │        と
        │           │（資金の受け手）│ ────→ 監査の提供
        │           └──────┬───────┘
   配当や利息の支払         │              資金調達コストの低減    外
                          │                                    部
                     〔契約関係〕           資金提供               監
   ┌──────────┐                                                 査
   │資金の返済│                             破綻リスクの低減     人
   │請求権    │         ┌──────────────┐
   └──────────┘         │投資家または債権者│
        └──────────────→│（資金提供者）    │
                        └──────────────┘
                                         （無限連帯責任保険としての）
                                          潜在的損害賠償請求権
```

② 保証業務のフレームワークにおける保険仮説

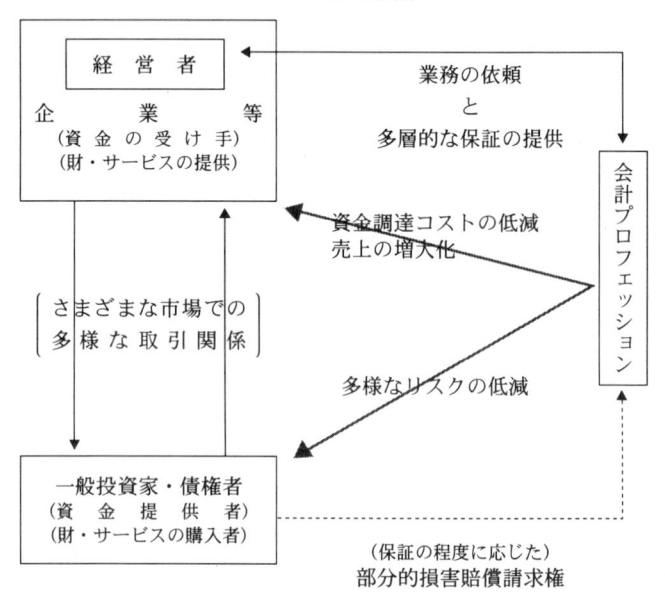

```
                    ┌──────────────┐
                    │  経 営 者     │ ←──── 業務の依頼
                    │ 企  業  等    │        と
                    │（資金の受け手）│ ────→ 多層的な保証の提供
                    │（財・サービスの提供）│
                    └──────┬───────┘
                           │              資金調達コストの低減    会
                           │              売上の増大化           計
              さまざまな市場での                                 プ
              多様な取引関係                                    ロ
                           │              多様なリスクの低減     フ
                           │                                    ェ
                    ┌──────────────┐                            ッ
                    │一般投資家・債権者│                          シ
                    │（資金提供者）    │                          ョ
                    │（財・サービスの購入者）│                     ン
                    └──────────────┘
                                         （保証の程度に応じた）
                                          部分的損害賠償請求権
```

(4) 監査の副産物

　この説明は，監査の付随業務に注目したものである。監査は，単に監査業務の提供だけによって需要されているのではなく，監査の副産物，すなわち，監査業務の過程で行われる助言や，契約に基づいて行われるMA業務等が，監査の購入者である経営者にとって有用であることにも監査が需要される一因があるという考え方である。

　本来，このような機能は，監査の需要を説明する主たる要因というよりは，補助的な要因として位置づけられるものであろう。しかしながら，先述のとおり，会計事務所の収入が相対的に監査収入よりもMA業務に比重を置いている状況を考えると，実態に即した説明ということができるかもしれない。

　さらに保証業務のフレームワークによって，会計プロフェッションが，監査から新たな保証業務に至るまでの多層的な保証を提供する状況を考えると，従来のような監査業務と付随業務という区分ではなく，多層的な保証業務のパッケージとして，会計プロフェッションの業務に対する需要が生じることになるといえよう。

　また，以前は付随業務として行われていたものが，社会的需要の高まりにつれて，制度上，より監査業務に近い位置づけとなることもある。たとえば，第Ⅱ部で検討する内部統制に対する報告の枠組みは，当初，MA業務におけるマネジメント・レターとして行われていたものが，内部統制の重要性の高まりとともに，制度上，アテステーション業務の1つとして，新たな報告のループとして規制下に組み込まれたものである。保証業務のフレームワークにおいても，保証業務の対象となる情報等が市場において一般化し，保証業務に対する社会的需要が高まることによって，制度上，より高い程度の保証を付与することが求められる事態も生じてくるであろう。

88　第Ⅰ部　監査環境の変化と会計プロフェッションの対応

図5-4　監査の副産物

① 財務諸表監査における監査の副産物

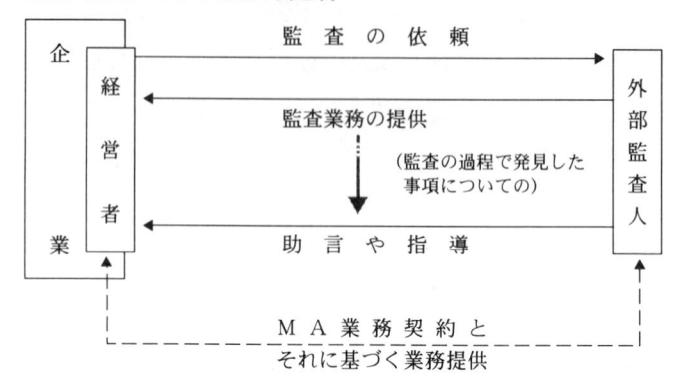

```
┌─────┐      監　査　の　依　頼      ┌─────┐
│企 経│ ──────────────────────────→ │外   │
│   営│                              │部   │
│   者│ ←──────────────────────────  │監   │
│業   │      監査業務の提供          │査   │
│     │    ↓ (監査の過程で発見した   │人   │
│     │       事項についての)        │     │
│     │ ←──────────────────────────  │     │
│     │      助　言　や　指　導      │     │
└──↑──┘                              └──↑──┘
    └────  Ｍ Ａ 業 務 契 約 と   ─────┘
            それに基づく業務提供
```

② 保証業務のフレームワークにおける監査の副産物

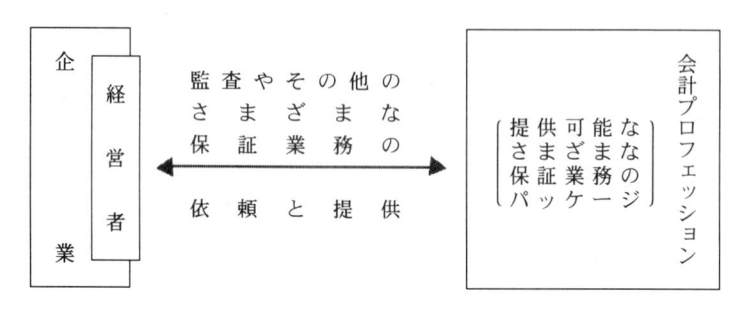

```
┌─────┐                              ┌─────┐
│企 経│   監査やその他の             │会   │
│   営│   さまざまな                 │計   │
│   者│ ←──保証業務の──→            │プロ │
│業   │   依頼と提供                 │フェッ│
│     │                              │ション│
└─────┘                              └─────┘
                          提供可能なさまざまな
                          保証業務のパッケージ
```

　以上見てきたように，保証業務のフレームワークは，従来のさまざまな監査需要論の議論に修正を迫るものである。そこで共通するのは，監査業務だけではなく，会計プロフェッションが提供する保証業務全般について，市場からの，あるいは社会的な需要が生じているということであろう。

4　日本における保証業務の意義

　日本においても，会計プロフェッションを中心として，保証業務に対する関心は高い。しかしながら，その関心は，海外で行われ始めた新たな業務領域と

いう程度の理解に基づくものであり，必ずしも従来の業務を含めたフレームワークの変更が生じているという認識はないように思われる。

日本の監査環境においても，監査業務からの収入には限界が見られる。海外に比べてさらに深刻なことには，日本の会計事務所は，監査報酬に対する依存度が圧倒的に高いということである。したがって，監査報酬のディスカウントによる会計事務所経営への影響は海外の事務所以上に大きなものとなっている。そのような状況では，新規業務への進出が欠かせないようにも思われるが，日本の会計プロフェッションは，これまで必ずしもレビュー等の業務の展開については消極的な対応しかとってきていなかったといえるであろう。

ところが，そのような状況にも否応なく変化が生じている。1999年から制度化された地方自治体監査においては，経済的な観点からして参入する意義は小さいとされるものの，「監査」に対する税理士や弁護士の参入が認められてきている。今後，さまざまな領域で，会計プロフェッションやその他の専門家の関与が求められた場合に，同様のことが起きる可能性は十分あると思われる。

従来，日本の経済社会は，非市場的な取引や関係が重要な役割を担ってきた。しかしながら，近年の経済のグローバル化の影響によって，日本の経済システムも市場志向の傾向をますます強めてきている。そのようなシステムにおいては，海外と同様，さまざまな情報の提供とそれに対する会計プロフェッションの関与が求められることになる。そのような意味で，今後，保証業務の提供は不可避な問題として台頭してくるであろう。

その際に，日本の会計プロフェッションをとり巻く環境は，いくつかの問題点を指摘することができるように思われる。第1の問題は，新たな保証業務を提供するための会計プロフェッションの経験と能力の点である。これまでの日本においては，基本的なレビュー業務等についてさえ，必ずしも十分な実務経験が蓄積されているとはいえないであろう。ほとんど監査業務しか行ったことがなく，会計プロフェッションにすぐさま新たな保証業務への展開を期待することは難しいかもしれない。

第2には，保証業務を担う会計プロフェッションの絶対的な供給量の問題も

あるであろう。日本では，会計プロフェッションへの参入機会が非常に制限されている。公認会計士試験は非常に狭き門であり，海外の公認会計士資格保有者についても，他業種からの参入は実質的にかなり困難である。このような政策は，監査業務における過当競争を防ぐことに主眼があると考えられるが，結果として，新たな業務展開の可能性や，競争による業務能力の向上等の機会を失っているともいえよう。

第3には，そもそも日本では，そのような保証業務を会計プロフェッションに対して期待する需要が乏しいのではないか，と思われる点である。情報の開示に当たっては第三者による何らかのチェックとその保証が必要である，との認識がどの程度，日本の社会において受け入れられているのかという懸念もあろう。そのような状況にあるとすれば，さまざまな情報提供が行われたとしても，会計プロフェッションによる保証の提供を求める需要が生じないかもしれない。

このように，いわばインフラに関わる問題を抱えている状況にあっては，保証業務の展開を期待することが難しいといわれるかもしれない。実際，新たな業務よりも，本来の監査業務の充実ないし適正化を図るべきだとの意見もある(八田，1999)。しかしながら，逆に，保証業務が展開してゆくことによって，会計プロフェッション内に，さまざまな経験やノウハウが蓄積されたり，社会的認知を高めてゆくことになる可能性も期待できよう。

日本では，監査は当初から制度として成立してしまったため，会計プロフェッションが，自らの業務を通じて社会的に認知され，プロフェッションとして排他的に業務を担うことについて，一種の社会的契約関係に至るというプロセスを経験してこなかった。保証業務は，規制のない分野への会計プロフェッションの進出を含むものであることから，そのような業務の提供を通じて，社会的認知の獲得というプロセスを踏むことができるかもしれない。

さらに，後述するように，海外の会計プロフェッションは，内部統制の有効性の問題について，監査とは異なる保証水準の業務の提供によって対応しようとしている。そのような近い将来の監査の課題，および社会からの新たな期待

に応えるためには，保証水準の異なる業務を用意しておくことは，ある意味で，監査環境の変化の中にあって必要不可欠の問題となろう。

　このように，保証業務の問題は，会計プロフェッションをとり巻く環境が欧米と異なる日本においても大きな意義をもつものと思われるのである。

第6章
MD&A 開示に対する保証の付与

1 MD&A 開示の事例

　本章では，前章で検討した，保証業務のフレームワークのもとでの会計プロフェッションに対する社会的需要の観点から，近年日本においても注目を集めている MD&A に関する問題を検討する。ここでは，ソニー社に対するアメリカでの制裁事例から得られる知見をもとに，議論を始めてみたい。

　1998年，アメリカ SEC は，ソニー社に対して，100万ドルの制裁金を課した。その理由は，ニューヨーク証券取引所においてアメリカ預託証券（American Depositary Receipts: ADR）を発行する同社の MD&A 開示が不適切であったことによるものとされた。この措置は，同様に ADR 証券を発行する日本企業に，大きな衝撃をもって受けとめられた。同社は，国際的な優良企業として，先進的な経営モデルを採用し，情報開示に積極的な企業として広く認識され，同社自身もまた，そのような姿勢を自覚的に示してきていたからである。

　しかしながら，この問題は，単に同社の開示姿勢の問題，あるいは米国基準で情報開示を行う日本企業に固有のものではなく，広く，アメリカにおける MD&A 開示およびそれに関する SEC を中心とした開示規制の動向の問題として，大きな意味をもつものである。

　また，SEC が，同社に対して行った命令の1つに，MD&A について独立した監査人による検証を受けることが含まれており，それに従って同社は，1999年3月期の年次報告書における MD&A について，会計事務所に検証サービスを依

頼し,「合理的」との意見を得ている。当該問題は,会計監査の立場からも,MD&Aに対する監査人の関与やそれに関わる監査人の責任の問題として,重要な意味をもつものと考えられる。

　本章では,MD&A規制の経緯と最近の動向のなかでソニー社のMD&A開示問題がどのように位置づけられるのかを検討し,その背景となる状況を明らかにする。さらにそれを踏まえて,MD&Aに対する会計プロフェッションの関与の問題が,監査がなぜ需要されるのかという,いわゆる監査需要論の観点から,どのように把握されるものなのかについて論じてゆく。

2　MD&A開示規制

(1) MD&A開示規制の経緯

　MD&A開示規制の歴史は,1968年にSECが,登録届出書の作成および提出についての指針 (the Guides of Preparation and Filing of Registration Statements) において,異常な利益要素についての説明を求めたことに始まる[68]。その後,1974年には,企業の年次報告書において,営業活動に関係のある動向についての議論と分析を記載することが要求されるようになった[69]。

　この時期を,MD&A開示規制の第1期とすることができよう。そこでは,財務諸表等の数値情報だけでは投資意思決定にとっての有用性が必ずしも十分とはいえないという認識に基づいて,財務諸表を補足する記述的説明 (narrative explanation) が必要とされたのである。また,1970年代初頭までSECは,将来情報によって虚偽の信頼性が生じることを懸念して,将来情報の開示を禁止する立場をとっていたため,当時のMD&Aの焦点は,過去情報としての営業活動結果の分析におかれていた。

　その後,SECは,将来情報の開示を求める機関投資家やアナリスト等の意向

---

68) SEC, Securities Act Release No.4936, Dec.9, 1968.
69) SEC, Securities Act Release No.5520, Aug.14, 1974.

を受けて，1973年に，将来情報の開示を容認したが，企業のMD&A開示の実務は，単なる財務諸表数値の説明に過ぎないものが多い等，必ずしも意義のあるものとはいえなかった。その原因は，MD&Aにおいて開示すべき内容が明確に規定されていなかったこと，および将来情報を開示した場合に事後的に生じる賠償責任問題が懸念されていたことにあった。そこでSECは，まず，1979年にセーフ・ハーバー規則を導入して経営者の開示責任の限定を図り，翌1980年には，MD&Aに関する規定を独立の規制項目として，MD&A開示内容を明示したのである[70]。

それによると，企業は，以下の事項について，記述的な説明を行わなければならない。

1. 営業活動の結果，
2. 流動性，
3. 資本の源泉，ならびに，
4. 1-3の項目に重要な影響を与える可能性がある，何らかの既知の動向，需要，契約（コミットメント），不確実性および事象

また，動向の予想を自発的に示すことが奨励されている。

この開示内容では，MD&Aの対象が，単に営業活動の結果だけではなく，企業の活動全般に及ぶものへと変化するとともに，将来情報が奨励されており，MD&A規制は第2の段階に入ったと考えられよう。この開示内容は，1982年にForm10-K等のSEC開示規定に含められ，今日においても効力を有している[71]。現在のMD&Aの要件は，ここに始まるものである。

続く第3段階は，MD&Aの実効性を高めるための取組みの時期である。SECは，1986年に，クーパース・アンド・ライブランド（Coopers and Lybrand）による提案，および7大会計事務所からの提案を受け取った。それらの提案は

---

70) SEC, Securities Act Release No. 6231, Sep.2, 1980.
71) 具体的には，Regulation S-K, § 229.303において，Management's discussion and analysis of financial condition and results of operations として規定されている。以下，MD&A開示規定という場合，この規定を指すものとする。

いずれも，MD&Aにおいてさらに詳細なリスク要因の開示を行うことと，それを監査ないし会計プロフェッションによるレビューの対象とすることの必要性を指摘するものであった。SECでは，1987年にそれらの提案について一般からの意見を求めた[72]が，寄せられた回答には，それらの提案を支持するものはほとんど見られなかった。

しかしながら，その回答では，MD&Aについての詳細な指針と現行規定の厳格な実施を提案するものが多かったため，1988年3月に，SECの企業財務部門（Corporation Finance Division）によって内部専門委員会（internal task force）が設置され，MD&Aを中心とする企業の開示動向の調査が実施された。同調査[73]によると，調査対象となったMD&Aのうちの95％が不十分な開示であることが明らかとなった。

その結果を踏まえて，SECは，現行のMD&A規定の明確化を図るとともに，望ましい開示例を提示した。また，以後，登録企業の不十分なMD&A開示に対しては制裁を与える可能性があることも示された。ここに，MD&A規制は，その他の開示規制と同様の位置づけを与えられたといえよう。この1989年以後，今日に至るまで，SECのMD&A規則には変更が行われていない。

(2) MD&A開示の意義と問題点

上記のように展開してきたMD&A開示制度については，いくつかの特徴とそれらに関する問題点を指摘することができる。まず，第1の特徴は，その開示が，財務諸表等による情報開示に対する追加的開示と位置づけられている点である。

MD&A開示では，その生成当初から，財務諸表等による定量的情報の開示では足りない部分を定性的情報によって補うことが目的とされていた。その立場からすると，MD&A開示は，財務諸表等による開示を補う従属的なものとして

---

72) SEC, Securities Act Release No.6711, Apr.20, 1987.
73) SEC, Securities Act Release No.6835, May 18, 1989.

位置づけられることになる。また，その作成コストについても，同様に，過度な負担を企業に強いることなく，財務諸表において十分に明らかにされていない事項について開示するものであると規定されているように，追加的コストが大きなものとならない範囲で開示が行われることが想定されている。

しかしながら，このような考え方は，現在では微妙に変化してきているように思われる。次節で検討するように，近年では，従来の財務報告とは異なり，定量的情報も含めた事業報告が重視される傾向にある。機関投資家やアナリストは，定性的情報を，定量的情報と同様，あるいはそれ以上に重視する傾向にある[74]。それを反映して，年次報告においても，MD&A 開示の部分が相当の分量を占める傾向にあり，その作成コストも，単なる付随的な開示にとどまらないものとなっている。

次に，第2の特徴として，MD&A 開示の焦点が，過去の情報ではなく[75]，将来の動向等の議論や分析に置かれているという点があげられる。これは，経営者がどのように将来の事業の業績について考えているかを明らかにすることが投資意思決定にとって重要であるとの考えに基づいている。

ここで問題となるのは，将来に関する情報の峻別の問題である。MD&A 規定においては，前述のように「営業活動の結果，流動性および資本の源泉に重要な影響を与える可能性がある，何らかの既知の動向，需要，関与，不確実性および事象」を開示することが要求されている。将来に影響を及ぼす現在の状況については開示しなくてはならないのである。

一方，将来の動向に関する情報については，自発的開示が奨励されている。かかる情報は，「予測情報 (Prospective Information)」あるいは「将来情報 (Forward-

---

74) たとえば，Sever and Boisclair (1990) を参照されたい。
75) たとえば，MD&A 規定では，過去の問題は，将来に関する事項を議論および分析の対象とするかどうかを決定する基準としての意義をもつに過ぎない。過去において営業活動に影響を及ぼしてこなかった事項で今後の活動に影響を及ぼすものや，その反対に，これまでは影響があったものの今後の影響はないと予測される事項を議論および分析の対象とするのである。

looking Information)」等と呼ばれており，一般には，経営者の主観を含むさまざまな業績や動向の予測が含まれるものとされている。

これらの2つの将来に関する情報，すなわち，前者の任意開示規定と後者の強制開示規定との峻別は，報告時点での発生可能性によって決定される。将来の業績等に対する重要な影響が合理的に見積もることができるならば，既知の事象として開示しなくてはならないのである。この発生可能性をどのように評価し，どの範囲までの予測情報を開示しなくてはならないのかが問題となる。

セーフ・ハーバー規定の効果もあって，多くの企業がMD&Aにおいて予測情報を開示しており(Cole, 1990)，その傾向は，1989年にSECがMD&A開示規定を厳格に適用する方針を表明して以後，さらに顕著となっていることが明らかにされている(Hooks and Moon, 1993)。それらの情報は，少なくとも短期的には，かなり正確なものであることが確かめられており(Bryan, 1997)，また，ゴーイング・コンサーン問題を判断するに当たっても有用であるとされている(Tennyson, Ingram and Dugan, 1990)。しかしながら，そこには，経営者の主観等によるバイアスが加えられることが多く(Pava, 1993)，さらに，どこまでが開示しなければならない範囲なのかについては，必ずしも実務上一定の認識がもたれているとはいえない状況にある。

第3の特徴は，MD&A開示の形式の多様性が認められている点である。企業は，MD&A開示に当たって，情報利用者に対する説明の方法としてもっとも望ましい形式を採用することができる。したがって，同じ情報を示すにしても，企業や業種によって，非常に大きな多様性が生じる場合がある。それは，基本的には，記述情報のもつ特性であり，SECもそのような多様性に関する問題を認めた上で，MD&A開示を求めているのである。

AICPAの調査(AICPA, 1990)によっても，MD&Aの形式が非常に多岐にわたっていることが明らかにされている。なかには，写真の掲載や，企業イメージの広告が中心となっているような，情報開示というより企業のマーケティングの一手段として利用されているMD&Aも多く見られる。その結果，利用者

の理解可能性が損なわれているとの指摘も多い[76]。

とくに問題となるのは，そのような状況下で，先の将来情報の範囲の問題と併せて，どのような内容の開示が必要とされるのかが，企業にとっても情報利用者にとっても曖昧になる可能性があるということである。

3　MD&A 重視の背景と会計プロフェッションの関与

(1) ソニー社に対する制裁の意義

ソニー社に対する SEC の制裁は，SEC の公表資料等によると次のようなものである[77]。同社では，1989 年に買収したコロンビア・ピクチャーズ・エンターテインメント社（現在のソニー・ピクチャーズ・エンターテインメント社）の買収にあたり，営業権を 40 年間均等償却するとしていた。ところが，1994 年 11 月に同社は，その評価方法を変更し，残りの営業権約 27 億ドルを一括して償却すると発表した。その情報を受けて，同社の ADR の価格は，約 6％下落し，東京証券取引所においても，同社の株価が 5％以上急落したため，一時的に取引が停止される等の影響を及ぼした。

SEC が問題としたのは，そのような会計処理方法の変更について，事前の情報開示が不十分であったという点である。同社では，それ以前の年次報告書等の MD&A に該当する部分において，買収した映画事業についてのセグメント情報を開示していないほか，同事業によって生じる損失のために均等償却を予定どおり維持することができない状況にあったことを記載していなかった。同事業部門は，一括償却に至るまでに 10 億ドル以上の累積損失を生み，同社では，1 年以上にわたって営業権の一括償却の問題を検討してきていたが，それらについての開示は一切行われていなかった。したがって，投資家は，一括償却による当該年度の業績の悪化について，予測する材料が与えられなかったと

---

76) たとえば，Schroeder and Gibson (1990) 等を参照されたい。
77) 制裁の詳細等については，荻 (1998) に紹介されている。

いえよう。そのことが，MD&Aにおける既知の動向等の開示違反に問われたのである。

SECは，1998年に，ソニー社に対して，MD&A規制違反として制裁金100万ドルを課すとともに，1999年3月期のMD&Aについて会計プロフェッションの検証サービスを受けること等を含む命令を下した。ソニー社では，その制裁措置を受け入れ，制裁金の支払いに応じるとともに，1999年3月期の年次報告書において，MD&Aの記載内容を従来の2倍の分量に増加させ，各セグメントごとに事業リスクに言及するとともに，監査事務所による検証サービスを受けて，「合理的」との意見を取得したのである。

以上のようなソニー社のMD&A開示に対する制裁は，実は，MD&A規制のなかでも，特筆される事例といわれている。それ以前にMD&Aにおける既知の動向等の開示が不十分だとして違反に問われた例は，1992年のUSキャタピラー社の事例だけであろう。その事例とは，同社の1989年度の連結損益のうち約26％を占めるブラジルの子会社からの利益が，翌1990年度には，生じる可能性が低いということを開示していなかったことが問題とされたものである。当時SECは，同社に対して，制裁金を免除して，注意を促すにとどめている。同事例の発生が，SECがMD&A規制の厳格適用を表明してまだ間もない時期であったこともあるが，今般のソニー社の事例については，MD&A規制に対するSECの姿勢の変化が垣間見られるように思われるのである。

従来，MD&A規制の実際の適用は困難であると考えられてきた。それは，前節で述べたように，将来情報の範囲をどのようにとらえるか，すなわち，経営判断の内容をどこまで開示させるか，報告時点において既知の動向とされ開示が必要となるのはどこまでなのか等について規制の対象とするには多くの困難が生じると考えられるからである。また，企業が従来，MD&Aを必ずしも事業リスクの開示の場とだけ位置づけてきたわけではなく，マーケティングの位置手法のようなものをも含めて，さまざまな形式の開示が行われてきたことも，MD&Aに対する一律的な規制を困難なものとしてきたといえよう。

ソニーに対する制裁は，そのような状況について，SECが新たなシグナルを

示したものと捉えることもできよう。さらに，SECがソニーに対して命令した，会計プロフェッションによる検証については，MD&Aを財務諸表の付随的なものから外部のチェックを必要とする新たな追加的報告として位置づけるとともに，企業にとっては，今後，そのような報告に関する新たなコストが発生する可能性を示唆するものである。このようなSECの姿勢ないしMD&A規制の変化をもたらしたのはどのような要因によるものであったのだろうか。

(2) MD&A重視の背景となる状況

SECがMD&A開示規制を厳格に適用し，さらにそれに対する会計プロフェッションの関与を求めた背景には，1990年代に入って展開されてきたいくつかの事態があるように思われる。ここでは，それらを整理してみたい。

第1の背景としては，1994年にAICPAから公表された，いわゆるジェンキンズ報告書があげられる。同報告書では，情報利用者のニーズに応じた「包括的な事業報告モデル」を提唱している。その提言は，従来の財務報告に対する情報利用者の不満や，定性的情報に対するニーズを踏まえて，会計プロフェッションが監査ないしさまざまな保証業務の基礎となる財務報告側面についての改革提言を行ったものととらえることができる。

同報告書においては，債権者，投資家，アナリスト，労働者等々のさまざまな情報利用者における多様なニーズに応じて，それぞれの利用者に必要とされている情報を積極的に開示することが提唱されている。そこでは，すべての利用者に画一的で，その結果として簡素化された情報を提供するのではなく，必要とされるだけ十分な質と量の情報を提供することが重要であるとの考え方がとられている。そのような事業報告を実現するための重要な手段となるのが，MD&Aである。

同報告書では，MD&Aの内容を改善して，経営管理目的用の情報の提供とその分析を行うことが求められており[78]，将来情報の開示についても積極的に事業の機会とリスクを開示し，事後的にそれと実際の結果との相違の分析をも開示するよう勧告している。また，同報告書では，事業報告の枠内で提供されるさまざまな情報開示について，会計プロフェッションが保証業務を提供することを提唱している。MD&Aに対する検証サービスもその1つとして位置づけることができよう。

このように，事業報告の文脈においては，MD&Aは，財務諸表の付随的な説明書ではなく，事業報告を構成する重要な報告媒体として位置づけられ，将来情報の開示や会計プロフェッションの関与も積極的に求められているのである。

第2の背景は，1995年12月に成立した民事証券訴訟改革法である。従来，監査人は，無限連帯責任制のもと，監査訴訟において，最終的に多額の損害賠償を負うことを恐れて，和解に応じざるをえないという圧力にさらされていた。同改革法では，そのような状況を改善し，監査人に対して比例責任の適用を認めるものであり，監査訴訟における監査責任の限定を図るものであったのである。

先の事業報告においては，将来情報を含むさまざまな情報提供と，それに対する会計プロフェッションの保証業務の提供が提唱されていた。それらの情報に含まれる不確実性の程度はさまざまであり，それらに対して一律に際限のない責任を問われていては，そのような情報開示に会計プロフェッションが関与することができないであろう。同法は，情報提供の質，あるいは信頼性に応じて，さまざまな形で会計プロフェッションが関与することを可能にする基礎を提供したのである。

また，同時に，同法は，情報提供者に対して，従来のセーフ・ハーバー・ルー

[78) FASBは，1997年6月に新しいセグメント基準を公表し，そのなかで経営者が事業上の意思決定や業績評価のために社内で採用している組織区分に基づいてセグメント情報を開示するように規定した。ソニー社に対するSECの命令にも，同新基準に基づく開示規定を継続的に適用することが含まれている。

ルの不備を修正するという役割も担っていた。それに関わる改正点としては，たとえば，将来情報に関する訂正・更新義務の明確化や，機関投資家やアナリストへの情報提供に関する免責規定等があげられる。これらは，MD&Aの開示実務を奨励する上で，欠かせない制度上の整備であったといえよう。

　最後に第3の背景として，1998年3月に，MD&Aに関するアテステーション契約基準[79]が公表されたことがあげられる。同基準は，もともと1987年に最初の公開草案が公表されたものであるが，その後基準として確定することはなかった。上記のジェンキンズ報告において，MD&Aの重要性が改めて認識され，その改善が報告されたことを踏まえて，会計プロフェッションが，MD&Aに対する検証サービスが求められた場合に，それに対応できるようにと基準として確定されたものである。同基準の制定を背景として，SECがソニー社に対して，MD&Aについて会計プロフェッションによる検証サービスの提供を受けるよう命令するに至ったと考えられよう。

　ここで留意すべきは，AICPAが，MD&Aに対する会計プロフェッションの関与を被監査企業との自発的契約に基づくアテステーションという形態で行ったという点である。今後本格的に導入段階に移行するであろう事業報告の枠組みに関して，不確実性にかかる情報開示を多く含むMD&Aについては，アテステーション契約によって対処しようというのである。しかしながら，さらに今後，資本市場において，実務上，MD&Aの重要性がさらに高まっていけば，監査（Audit）の枠組みにおける対応が求められる事態が生じる可能性も否定できないように思われる。SECのソニー社に対する命令は，その端緒となる処分事例として位置づけられるようにも思われるのである。

---

[79] AICPA, ASB, *Statement on Standards for Attestation Engagements No.8, Management's Discussion and Analysis*, March. 1998, AICPA.

4 会計プロフェッションに対する需要の観点からの検討

　さて，前節までにおいて，ソニー社に対する制裁問題をもとに，MD&A 開示が重視されている状況とその背景を検討してきたが，以下では，その結果を踏まえた上で，MD&A に対する会計プロフェッションの関与がどのような枠組みで説明されるものなのかを検討してみたい。

　MD&A に対する検証サービスも含めて，広い意味でのプロフェッションによる保証業務の提供に，最近注目が集まっているのは，事業報告の全般にわたるプロフェッションの関与を求める情報利用者のニーズ，すなわち需要サイドの意向と，プロフェッション側における新たな業務機会追求の必要性，すなわち供給サイドの思惑とが合致したためであるといえよう。

　このうち，需要サイドについては，前章での検討を踏まえて，エイジェンシー仮説，情報仮説，保険仮説，および監査の副産物による需要論を対象に，それらによってどのように説明されるものかを検討したい。以下，各仮説の要旨を示した上で，それに引き続いて，MD&A の問題に対する意義を論じてゆくこととする。

① エイジェンシー仮説

　この仮説では，財務諸表監査をボンディング機能によって説明するものであり，経営者は，株主からの信頼を得るために監査を自発的に購入すると考えられる。同仮説は，「市場の証拠」と呼ばれる歴史的な監査が自発的に需要されていた事例によって実証されているといわれている。この考え方で問題となるのは，不正問題等の実態監査をどのように説明するかという点と，株主以外の利害関係者による監査需要をどのように説明するかという点であろう。

　MD&A 開示においては，不正問題が扱われることは考えにくいが，情報利用者として想定されるのは，広く市場一般であろう。MD&A 開示という新たな報告領域について，経営者が，市場における信頼を得るために，みずから情報を

開示するボンディング活動の一貫として，会計プロフェッションの関与が求められるのである。

② 情報仮説

この仮説は，財務諸表監査は，財務諸表によって提供される情報の質を改善するというものである。ただし，制度化されている開示情報については，ノイズが排除されるに過ぎないとされる。この仮説では，情報の有用性の観点からも監査報告書による情報提供機能が否定されることになるが，ゴーイング・コンサーン問題のように，実質的に，その例外となる領域も見られる。

MD&A開示についての会計プロフェッションの関与もまた，対市場という観点から，情報の質を担保する意義を有するものである。さらにMD&Aでは，ゴーイング・コンサーン問題に関する開示に至らないまでも，将来情報を開示することによって，情報開示とそれに対する検証という報告のループの中で，潜在的な事業リスクに対処しようとするアプローチがとられているといえよう。ただし，MD&A情報の不確実性の程度に対して，どのような情報の質の水準を想定するのかが新たな問題となるであろう。

③ 保険仮説

この仮説は，監査人が財務諸表監査によって生じる可能性のある損害について潜在的保険の役割を果たすというものであり，ディープ・ポケットとしての監査人の認識に基づくものである。この仮説に対しては，監査訴訟による損害賠償は，訴訟社会の結果に過ぎないのではないかとの指摘もある。

この仮説については，前述の民事証券訴訟改革法による，比率責任負担の制度化によって，修正を余儀なくされたといえよう。取引費用論に基づいて，情報開示におけるリスクを会計プロフェッションが負担するものと捉えるにしても，その責任は関与責任に限定されるため，改めて会計プロフェッションの関与についてのコスト分析が必要となるであろう。

④ 監査の副産物

これは，監査業務の過程で行われる助言や，契約に基づいて行われる経営助言業務等にも監査が需要される一因があるという考え方である。ただし，これ

は補助的な需要要因として位置づけられるものである。

MD&Aにしても，財務諸表監査の業務過程においては，当然，検討の範囲に入っていると考えられるが，そこに含まれる不確実性等に鑑みて，財務諸表監査とは別途にアテステーション契約によって対処しようとしているのが現状である。このように，会計プロフェッションの業務が，事業報告等の情報の性質に応じて提供されており，監査業務と付随業務という区分にかかわりなく，保証業務を含むパッケージとしての監査需要が行われていると捉えることができよう。しかしながら，MD&A開示が事業報告の中心的な要素となりつつある状況において，監査本体から切り離した対応がいつまで可能かどうかについては疑問が残る。

以上のように，拡張された監査需要論の枠組みによるMD&A開示の問題の検討を通じて明らかなことは，MD&A開示に関する社会的な期待ないし需要の高まりに対応して，会計プロフェッション側も，責任限定の法規定を拠り所とした階層的な保証の提供によって対処しようとしているということである。それは，新たな報告の枠組みの設置を会計プロフェッションが積極的に受け入れ，さらに今後の事業報告の枠組みに関しても，多用な情報の質に応じて，多用な形態をとる会計プロフェッションの関与という将来像を志向していることを意味している。

現在，MD&A開示は，広く国際的に重視される傾向にある[80]。それは，本章で検討対象としたアメリカの状況とほぼ同様の背景によるものである。事業リスクを含む将来情報の開示とそれに対する会計プロフェッションの関与の問題は，ゴーイング・コンサーンや内部統制，あるいはコーポレート・ガバナンスに関する開示問題を含めて，今後さらに重要性を増してゆくであろう。

日本においては，以前から，決算短信の場において，業績予測やその修正の開示が行われてきている。また，有価証券報告書における営業の概況は，事業

---

80) 国際的な動向の詳細については，たとえば，古庄 (1998) 等を参照されたい。

についての定性的な説明の1つであるといえよう。さらに，一部の上場規制においては，日本版 MD&A の開示が導入されてきている。これらの情報は，これまでも投資意思決定の文脈においては重視されてきたが，今後，それらを事業報告の文脈で統合し，会計プロフェッションの関与が求められるのではないだろうか。

　一方，日本の監査領域でも，2003年5月に改正された公認会計士法において，指定社員制度が導入され，監査責任を一部限定することとなったが，同規定は必ずしも十分な有限責任規定とは認められない上，そもそもこの問題は，監査訴訟リスクの抑制という方向での議論にとどまらず，新たな情報開示とそれに対する保証の枠組みに関係する問題であろう。とくに，本章で検討したMD&A の場合のように，定性的なリスク情報にかかる報告のループを設け，それに対して，会計プロフェッションが関与するという枠組み，ならびに，第Ⅱ部において検討する内部統制にかかる報告の枠組みを実現することに繋がる問題であるように思われるのである。

第 7 章

監査環境の変化と
会計プロフェッションの対応
――小　　結――

1　監査環境の変化と会計プロフェッションの対応

　前章までにおいて，現在のように監査環境が大きく変化する中で，社会的な要請として，いかなる役割が監査人たる会計プロフェッションに対して期待されているのか，について検討してきた。

　一般に，外部監査として行われる財務諸表監査において，監査人は，適正表示に関する意見表明を行うことで，開示プロセスを完結させる役割を担っている。適正性の概念は，財務諸表監査において究極命題と称されるように，最も重要なものと解されるが，現在の監査環境においては，その適正性の意味する内容が大幅に拡張されてきている。

　適正性の概念を，単に，財務諸表が適切な会計基準に準拠して作成されているかどうかという，いわゆる GAAP 準拠性と見るのではなく，GAAP のもとで複数の代替的処理が認められている場合に，経営者によって適用された処理方法が適切なものであるかどうか，という点をも含めて捉えるという点については，多くの論者の同意を得られるところであろう。わが国の 2002 年 1 月改訂監査基準における「実質的判断」の規定，すなわち，監査人は，成文化された会計基準との平仄性を確かめるのではなく，その会計基準の適用が適切なものであるかどうかを実質的に判断するという規定は，同様の意義をもつものとし

て捉えることができよう。

　しかしながら，問題は，現代の監査環境にあっては，GAAP 準拠性の問題を大幅に超えて，会計基準の枠組みにおいては対応できないゴーイング・コンサーン問題，経営者不正，あるいは開示情報を作成する基礎となる企業内の内部統制の健全性の問題等への対処も，監査人に対する役割期待に含められてきているという点である。

　それらの問題が，新たな会計基準の設定によって解決が図られるのであれば問題はないが，必ずしもそれらすべてに対応した会計基準の整備状況，すなわち GAAP 環境がもたらされるとは限らない。

　社会からの期待が高い問題について，仮に GAAP 環境が未整備ないし不備な状況にある場合には，監査人がその期待に応えて，会計基準準拠性を中心とした従来の役割を超えた，何らかの役割および責任を担わざるを得ないことになる。かつてアメリカにおいて，ゴーイング・コンサーン問題について，GAAP が未整備だったことを背景として，GAAP 準拠性のみに責任を限定したいと考えた AICPA の意向が，社会の要請の前に妥協を余儀なくされたことは，そのことを示す好例であるといえよう。

　また，ゴーイング・コンサーン問題や，現在，外部監査において扱われているような不正問題，すなわち，財務諸表に重要な影響を及ぼすものに範囲を限定された不正問題のように，GAAP の未整備との関連で議論される問題もあるが，財務諸表の作成とは別途捉えられる不正問題や，内部統制の健全性の問題のように，必ずしも GAAP に規定されるものではない領域もある。そのような領域について，「監査上の」対応を図るかどうか。もし図るとすれば，それは適正性の概念がさらに広義なものとして捉えられることを意味する。また，そうではなくて，監査以外の方法による対応を図るということも考えられる。いずれにしても，そのような期待に対して，会計プロフェッションは，何らかの対応を図らなければならないように思われるのである。

　ところで，近年，わが国においても，「会計ビッグバン」と称されるような，会計基準の急速かつ大幅な整備が進められてきた。そのように，急速に変化し

た近年の監査環境において，わが国の会計プロフェッションは，どのような意識で監査に携わっているのであろうか。言い換えれば，彼らは，現在の状況下にあって，どのような役割および責任を担おうとしているのであろうか。

実施したインタビュー調査によれば，かかる監査環境の変化を背景として，わが国の会計プロフェッションは，マスコミ等で報じられてきたように，監査の厳格化という事態が生じていることが明らかとなった。それは，新たなGAAP適用によって監査が厳格なものとなっているというだけではなく，監査人の判断のレベルにおいても，経済不況の深刻さや，国内外の投資家，市場，さらには社会からの期待というものを踏まえて，厳格な対応が図られるようになっているということであった。

一方，今般の改訂監査基準で導入が図られたゴーイング・コンサーン問題や，一部，金融機関に対する規定が準備されてきている内部統制報告問題のように，諸外国ですでに実施されている事項については，インタビュー調査時点においては，非常に消極的な意識しかもたれていなかったのである。

したがって，わが国の監査人にあっては，彼らへの役割期待への対応は，あくまでも，「監査」判断の場面，すなわち，前述のGAAPの選択適用の場面の厳格さ，あるいは，実質的判断の厳格さという側面に限られており，GAAP環境を超えた新たな役割を担うという意識はもたれていないように思われるのである。

以上のような監査環境の変化に応じた会計プロフェッションの役割および責任の拡張をさらに推し進め，同時に，監査を含む会計プロフェッションの機能を理論的にも再構成すると考えられるのが，保証業務の議論である。

保証業務は，会計プロフェッションの新たな業務領域として，わが国においても導入が議論され始めているところであるが，そのような職域拡大の問題以上に，今後の会計プロフェッションの役割に大きな影響を及ぼす問題であると思われる。

保証業務のフレームワークでは，会計プロフェッションの機能を，会計情報に限らずさまざまな事象について保証を付与することとして捉えることとなる。

そのフレームワークのもとでは、会計プロフェッションは、最高水準の保証を行う監査から、低レベルの保証業務までのさまざまな保証業務によって、社会からの期待に対して役割および責任を担っていくこととなる。このようなフレームワークは、従来の監査に対する社会的需要の議論とは異なった形で、会計プロフェッションの業務に対する需要を捉えることを可能とするのである。

そのような意味では、保証業務のフレームワークというのは、社会からの新たな役割期待に対して、監査人としてではなく、会計プロフェッションとして、すなわち、監査の枠組みの中ではなく、保証の水準の階層化によって自らの責任限定を図りながら、監査とは異なる業務によって対応していこうとする、会計プロフェッション側の1つの方策として解されるように思われるのである。

そのような異なる保証業務による対応の一例が、MD&A開示情報に対するアテステーション業務による対応である。

MD&Aは、現在、諸外国において重視されてきている事業報告の考え方のもとで、会計情報以外の最も重要な開示手段の1つとして位置づけられる。アメリカの会計プロフェッションは、MD&Aを監査の対象とするのではなく、MD&Aに対してアテステーション業務による保証を付与することで、そのように重要な開示媒体に対し、会計プロフェッションの関与を求める期待に対応したものと思われる。

このように、会計プロフェッションは、監査環境の変化を受けて、従来の適正性の枠組みを超えて社会から期待されつつあるさまざまな役割に対して、保証のフレームワーク、すなわち、異なる水準の保証を提供するというフレームワークによって対応を図ろうとしてきていると総括することができよう。

2 内部統制問題の重要性

現在、監査人ないしは会計プロフェッションに対して期待されている最重要の課題としては、各国での議論およびわが国での監査基準の改訂の議論にも見られたように、ゴーイング・コンサーン問題、経営者不正問題および内部統制

問題の3つがあげられるであろう。

　これらは，いずれも企業の健全性についての開示問題に関連がある。すなわち，ゴーイング・コンサーン問題は，企業が経営破綻に陥っている，またはそのような状態に陥るリスクが高いのであれば，企業の内容に詳しい独立の第三者たる監査人が，早期にその兆候を発見し，何らかの対応を図るべきである，とするものである。一方，経営者不正は，そのような経営破綻の主な原因として以前から指摘されてきているところであり，経営者不正に対する監査人の関与を求めるというのは，不正の摘発を監査人が行うことによって，経営破綻の要因を事前に防止することを目途としているといえよう。さらに，内部統制は，ゴーイング・コンサーン問題や不正問題が生じることのないよう，また，その他のさまざまなリスクを適切に管理すべく企業内に構築されるものであって，その有効性を通常の監査プロセスを超えて監査人が評価し，その結果を新たな報告の枠組みによって外部に公表させようとするのが内部統制報告の問題であるということができる。

　これらのうち，本書では以下の第Ⅱ部において，第Ⅰ部で論じてきた監査環境の変化に対する会計プロフェッションの対応問題の各論として，内部統制問題を取り上げることとする。それは，次のような理由によるものである。

　まず，ゴーイング・コンサーン問題および経営者不正問題については，わが国においても監査基準の改訂によって一定の対応が図られたところである。それに対して，内部統制の問題は，監査基準において概念が示されたものの，前章までにも幾たびか取り上げた内部統制報告の問題は，アメリカの企業改革法等の規定を受けて，今後，検討の対象となっていく問題であると考えられる。

　また，内部統制の問題は，財務諸表監査の成立から現在に至るまで一貫して変わることなく，財務諸表監査一般における中心的な役割を担ってきた問題であるといえよう。したがって，内部統制問題を取り上げることは，財務諸表監査を担当する監査人としての会計プロフェッションが，ここまでに検討してきたような監査環境の変化を受けて，どのような対応を図ろうとし，それが財務諸表監査との関係でどのような関係にあるのかを明らかにするのに適した課題

であると考えるからである。

　そこで，以下においては，内部統制の問題のうち，とくに，現在まだ日本において，制度上，実施に移されていない内部統制報告の問題を中心に検討していくこととする。ただし，不正の問題については，内部統制の側面からも，重要な課題として捉えられるため，内部統制と関連する問題に限って，随時検討していくこととしたい。

第Ⅱ部

内部統制に対する会計プロフェッションの関与

第8章

内部統制フレームワーク設定の
意義と背景

1 コーポレート・ガバナンスの議論と
内部統制フレームワークの設定

　現代の財務諸表監査においては，試査による部分監査が避けられない以上，内部統制の評定は最重要課題の1つである。世界各国では，1990年代以降，従来の内部統制概念を拡張し，新たな内部統制フレームワークを設定してきている。

　まず，アメリカにおいては，1992年と1994年に『内部統制の統合的枠組み』[81]（以下，COSO内部統制フレームワークという）が公表された。このアメリカの動向による影響を受ける形で，カナダにおいては，カナダ勅許会計士協会の統制規準審議会（Criteria of Control Board : CoCo）より，1995年の『統制に関するガイダンス』[82]に始まる一連の報告書（以下，CoCoガイダンスという）が公表され，また，英国においても，『コーポレート・ガバナンスに関する財務的側面研

---

81) Committee of Sponsoring Organization of the Treadway Commission [COSO], *Internal Control- Integrated Framework*, AICPA, 1992 and 1994. （鳥羽至英・八田進二・高田敏文共訳『内部統制の統合的枠組み―理論篇―』および『内部統制の統合的枠組み―ツール篇―』，白桃書房，1996年。）

82) Canadian Institute of Chartered Accountants [CICA], Criteria of Control Board [CoCo], *Control and Governance No.1: Guidance on Control*, CICA, 1995. （八田進二・橋本尚共訳「カナダ勅許会計士協会　統制規準審議会公表ガイダンス第1号『統制に関するガイダンス』」，『駿河台経済論集』Vol.6 No.2, 1997年3月, pp.281-328.）

究委員会報告書』[83]（以下，キャドベリー報告書という）以来の議論の中で，同様の問題が重要な論点としてとりあげられていったのである。なお，英国では，その後，ビジネス・リスク・モデルをも取り込んで，最終的に，1999年9月にICAEWより『内部統制—統合規程についての取締役のガイダンス』（通称，ターンバル・ガイダンス）[84]が公表されるに至っている[85]。

　このような動向の背景となっているのは，1980年代に各国で発生した金融機関の経営破綻問題とその後のコーポレート・ガバナンスの強化に対する社会的な関心の高まりである。すなわち，企業の経営破綻を未然に防ぐためにガバナンスを強化するという観点で，内部統制問題が議論されてきたのである。このことは，各国の内部統制フレームワークの設定に大きな影響を及ぼし，それらに共通する2つの特徴をもたらしている。そのうちの1つは，経営者不正への対処を図ることが意図されているという点であり，もう1つは，報告対象としての内部統制フレームワークが想定されているという点である。

　他方，同じ背景から出発した内部統制フレームワークの設定であっても，そこには，国ごとに大きな相違点が認められる。そのような相違は，内部統制概念を規定する3つの要因，すなわち，法律や規則等の社会的システムに基づく

---

83) Committee on the Financial Aspects of Corporate Governance, *Report of the Committee on the Financial Aspects of Corporate Governance*, December 1992.（八田進二・橋本尚共訳『英国のコーポレート・ガバナンス』，白桃書房，2000年，所収）

84) Institute of Chartered Accountants in England and Wales [ICAEW], the Internal Control Working Party, *Internal Control: Guidance for Directors on the Combined Code*, ICAEW, September 1999.（KPMG著・八田進二監訳『企業価値向上の条件』，白桃書房，2002年。）

85) 同報告書は，キャドベリー氏（Cadubury, Adrian）を議長とする委員会（通称キャドベリー委員会）によって公表されたものである。そこで提案された内容はかなり革新的であったため，各方面で議論を呼び，その後，ハンペル氏（Hampel, Ronnie）を議長とする後継委員会（通称ハンペル委員会）において再検討された。ハンペル委員会は，キャドベリー報告書の内容を若干穏健な内容に修正し，1999年1月に最終報告書を公表し，経営者等の報酬開示を扱ったグリーンベリー委員会による報告書の勧告内容を含めて，「統合規程」（Combined Code）を示している。

ガバナンス，企業組織構造等の企業内制度によるガバナンス，および内部統制問題に対する会計プロフェッションの関与責任の程度という3つの要因によるものと考えられる。

　本章では，現在設定されている内部統制フレームワークの意義と背景を明らかにするために，上記の共通する2つの特徴と，相違をもたらす3つの要因について，考察してゆくことにする。

　ところで，議論に先立って，コーポレート・ガバナンスという用語の意義について，若干述べておくことにしたい。

　コーポレート・ガバナンスという概念は，もともとは英米法における概念であり，「株式会社における株主・経営者の権限・義務の配置を規制する法的構造」(青木, 1995, p.96) を意味するものであった。

　その概念が，1980年代以降，経済学や経営学の領域にも取り入れられ，今や，非常に幅広い意味を有し，論者によってさまざまな定義が与えられるようになっている。たとえば，バーリ＝ミーンズ (Berle and Means, 1932) 以来の経営者支配の主張に即して，コーポレート・ガバナンスの問題とは「会社は誰のものか」という問題に他ならないとするものや，「株主による経営者に対する支配・統制をいかに図るか」という問題だとするものもある。あるいは，企業の構造に着目して，「経営の意思決定がどのように行われるのか」という問題だとする見解もある。

　本章は，内部統制フレームワークの意義を明らかにすることを目的としており，コーポレート・ガバナンスの定義について直接議論するつもりはない。しかしながら，以下の議論のために，若干の視座を示しておきたい。まず，以下でいうコーポレート・ガバナンスとは，主として，資本市場をベースとする公開会社に関するものである。その際，コーポレート・ガバナンスとは，「経営上の意思決定について，企業価値を損なうことのないよう監視し，健全な企業行動を促進するための一連のシステム」であるという暫定的な定義を与えることとしたい。

このような定義に基づいて，ガバナンスに関する議論のうち，内部統制に関係のある2つの論点に焦点を当てて検討してゆくことにする。

2 各国の内部統制フレームワークに共通する2つの特徴

(1) 経営者不正への対処

現在見られるような，内部統制フレームワークが設定される契機となったのは，アメリカを中心として1980年代以降に多発した金融機関の経営破綻である。その間の事情を，アメリカを例にとって検討してみよう[86]。

まず，当時の金融機関の破綻が，それまでに発生した企業倒産と大きく異なったのは，貯蓄貸付組合（Savings and Loan Association: S&L）などの金融機関が一斉かつ大量に経営破綻を迎えたために，政府が預金者保護の立場から公的資金を投入しなくてはならなくなったことである。そのような公的資金の源泉は税金であることから，当時の金融機関の経営破綻は資本市場に参加していない一般大衆にも影響を及ぼすものであった。ここに広く社会的に，経営破綻の原因となる経営者不正の問題とそれに対処するためのコーポレート・ガバナンスの強化への関心が高まることになったのである。

また，公的資金という形で財政出動を強いられた政府も，金融機関におけるコーポレート・ガバナンス問題に積極的に関与するようになる。すなわち，金融機関の経営者不正を未然に防ぎ，経営破綻を生じさせないようなシステムを構築することを目的として，『連邦預金保険公社改革法』(Federal Deposit Insurance Corporation Improvement Act of 1991：FDICIA) を制定するのである。

そのような背景を受けて，財務諸表監査もガバナンス強化の手段として位置づけられ，経営破綻に陥った企業については，早期にそれに関する情報開示を

---

[86] 金融機関の破綻からコーポレート・ガバナンスの議論が展開するのは，他の国々においても同様であるが，アメリカの場合には，最も早く問題が顕在化し，さらに，議会や政府，学会，その他のさまざまな団体において広範な議論が行われたために，その議論の動向がその後，他の国々に大きな影響を与えることになった。

行うという観点から，いわゆるゴーイング・コンサーン問題が注目され，他方，そうでない企業については経営破綻を来さないシステムの構築，すなわち企業の健全な経営を維持するために，内部統制の有効性の確保が重要な課題とされた。

このようにガバナンスの強化の観点から内部統制問題が議論される状況においては，後述するような従来の企業内部の会計統制に限定した内部統制概念では対応することができず，企業活動全般に関わる広範な内部統制概念が採用されることになったのである。

さらにまた，経営破綻の最大の要因である経営者不正について，それに対処可能な内部統制を構築するという観点から，内部統制フレームワークの設定が進められた。したがって，そこで設定された内部統制フレームワークは，経営者不正を防ぎ，企業経営の健全性，効率性等に貢献するようなモニタリング構造として，企業内に設置されるものという意義をもつと思われる。

ここで問題となるのは，内部統制は経営者が策定し維持するものであるから経営者はその統制の埒外にある，という従来の考え方，すなわち，いわゆる内部統制の限界の問題との関連であろう。COSO内部統制フレームワークにおいても，経営者によって内部統制が無視される可能性について言及されている（COSO, 1992, p.80）。そのような限界をもつ内部統制が，なぜ，経営者不正を防ぐというコーポレート・ガバナンス上の目的に貢献することができるのであろうか[87]。そのことに対する解答の1つが，次に述べる報告対象としての内部統制フレームワークという点であると思われる。

(2) **報告対象としての内部統制**

金融機関への規制問題を含めて，コーポレート・ガバナンスの改革をどのよ

---

87) 後述するように，COSO内部統制フレームワークでは，内部統制に経営者の上部構造である取締役会をも含めている。同報告書におけるそのような概念規定と，内部統制の限界を認めている記述との関連について，両者をつなぐ「統制環境」という「ソフトな概念」によって解決しようとしているのだという主張もある（森，1998）。

うに進めるか,という際に,アメリカをはじめとする国々は,市場を通じての改革という方法を選択している。たとえば,英国においては,キャドベリー報告書ではコーポレート・ガバナンスについての「最善の実務指針」(Code of Best Practice),その後,ハンペル報告書以降では,「ガバナンス原則」(Principles of Governance)が規定され,すべての上場企業に対して指針または原則の遵守状況についての開示を要求している。このような開示規制は,市場にコーポレート・ガバナンスについての情報を提供させ,市場における株主と企業を実質的に支配している経営者とを報告制度によって結びつけることになる。すなわち,経営者のコーポレート・ガバナンスに対する責任の明確化を図るとともに,株主のモニタリングのもとで,その改善を促すというアプローチがとられたものと考えられる。

このアプローチは,内部統制フレームワークの設定に当たっても共通したものであった。そこでは,当初から内部統制を報告対象として想定したフレームワークが設定されたのである。アメリカでは,先に述べた FDICIA が,金融機関に対する規制として,経営者による内部統制報告,すなわち経営者が企業の内部統制の有効性について一般投資家向けに報告することを要求していた。その規定を実施するために,さらに,将来的には一般企業に対しても同様の規制が実施されることが予測される状況の中で,その報告対象となる内部統制とは何かを,COSO 内部統制フレームワークにおいて明確化することになったのである。この経緯はアメリカに特有のものではない。英国やカナダにおいても,報告の対象となる「内部統制の有効性」を巡って議論が重ねられてきている。

このように,内部統制報告は,ガバナンスの議論同様,市場を通じて内部統制の改善を図ろうというものである。すなわち,市場向けの報告書によって内部統制についての開示を行わせることで,経営者の責任の明確化を図るとともに,社外の株主等によるモニタリングのもとで経営者に内部統制の改善を促すというアプローチがとられているのである。このことは,先に述べた内部統制の限界への対処でもある。COSO 内部統制フレームワークでは,経営者による内部統制の無視の問題を認識しつつも,外部報告というガバナンスの改善手法

によって，その種の内部統制の弱点の補強を図り，有効な内部統制を企業内に構築して，経営者不正に対処しようとしていると考えられる。

3　内部統制フレームワークに相違をもたらす3つの要因

(1) 内部統制フレームワークの相違

現在，各国で設定されている内部統制フレームワークは，共通の背景から設定が進められてきたにもかかわらず，重要な相違が認められる。ここではその点を，COSO内部統制フレームワークとCoCo報告書をもとに，内部統制フレームワークの相違について検討してみることにしよう[88]。

まず，COSO内部統制フレームワークでは，次のような定義が示されている (COSO, 1992, p.13)。

「内部統制は，以下の範疇に分けられる目的の達成に関して合理的な保証を提供することを意図した，事業体の取締役会，経営者およびその他の構成員によって遂行される1つのプロセスである。

・ 業務の有効性と効率性

・ 財務報告の信頼性

・ 関連法規の遵守」

この定義に明らかなように，COSO内部統制フレームワークにおいては，内部統制プロセスを遂行する主体として，取締役会が含まれている。ところが，CoCo報告書においては，取締役会を内部統制の主体には含んでいないのである。この点は，両者の大きな相違の1つであろう。

次いで，COSO内部統制フレームワークでは，図表8-1に示すように，統制環境，リスクの評価，統制活動，情報と伝達およびモニタリングという5つの構成要素から内部統制のフレームワークが構築されている。

---

88) COSO内部統制フレームワークとCoCo報告書の比較については，たとえば，八田 (1997) を参照されたい。

ここに，統制環境とは，人々が自己の活動を実施し，自己の統制責任を遂行する環境を提供するものであり，その他の4つの構成要素の基礎として機能する。そのような統制環境の中で，経営者は，特定の統制目的の達成に伴うリスクを評価する。また，統制活動とは，評価の結果，経営者が求めたリスクへの対応のための指示が実行されていることを保証するために実施されるものであり，目的適合性を有する情報が提供されて，組織全体を通じて伝達されることとなる。以上の全プロセスはモニタリングされ，必要に応じて変更されるのである。このように内部統制の構成要素を明示的に示したのは，世界的にも，COSO内部統制フレームワークが初めてであるとともに，現在に至るまで，同

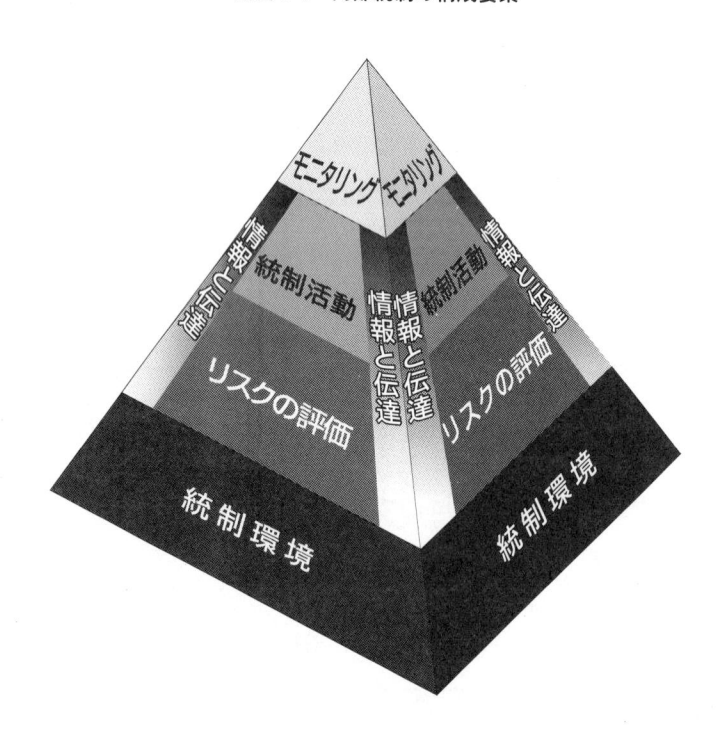

図表8-1　内部統制の構成要素

報告書の重要な特徴の1つとなっていると解せられる。

　一方，CoCo報告書においては，モニタリングとして，目標設定やその目標に対する方針を決定するという経営意思決定にかかわる部分を除いて，ほとんどすべての領域にわたる具体的な20の統制規準を設定し，組織における目的適合度を判断する規準としている。そこには，COSO内部統制フレームワークが「経営者に固有の領域」として区別した内容も含まれている。すなわち，CoCo報告書では，企業における目標達成のために有効な統制を設定するという観点から，統制のフレームワークの中に経営者の行動をもとり込んでいるといえよう。

　これらの相違は，なぜ生じたのであろうか。これらは，両国の歴史や文化，社会経済の状況などに起因するものには違いないが[89]，より具体的には，内部統制概念を規定する諸要因の相違に関連があるように思われる。そこで，以下，その要因ごとに検討してゆくことにする。

(2) 要因1：社会的システムに基づくガバナンス

　先に述べたように，現在設定されている内部統制フレームワークには，企業活動全般が含まれている。そこでは，内部統制概念とコーポレート・ガバナンス概念の関連が密接なものとなり，取締役会の構造や経営者権限の様態のような企業のガバナンス構造に応じて，内部統制概念も内容が異なってくる。すなわち，各国ごとに異なる法律や規則等の社会的システムに基づくガバナンスに応じて，内部統制概念も各国ごとに異なるものになると考えられるのである。

　たとえば，アメリカとカナダとの比較において述べるならば，次のように考えられる。まず，アメリカにおいては，ガバナンス構造の基礎を形成するのは，株主と経営者との関係であり，経営者に対するモニタリング機構として取締役会

[89) 八田（1997, p.43）では，次のように国ごとの統制概念の相違を説明している。
　「組織における統制の問題は，各国の社会的，経済的および法的規制側面での相違，あるいは，かかる環境下に置かれた組織体独自の文化および風土，とりわけ経営者の社風によって影響を受ける側面も多いと考えられる。」

の果たす役割が非常に大きい。一方，カナダにおいては，英国会社法の影響を残す企業形態をもち，株主と経営者以外，とくに金融機関と内部監査がガバナンス構造に果たす役割が相対的に大きいように思われる。したがって，アメリカにおいては，前述のように内部統制を事業プロセスと一体のものとして捉えながらも，そのなかで経営者の権限とそれに対する牽制を強く意識した内容となっている。一方のカナダにおいては，さまざまなモニタリング機構が存在しているために，一意的に経営者に対するモニタリングという観点ではなく，経営者も含めた組織全体の統制という側面が強くなっているように思われる。

(3) 要因2：企業内制度によるガバナンス

コーポレート・ガバナンスは，単に法律等の社会的システムに基づく要因だけで構築されているわけではない。それ以外の企業内のさまざまな要因もガバナンスに大きな影響を及ぼしており，それらは同様に，内部統制フレームワークにも深い関連性がある。ここでは，企業の意思決定プロセスに影響を及ぼすステークホルダーの問題と，企業の経営組織上の問題の2つをとりあげたい。

現在，コーポレート・ガバナンス問題は，企業における債権者や従業員などをも含めた利害関係者，すなわち，いわゆるステークホルダー間の問題として認識され，具体的には，それらが企業の意思決定プロセスにどのように関与しているかという問題として捉えられるようになってきている。企業において，ステークホルダーがどのような関係を構築し，企業活動における意思決定にどのように影響を及ぼしているかは，単に法律等の社会的システムによって決まるのではなく，その社会の歴史的経緯や経済的状況によって影響されるものと思われる。内部統制という企業におけるさまざまな場面での統制問題を扱うときに，それらが重要な要因となることは明らかであろう。

たとえば，COSO内部統制フレームワークについての批判の1つは，株主と経営者の対立関係という従来のアングロサクソン的な限定されたモデルに基づいて構築されているために，必ずしも，企業におけるさまざまな利害関係者，とくにアメリカでも近年大きな力を持っている機関投資家などを包括した統制

構造が構想されていないということである。

　次に，もう1つの企業の経営組織上の問題というのは，その社会において，実務上，企業がどのような組織構造をとっているのか，という問題である。もちろん，それらは企業ごとに異なるであろうが，内部統制フレームワークの設定に当たって問題となるのは，どのような組織構造がその社会のその時点において支配的であるか，あるいはどのような企業組織モデルを想定してフレームワークを設定するかということである。

　CoCo報告書の議論の過程では，COSO内部統制フレームワークが階層的組織構造の企業モデルを想定していることが批判されている[90]。これには，北米の実務環境において，COSO内部統制フレームワークが公表されて以降，いわゆる階層的組織構造から水平的統合型の組織構造への変革が，急速に進んだという背景があると思われる。したがって，CoCo報告書においては，市場に結びついた組織構造そのままに，経営プロセスの場面場面に応じて統制が把握されていると考えられるのである。

　ここで，再び，コーポレート・ガバナンスの議論を検討してみよう。現代のガバナンスの議論には，相反する2つの動向がある。1つは，コーポレート・ガバナンス論の対象の拡大である。従来のコーポレート・ガバナンスの議論は，英米の企業形態を前提として，経営者と株主の間の利害対立問題を主眼とするものであった。それが現在の議論では，企業に関わるさまざまなステークホルダーの存在を前提とするものとなってきている。これは，議論の対象が，株主と経営者の関係を中心とした英米型の企業形態だけでなく，債権者や従業員などのステークホルダーが重要な役割を果たす大陸諸国や日本における企業形態をも含むものへと拡大したことを意味している。すなわち，コーポレート・ガバナンス論が，英米型の新古典派的企業像を超えて，比較制度分析の視点を取

---

90) この点については，たとえば，Luscombe (1993), Tongren (1995) などを参照されたい。

り入れ、多様なシステム間比較を可能にするものへと展開してきたのである。

　他方、実際の各国のコーポレート・ガバナンス改革は、アメリカ型の企業モデルを目指す方向で行われることが多いようにも見受けられる。たとえば、英国や日本[91]では、アメリカ型のガバナンスを取り入れて、最高経営責任者（Chief Executive Officer: CEO）と取締役会会長とを分離することを求める動きがある。このような点から見ると、前者のガバナンス論の対象の拡大という動向は、各国におけるガバナンス構造改革の際に、他国の異なるガバナンス構造、とくにアメリカ型のガバナンス構造を比較検討して取り入れるために用意されたフレームワークであるようにも思われる。

　以上のことは、内部統制問題にも当てはまるように思われる。すなわち、各国における内部統制問題の焦点は、各国における社会的システムや企業モデルの相違を前提として、アメリカのCOSO内部統制フレームワークに提示された先駆的な内部統制フレームワークを、どのようにしてそれぞれの国において受け容れ設定してゆくか、という問題であるということができよう。

(4) 要因3：内部統制問題への監査人の関与

　内部統制フレームワークの相違を規定するもう1つの要因は、内部統制への会計プロフェッションの関与の程度である。内部統制は、旧くから財務諸表監査の基礎を形成する重要な概念の1つであった。財務諸表監査に当たって外部監査人が内部統制の評定を行う以上、そこには責任が生じる。内部統制をどのように捉えるかという問題は、財務諸表監査における外部監査人の責任範囲をどのように捉えるかという問題でもある。

　アメリカでは、COSO内部統制フレームワークが公表されるまでにも、何度となく内部統制概念の改訂が図られてきている。その経緯は、会計プロフェッ

---

91) 英国においては、先述のキャドベリー委員会以来の議論において、また、日本においては、日本コーポレート・ガヴァナンス・フォーラムから、1998年に『コーポレート・ガヴァナンス原則―新しい日本型企業統治を考える（最終報告）』、その後2001年に『改定コーポレート・ガバナンス原則』が公表されている。

ションによる内部統制に関する責任限定の歴史であり，次のように整理することができよう。

当初，企業規模がそれほど大きくない段階においては，財務諸表監査の実施の基礎である内部統制は，会計側面に関するものであると考えられていた。しかし，その後の企業規模の拡大や企業活動の複雑化にともなって，会計側面にのみ焦点を置いた内部統制概念では，被監査企業の実態を把握するという内部統制評定の目的に適合しなくなった。そこで，会計以外の業務をも包括するような内部統制概念の拡張が求められたのである。

内部統制概念の拡張は，監査範囲の拡大を通じて，外部監査人の責任の増大をも意味するため，会計プロフェッションは，そのような拡張には消極的な立場をとり，内部統制概念をできるだけ会計側面に限定しようと図っていた[92]。

ところが，1977年に制定された『海外不正支払防止法』(*Foreign Corrupt Practice Act of 1977*: FCPA) において各企業に内部統制の整備が法制化されると，内部統制の有効性の問題は財務諸表監査の場面に限定された問題ではなくなった。企業は，法律という強制力のもとで内部統制の整備を迫られた。また，現実の企業における内部統制は，会計とそれ以外の業務とに明確に分離して構築されるものではないため，そのような実態と財務諸表監査制度上の会計側面に重点を置いた内部統制概念との乖離が一層明らかになったのである。またこの法制化によって，その後，政府機関としてのSECが，会計プロフェッションに対峙して，内部統制に関するさまざまなイニシアティブをとるようになっていった。

このような状況を受けて，会計プロフェッションが中心となって組織したコーエン委員会やトレッドウェイ委員会などが，内部統制概念の拡張を主張する報告書を公表し，それらが最終的にCOSO内部統制フレームワークにおいて

---

92) その到達点が，1972年に公表された監査基準書№54『内部統制についての監査人の調査および評定』(AICPA, CAP, SAP No.54: *The Auditor's Study and Evaluation of Internal Control*, 1972.) であった。そこでは，監査人の評定の対象は，狭義の内部会計統制 (Internal Accounting Control)，すなわち会計側面に限定されるとともに，内部統制の全体的，一般的評定の有効性を否定して，評定の範囲を特定の個別取引に限定したのである。

統合されたのである[93]。

　以上のように整理した歴史的経緯によれば，COSO 内部統制フレームワークは，企業における内部統制の実状と内部統制概念規定との乖離を解消し，会計プロフェッションが責任の拡大を受け容れたものであるといえよう。この点では，各国で現在設定されている内部統制フレームワークは，一様に，概念を拡張し，責任を積極的に受け容れてゆく方向にあるといえよう。

　また，監査人の関与という点から，もう 1 つの重要な問題がある。それは内部統制報告に関わる問題である。先に述べたように，各国で公表されている内部統制フレームワークは，報告対象としての内部統制が想定されている。そのような報告に対して監査人はどのように関与するのか，ということが問題となる。

　たとえば，アメリカでは，COSO 内部統制フレームワーク公表後，内部統制に関する経営者の報告内容について，経営者と監査人の間における自主的な契約であるアテステーション契約に基づいて，公認会計士の報告書を別途開示することで対応しようとしてきた。他方，英国やカナダでは，より直接的に，監査人による報告の制度化が議論されてきたのである。この両者の差異は，重要な点であろう。

　内部統制についての外部報告を，内部統制の改善に活かし，内部統制の有効性を損なう経営者の行為への抑制効果を期待するという観点からみれば，最終的には，そこに外部監査人による監査が必要となるのではないかと思われるが，それが財務諸表監査自体における内部統制の評定とどのような関連性を有するものなのか，あるいは，その他の保証業務との間でどのように位置づけられる

---

93) COSO 内部統制フレームワーク公表の経緯については，たとえば，八田（1994）を参照されたい。
　なお，COSO 内部統制フレームワークの公表を求めたトレッドウェイ委員会の勧告によれば，COSO 内部統制フレームワークには，内部統制およびその有効性について，それまでに示された多様な定義を整理して一義的な解釈を与えるという意義もあったことがうかがえる。

ものなのか等，非常に多くの議論の余地があるといえよう。そこで，外部監査人による内部統制報告の問題については，後の章において詳しく検討することとしたい。

　さらには，ガバナンス構造の相違を背景として，国によって，統制の強弱，言い換えれば，経営者の行動に対する牽制の強弱というものが存在するのであるから，実態としての内部統制の弱い国においては，内部統制の弱い企業について監査範囲を拡大するのと同様に，外部監査人が果たす役割は大きなものとなるように思われる。すなわち，外部監査人は，それぞれの国のガバナンス構造の中で位置づけられ，さまざまなステークホルダーとの連携のもとで業務に当たることになるが，その際に，ガバナンスに脆弱さが認められる場合は，その役割を拡大して，ガバナンス構造の脆弱さを補う役割が期待されることになるように思われるのである。

　このように，各国ごとにさまざまに異なる内部統制フレームワークは，それぞれの国での会計プロフェッションのガバナンス構造への関与の程度とそれに対する責任の表明であるともいえよう。

4　内部統制フレームワークの国際的動向と日本の状況

　これまで見てきたように，現在各国で設定されている内部統制フレームワークは，コーポレート・ガバナンスの議論を受けて，企業の健全性の確保，とくに，経営者不正に対処することを目的として，内部統制報告という市場を通じた内部統制の改善手法を採用している。また，拡張された内部統制概念は，国ごとに異なる法律等の社会的システムに基づくガバナンスの状況と，その社会の実務環境によって異なるステークホルダー間の関係や企業組織構造等の企業内制度によるガバナンスの状況とを背景として一定の企業モデルを想定し，それに対して会計プロフェッションがどのように内部統制に関与するのかという程度によって最終的に規定されているものと考えられる。

　さて，最後に，日本の状況について若干述べてみたい。2002年1月に監査基

準が改訂され，そこにおいて内部統制概念が明記されるまで，日本においては，明確な内部統制概念の規定は示されてこなかった。このことは，監査訴訟がほとんど起こされないという状況の中で，会計プロフェッションが内部統制問題に関わる責任を意識してこなかったことの結果であるともいえよう。

日本においては，さまざまな企業不祥事の発生に至っても，外部監査人の責任を徹底して問うという状況にはなかったように思われる。これは，外部監査に対する期待が，当初から失われていて，何らかのシステムによって代替されているためだという見解もある[94]。たしかに，従来は，外部監査人が関与しない形で，ガバナンス構造が形成されていたのかもしれない。

しかしながら，今般改訂された新監査基準においては，COSOのフレームワークに準じた形での内部統制概念を取り入れている。日本の監査規範のフレームワークでは，具体的な問題は，今後日本公認会計士協会の実務指針等の規定に委ねられ，監査基準は，監査にかかる概念フレームワークの様相を呈していると捉えられるものの，このように監査基準において内部統制概念を示すのは異例なことであるといえよう。なぜなら，本章で検討してきた英米の議論に見られるように，内部統制は単に監査の局面の問題ではなく，さまざまな利害関係者の議論によって，その社会に適した概念ないしフレームワークが合意されることが通例であるからである。

また，監査の場面に限らず，現在，日本においても，従来のガバナンスのあり方を見直し，新たなシステムを探ろうとするさまざまな議論が行われている。その過程において，諸外国と同様に，内部統制の役割が重視されるというのであれば，日本における社会的システムの特徴や，日本的企業モデルについての考慮が欠かせないであろう。

日本の企業システムは，一般に，経営者，とくに代表取締役の権限が強く，ガバナンス構造が脆弱であると言われている。そのような状況における内部統制フレームワークは，当然，取締役会によるモニタリングが強固なアメリカの

---

[94] この点については，塩原 (1996, pp.1-4) を参照されたい。

それとは大きく異なるであろうし，英国やカナダのそれとも異なるであろう。

また，内部統制フレームワークの設定問題は，日本的ガバナンスの改革において，外部監査をどのように位置づけるかという問題，すなわち，外部監査人がどの程度の責任を担い，ガバナンス構造において他の当事者とどのような関係を構築するのかという問題でもあると思われる。

近年，日本においては，コーポレート・ガバナンスの議論が，ともすれば取締役会構造にかかる商法規定の問題に集約しがちになっているように思われる。このような現状は，財務諸表監査の観点からすると，社会的役割ないし期待の形成の機会を損っているといえるのではないであろうか。また，最近では，経済産業省からリスク・マネジメントと統合した形での内部統制フレームワーク[95]が公表されているが，そこでは必ずしも監査に関する議論は十分尽くされているとはいえない。

以上のような点からすれば，日本においても，内部統制報告の問題を含めて，内部統制に関係する当事者が一堂に会する形での内部統制フレームワークに関する議論が改めて求められているように思われるのである。

---

95) 経済産業省リスク管理・内部統制に関する研究会『リスク管理・内部統制に関する研究会報告書〜リスクマネジメントと一体となって機能する内部統制〜』，2003年6月27日。

第9章
内部統制フレームワークを
めぐる新たな動向

1 内部統制フレームワークをめぐる2つの新たな動向

　2003年7月15日，COSOは，『企業リスク・マネジメントのフレームワーク（公開草案）』(Enterprise Risk Management Framework；以下，ERMフレームワーク案)[96]を公表した。デュー・プロセスに従って，同草案は，同年10月14日までの90日間にわたるコメント招聘期間を経て，2004年中にも最終案として確定し，ツール編と併せて公表される予定となっている。

　前章で取り上げたように，COSOは，1992年および1994年に，COSO内部統制フレームワークを公表しており，その内容は，今や，世界的に内部統制フレームワークのモデルとして受け容れられているといえよう。わが国でも，昨年公表された改訂監査基準における内部統制の定義，あるいは，金融検査マニュアルにおけるリスク管理態勢の規定は，同報告書に準じたものとなっている。その後も，COSOでは，いくつかの報告書を公表してきていたが，近年のリスク・マネジメントに対する関心の高まりを背景に，2001年の秋より企業リスクの評価と管理に関するガイダンスを提供するための作業を進めてきていた。しかしながら，2001年末のエンロン事件以後の状況を受けて，より深刻なリスクへの対応を図るために，公表が再三にわたって延期され，企業改革法以後の制度改革が一段落した現段階に至って，漸く公開草案が公表される運びとなった

---

[96]　COSO, *Enterprise Risk Management Framework*, ED, COSO, July 15th, 2003. なお，今回公表されたのは，「概要」と「フレームワーク」（および5つの付録）である。

のである。

　ERM フレームワーク案は，COSO 内部統制フレームワークを基本的に踏襲しつつも，リスク問題に焦点を当てたこと等から，いくつかの重要な相違点が見受けられる。すでに，COSO による本プロジェクトの進行を踏まえて，世界的な大手会計事務所グループの一部では，監査マニュアルの改訂作業が開始されており，また，内部監査の領域においても，国際的に，これに対応する諸規程の整備を図る動きがあるなど，本報告書の内容は，今後，多方面に大きな影響を及ぼすものと予想される。

　ところで，日本では，同じく 2003 年 6 月 27 日に経済産業省「リスク管理・内部統制研究会」より『リスク新時代の内部統制〜リスクマネジメントと一体となって機能する内部統制の指針〜』(以下，経済産業省指針という) が公表された。同報告書は，サブタイトルにも示されているように，内部統制をリスクマネジメントとの関連を踏まえて捉えており，視点としては，今般の COSO の ERM フレームワーク案と共通する部分も大きいように思われる。

　そこで，本章では，ERM フレームワーク案の公表経緯および概要を整理するとともに，COSO 内部統制フレームワークおよび経済産業省指針等との比較を通じて，内部統制フレームワークにかかる現状と課題を明らかにしていくこととする。

2　ERM フレームワーク案公表までの経緯

(1)　従来の COSO の活動

　COSO は，ビジネス倫理，有効な内部統制，およびコーポレート・ガバナンスを通じて，財務報告の質の改善を図ることに尽力する自主的な民間組織である。そもそもは，1980 年代に頻発した不正な財務報告問題にかかる対策を図るための，「不正な財務報告全米委員会（トレッドウェイ委員会）」を組織するに当たって，同委員会を後援するために，AICPA，アメリカ会計学会（American Accounting Association： AAA），内部監査人協会（Institute of Internal Auditors： IIA），

全米会計人協会（後に管理会計士協会；Institute of Management Accountants: IMA），および財務担当経営者協会（Financial Executive Institute: FEI）の5団体によって，1985年に組織されたものである。

その後，トレッドウェイ委員会が1987年に公表した最終報告書において，従来，さまざまな団体が内部統制の研究を行ってきたが，その結果，「ある内部統制システムが十分なものであるかどうかについて，公認会計士，経営者および内部監査人の間で意見を異にする場合が起っている」ことから，「内部統制についてこれまで主張されてきたさまざまな概念と定義を統合し，かつ，共通の準拠枠を設けるための作業に，本委員会の後援団体が協力して取り組むこと」[97]が必要である，との勧告が行われたことを受けて，内部統制問題に取り組むこととなった。したがって，COSOにおいて進められたプロジェクトは，内部統制に関係のある当事者団体が共同で内部統制問題にかかる共通のフレームワークの策定に当たったものであり，利害関係者による一種の社会的合意を図ったものと解することができよう。

COSOでは，かかる内部統制の問題について，1992年に，「要約」，「フレームワーク」，「外部関係者への報告」および「評価ツール」の4篇からなる報告書を公表し，続いて1994年に，「『外部関係への報告』の追補」を公表した。一般に，これら5分冊の公表物を一括して，COSO内部統制フレームワークとしている。

COSO内部統制フレームワークでは，さまざまな利害関係者のニーズに役立つ共通の定義を設定すること，ならびに，企業およびその他の事業体が内部統制システムを評価する際に，また，その改善を図るための方法を決定する際に役立つ基準を提供することを目途とし，内部統制の目的として，

・ 業務の有効性と効率性
・ 財務報告の信頼性

---

[97] The National Commission on Fraudulent Financial Reporting [Treadway Commission], *Report of National Commission on Fraudulent Financial Reporting*, AICPA, 1987, p.48.（鳥羽至英・八田進二訳『不正な財務報告―結論と勧告―』，白桃書房，1991年，56頁。）

138　第Ⅱ部　内部統制に対する会計プロフェッションの関与

・　関連法規の遵守

の3つをあげている（COSO, 1992, Executive Summary）。

　その上で同報告書では，内部統制の構成要素として，「統制環境」，「リスクの評価」，「統制活動」，「情報と伝達」および「モニタリング」の5つがあげられ（p.124の**図表**8-1参照），統制目的と内部統制の構成要素の関係を**図表**9-1のような3次元マトリクスで示しているのである。

図表9-1　COSO内部統制フレームワークにおける統制目的と
　　　　　内部統制の構成要素の関係

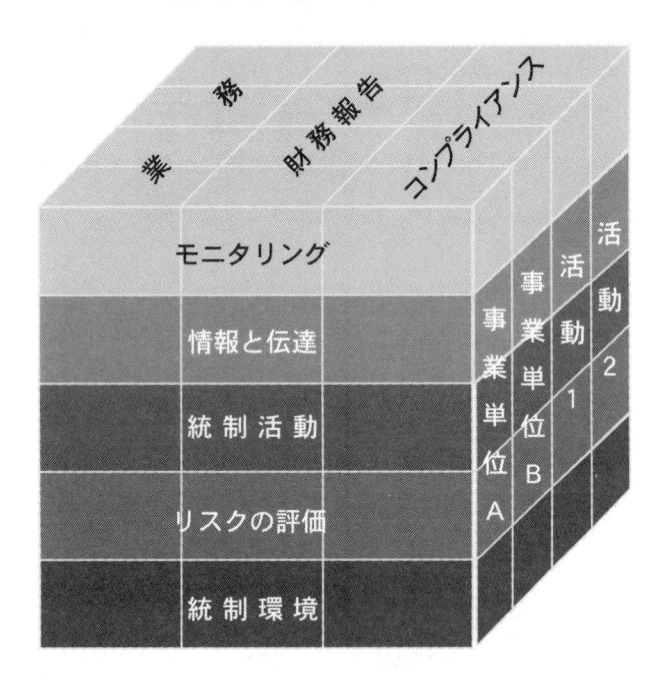

ここで，同報告書の内容を詳述する紙幅はないが，その特徴を簡単に列挙すれば，次のとおりである。
① 会計統制だけでなく，事業活動全般にわたるきわめて広義の内部統制概念を採用していること。
② 有効な内部統制の構築に資する目的から，その策定および運用に第一義的な責任を負うべき経営者の観点に立脚したものとなっていること。
③ 内部統制を，統制目的を達成するためのプロセスであり，組織に属するあらゆる人間によって遂行されるものであると位置づけていること。
④ 内部統制の有効性は，取締役会および経営者が，統制目的に関する合理的な保証を得られるかどうかによって判断されること。
⑤ 内部統制に関する経営者報告およびそれに対する監査人の関与を想定し，その基礎となる概念枠組みを形成していること。

このうち，とくに⑤については，同じ時期に，相次ぐ金融機関の破綻に対応すべく制定されたFDICIAにおいて，金融機関に対し，内部統制に関する経営者の報告と監査人によるアテステーションが義務づけられ，その際のガイダンスを提供するものとなった。

その後，COSO内部統制フレームワークの内容は，AICPAが，1995年に公表したSAS第78号『財務諸表監査における内部統制の検討— SAS第55号の改訂』[98]（1997年1月より適用）においてその内容を導入した監査規定を置いたことによって，アメリカにおいて制度上の確固たる位置づけを得たほか，FDICIAに基づく金融機関の報告実務をバーゼル銀行監督委員会のフレームワーク[99]に取り入れられたことを契機として，一種の内部統制フレームワークの国際標準として，日本を含む各国において導入されていったのである。

---

98) AICPA, SAS No.78, *Consideration of the Internal Control in a Financial Statement Audit*, AICPA, 1995.
99) Basel Committee on Banking Supervision, *Framework for Internal Control Systems in Banking Organizations*, 1988.

COSO は，COSO 内部統制フレームワーク公表後も，活動を続けてきている。ただし，1996 年に公表された『デリバティブの利用における内部統制問題』[100]は，COSO 内部統制フレームワークで十分に扱えなかったデリバティブ問題に関する報告書であり，1999 年に公表された『1987-1997 年の不正な財務報告－アメリカ公開企業の分析』[101]は，トレッドウェイ委員会の最終報告書公表以降，不正な財務報告問題が改善されているのか否かを把握するための実態調査と位置づけられるものである。したがって，今般の ERM フレームワーク案も，従来の内部統制問題の展開ないし『内部統制フレームワーク』の発展を図ったものと位置づけることが適当であるように思われる。

図表 9-2　COSO の活動

年	公　表　物　等
1987 年	（トレッドウェイ委員会による）『不正な財務報告』
1988 年	『不正な財務報告の勧告の実施状況に関する中間報告書』
1992 年	『内部統制フレームワーク』（「要約」，「フレームワーク」，「外部関係者への報告」および「評価ツール」）
1994 年	『内部統制フレームワーク』（「『外部関係への報告』の追補」）
1996 年	『デリバティブの利用における内部統制問題』
1999 年	『1987-1997 年の不正な財務報告－アメリカ公開企業の分析』
2003 年	『ERM フレームワーク（案）』

(2)　COSO 内部統制フレームワークの課題と ERM にかかるプロジェクト

COSO 内部統制フレームワークについては，公表当初から，2 つの批判があった。

第 1 には，同報告書が想定している企業の組織形態が，旧来型のピラミッド

---

[100] COSO, *Internal Control Issues in Derivatives Usage: An Information Tool for Considering the COSO Internal Control － Integrated Framework in Derivatives Applications*, COSO, 1996.

[101] COSO, *Fraudulent Financial Reporting: 1987-1997――An Analysis of U. S. Public Companies*, COSO, 1999.

型の階層構造である，という点である。実際，同報告書では，前章で示したように，統制目的をピラミッド型のモデルで示している。

 FDICIA の対象となる金融機関にとっては，金融機関が有する情報および権限集約的な組織構造からして，同報告書のフレームワークが適合的であったかもしれないが，同報告書が公表された 1990 年代初旬から，北米を中心に IT 環境が急速に発展し，企業において権限委譲型のフラットな組織形態がとられることが多くなっており，そのような組織形態をとる企業にとっては，同報告書のフレームワークは，必ずしも妥当なものではなかったのである。

 この点を踏まえて，カナダでは，1995 年以降の CoCo ガイダンスにおいては，有効な統制のための判断規準やリスク管理プロセスを中心としたガイダンスが示されることとなったのである。他方，アメリカでは，先に述べたように，監査基準書に全面的に導入されたこともあって，会計事務所による監査・非監査業務等を通じて，同フレームワークは広く一般化していくこととなった。ただし，フラット型組織をも含むより広範なモデルの構築という課題は，COSO において将来に積み残されていたのである。

 第 2 の点は，COSO 内部統制フレームワークが，「内部統制」という主に外部監査の領域で問題にされる概念を中心としていることもあって，かなり広義の定義を採用したとしても，そこに含まれない企業活動の側面があるということである。とくに，同フレームワークにおける内部統制の構成要素のうち，「リスクの評価」については，リスクの範囲および性質がきわめて限定的に捉えられており，近年，重要性が認識されてきたビジネス・リスクの問題については，あまり考慮が払われていないほか，ツール篇に示されている「リスクの評価」の内容も，必ずしも実務の指針として十分に機能するものではない，との指摘がある。

 今般の ERM フレームワーク案では，これらの 2 つの批判に対する対応が図られたという部分もあるように思われる。

 COSO では，2001 年 1 月に，ERM 問題に着手した。当時，ERM，すなわち，総合的かつ全社的観点からリスクを識別し分析するプロセスに対する関心が，

ビジネスの領域で高まってきていたが，リスク・マネジメントについての一般に認められた定義はなく，リスク・マネジメント・プログラムの有効性を評価するフレームワークも存在していなかった。COSOの委員長フラハーティ（Flaherty）氏は，かかる状況を，内部統制の共通の準拠枠がないことを出発点とした，かつてのCOSO内部統制フレームワークの場合と同様である，と捉えていたという。

　まず，バージニア大学の研究者グループに対して，ERMのフレームワークが必要かどうかの調査を委託された。調査の結果，「事業体がリスクを識別し，測定し，優先順位を付け，対応するための有効なプログラムの構築を支援するためには，明瞭なガイダンスが必要である」との回答を得たことを受けて，COSOは，2001年秋に，正式にERMプロジェクトを開始したのである（Chapman, 2003）。

　同プロジェクトの遂行に当たっては，COSO内部統制フレームワークのプロジェクトの折と同様，ビッグ4の1つであるプライスウォーターハウスクーパース会計事務所が，文書の作成等に主導的な役割を果たしている（正確には，COSO内部統制フレームワークの折には，クーパース＆ライブランド会計事務所であった）。

　ERMプロジェクトは，2002年にも成果の公表が予定されていたが，その後，2001年に発生した9月11日のテロ事件や同年末のエンロンの経営破綻等の影響を受けて，より一層強力なリスク・マネジメント・システムが必要である，との認識のもと，2002年1月にさらなる研究プロジェクトを開始したのである（COSO, 2002）。2002年1月時点で，同プロジェクトにおけるプライスウォーターハウスクーパースの作業時間は，さらに約10,000時間を要するものとなろう，との見込みが示されている。

　以来，1年半の月日を経て，2003年7月15日に，漸くERMフレームワーク案の公表に至ったのである。

3 ERMフレームワーク案の概要

以下、ERMフレームワーク案の内容を、簡単に整理することとしよう。

(1) 問題意識

現在、多くの事業体において、事業体全体にわたるリスクを認識し、管理するためのプロセスの開発に関心が寄せられているものの、共通の専門用語が存在せず、効果的なリスク・マネジメント組織を開発する際の指針として経営者が使用することのできる広く受け入れられた原則がほとんどない。

そこで、COSOは、事業体のリスク・マネジメントに関する明確なガイダンスへの必要性を認識し、事業体がERM・プロセスを開発あるいはテストするのを支援するような、統合された原則、共通の専門用語および実践的ガイダンスを提供する、概念上信頼しうるフレームワークを開発するプロジェクトを開始した。また、それに関連して、その結果作成されるフレームワークが、経営者、取締役、監督機関、研究者、およびその他の人々にとって事業のリスク・マネジメント、その便益および限界をより理解し、事業のリスク・マネジメント問題について効果的に意思の疎通をするための共通の基盤として役立つことを目的としている。

(2) ERMの便益

リスクのない環境で活動をしている事業体はなく、ERMはそのような環境を生み出すものではない。むしろ、ERMによって、経営者は、リスクに満ちた環境でより効果的に活動することができる。

事業体のリスク・マネジメントは以下の能力を高めることに役立つ。

- リスク選好と戦略の連携
- 成長、リスクおよび利益の関連付け
- リスク対応に関する意思決定の向上
- 営業上の思わぬ事象や損失の最小化

- 事業体全体にわたるリスクの識別と管理
- 複合的なリスクへの統合化された対応策の提供
- 機会の獲得
- 資本の合理化

(3) ERMの定義

ERMは，次のように定義される。

「ERMは，事業体の目的の達成に関して合理的な保証を提供するためのプロセスである。それは，事業体の取締役会，経営者および他の従業員によって遂行され，戦略策定の際および企業全体にわたって適用され，事業体に影響を及ぼす可能性のある潜在的事象を識別するように策定され，リスクを事業体のリスク選好の範囲内におさまるよう管理するものである。」

(4) 事業体の目的

事業体の目的は，次の4つのものがあげられている。

- 戦略―高い階層における目標に関連し，事業体の使命／ビジョンと連携してそれらを支援する。
- 業務―事業体の業務の有効性および効率性に関連し，業績と収益目標を含む。それらは構造と業績に関する経営者の選択に基づいて多様なものとなる。
- 報告―事業体の報告の有効性に関連する。それらには，内部報告と外部報告があり，財務情報または非財務情報を含む。
- コンプライアンス―適用すべき法律および規則への事業体のコンプライアンスに関連する。

(5) 構成要素

ERMの構成要素としては，以下の8つのものがあげられている。

① 内部環境

事業体の内部環境は，規律と構造を提供し，ERMの他の構成要素の基盤となる。内部環境は，どのように戦略および目的が設定され，どのように事業活動が組織化され，どのようにリスクが識別され，評価され，それに対する取組み

が行われるのか，に影響を及ぼす。内部環境は，統制活動，情報・伝達システム，およびモニタリング活動の設計および機能の発揮に影響を及ぼす。内部環境は，事業体の倫理的価値，従業員の能力および開発，経営者の経営姿勢および経営者による権限と責任の委譲の程度を含む，多くの要素から成り立っている。取締役会は内部環境の枢要な部分であり，他の内部環境要素に大きな影響を及ぼす。経営者は，内部環境の一部として，リスク・マネジメントの考え方を設定し，事業体のリスク選好を設定し，リスク文化を形成し，ERMと関連する方針を統合する。

② **目的の設定**

経営者は，設定された使命あるいはビジョンに従って，戦略的な目的を設定し，戦略を選択し，事業体全体にわたって戦略と連携し結合するように，関連する目的を設定する。目的は，経営者が彼らの業績に影響を及ぼす可能性のある事象を識別することができる以前に設定されていなければならない。ERMは，目標を設定し，かつ，目標を企業の使命／ビジョンと連携させるために経営者が実施するプロセスであるとともに，事業体のリスク選好と一致する。

③ **事象の識別**

経営者は，不確実性が存在すること——すなわち，経営者が，ある事象が発生するかどうか，およびいつ発生するか，あるいは，もし発生するとすればその結果はいかなるものか，について，確実性をもって知ることはできないということ——を認識している。事象の識別の一部として，経営者は事象の発生に影響を及ぼす，事業体の外部および内部の要因を検討する。外部要因には，経済，事業，自然環境，政治，社会，および技術から生じる要因が含まれる。内部要因は，経営者の選択を反映するものであり，事業基盤，従業員，プロセスおよび技術が含まれる。

④ **リスクの評価**

事業体は，リスク評価によって，潜在的事象が目的の達成にどのように影響しているのかを考慮することが可能となる。経営者は事象を蓋然性と影響という2つの観点から評価する。蓋然性は，一定の事象が起きる見込みを意味し，

一方，影響は，事象が起きた場合にもたらされる効果を表す。リスクの蓋然性および影響の見積りは，完全に主観的な見積りよりも客観的な基盤を提供するであろう，過去の観察可能な事象からのデータを利用することによって判断されることが多い。

　事業体によるリスク評価の方法は，通常，定性的技術と定量的技術の組み合わせによって構成される。

　通常，潜在的事象に対応して起りうる結果には幅があり，経営者はそのような結果の幅をリスク対応策を開発する際の基礎として考慮する。リスクの評価を通して，経営者は事業体全体にわたる，個々の，または分類ごとの，潜在的事象の正および負の結果を考慮する。

　⑤　リスク対応

　経営者は，リスク対応策を識別し，リスク許容度や費用対効果との関連で事象の蓋然性および影響に対する効果を考慮し，対応策を立案および実施する。リスク対応策およびリスク対応の選択および実施を考慮することは，ERMに不可欠である。有効な ERM は，経営者に対して，事業体のリスク許容限度内でのリスクの蓋然性および影響をもたらすと期待されるリスク対応策を選ばせるものである。

　リスク対応策は，リスク回避，リスクの軽減，リスク・シェアリング，およびリスクの受容に分類される。リスク回避という対応策は，リスクをもたらす活動から逃れるべく行動をとるものである。リスクの軽減という対応策は，リスクの蓋然性または影響，あるいはその双方を減少させるものである。リスク・シェアリングという対応策は，リスクの蓋然性または影響をリスクの一部を移転するか，さもなければ，分け合うことである。リスクの受容は，蓋然性や影響を左右するような行動は一切とらないことである。

　⑥　統 制 活 動

　統制活動は，リスク対応策が適切に実行されるべく支援する方針および手続である。統制活動は，組織のすべての階層およびすべての職能を通じて行われる。統制活動は事業体が事業目的を達成しようとする際のプロセスの一部であ

る。それらは通常，2つの要素を含んでいる。すなわち，何が行われるべきかを規定する方針とその方針を実施する手続の2つである。

⑦ **情報と伝達**

事業体の内部および外部を源泉とする適切な情報を，識別し，把握し，従業員が彼らの責任を果たすことができるような形式と時間枠において伝達しなければならない。また有効な伝達は，より広い意味では，事業体の中で上から下へ，同じ階層で，および下から上へと流れるように行われるものである。さらに，有効な伝達および関連情報の交換は，顧客，仕入先，規制当局，および株主といった外部関係者との間でも行われるものである。

⑧ **モニタリング**

ERMは，モニタリングされる。すなわち，それは長い期間にわたって，ERMの構成要素が存在し機能していることと，そのパフォーマンスの質の双方を評価するプロセスである。モニタリングは2つの方法で行われる。それは，継続的活動または独立した評価である。継続的および独立したモニタリングによって，ERMは事業体のあらゆる階層および事業体全体を通じて適用し続けることができる。

(6) **目標と構成要素の関係**

目的，すなわち，事業体が達成しようと努力するものと，ERMの構成要素，すなわち，目的を達成するのに必要なものとの間には，直接的な関係が存在する（**図表9-3**および**図表9-4**を参照）。

(7) **有　効　性**

ERMは1つのプロセスである一方，その有効性は一定時点における状態または状況である。ERMが「有効である」かどうかを決めることは，8つすべての構成要素が存在し，適切に機能しているかどうかの評価から生じる主観的判断である。

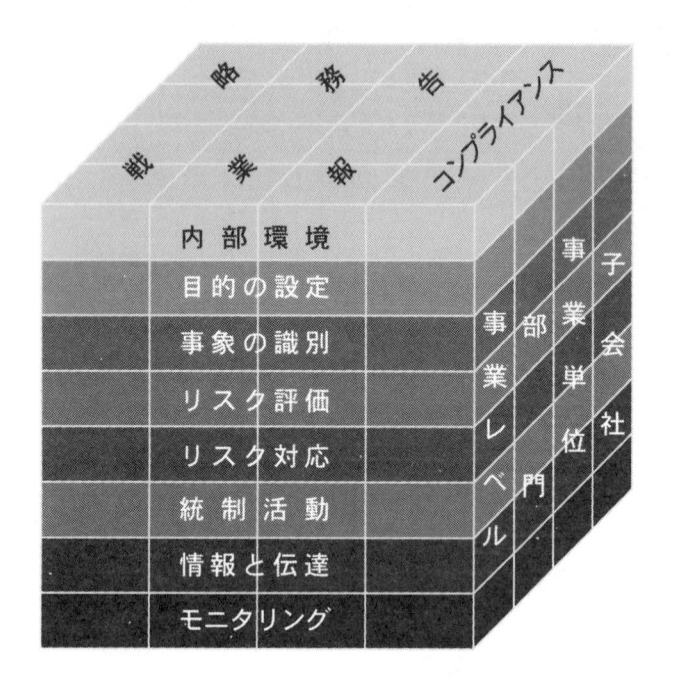

図表 9-3　ERM フレームワーク案における企業リスクマネジメントの目的と構成要因の関係

（上面）戦略／業務／報告／コンプライアンス

（正面）内部環境／目的の設定／事象の識別／リスク評価／リスク対応／統制活動／情報と伝達／モニタリング

（側面）事業レベル／部門／事業単位／子会社

第9章　内部統制フレームワークをめぐる新たな動向　149

図表9-4　ERMフレームワーク案におけるリスク・マネジメントの主要な構成要素とプロセス

```
┌─────────────────────────────────────────────┐
│                  内 部 環 境                 │
│    リスク管理の考え方－リスク文化－取締役会－    │
│ 誠実性と倫理的価値－能力への関与－経営者の考え方と業務形式－リスク選好－ │
│     組織構造－権限と責任の割当－人的資源の方針と実務    │
└─────────────────────────────────────────────┘

┌─────────────────────────────────────────────┐
│                  目的の設定                  │
│   戦略目的－関連する目的－選択された目的－リスク選好－リスク許容度   │
└─────────────────────────────────────────────┘
                        ↓
┌─────────────────────────────────────────────┐
│                  事象の識別                  │
│  事象－戦略と目的に影響する要因－方法論と技法－事象の相互依存性－  │
│            事象の範疇－リスクと機会             │
└─────────────────────────────────────────────┘
                        ↓
┌─────────────────────────────────────────────┐
│                  リスク評価                  │
│   固有および残余リスク－可能性と影響－方法論と技法－相関関係    │
└─────────────────────────────────────────────┘
                        ↓
┌─────────────────────────────────────────────┐
│                  リスク対応                  │
│ リスク対応策の特定－可能なリスク対応策の評価－対応性の選択－ポートフォリオの観点 │
└─────────────────────────────────────────────┘
                        ↓
┌─────────────────────────────────────────────┐
│                  統 制 活 動                 │
│ リスク対応との統合－統制活動の形態－一般的統制手続－応用統制手続－事業体の特質 │
└─────────────────────────────────────────────┘

┌─────────────────────────────────────────────┐
│                  情報と伝達                  │
│        情報－戦略的および統合的システム－伝達        │
└─────────────────────────────────────────────┘

┌─────────────────────────────────────────────┐
│                  監 　 視                   │
│            独立した評価－継続的評価             │
└─────────────────────────────────────────────┘
```

出所：COSO, *Enterprise Risk Management Framework*, "Executive Summary", COSO, July 2003, p.17.

(8) 内部統制の包含

内部統制は，ERM の不可欠な部分である。この ERM フレームワークは，内部統制を含むものであり，より確固とした概念基盤と経営者にとってのツールの形成を図っている。内部統制は，『内部統制－統合的枠組み』で定義され，記述されている。『内部統制－統合的枠組み』は，現行のルール，規制，および法律の基礎となっており，依然として内部統制の定義およびフレームワークとして有効である。『内部統制－統合的枠組み』の全体は，本フレームワークにおいて言及され，組み込まれている。

(9) ERM の限界

有効な ERM は，経営者が目的を達成するための助力となる。しかし，ERM は，どれほどうまく設計され運用されても，事業体の成功を保証しない。

4 ERM フレームワーク案の特徴

(1) 特　徴

ERM フレームワーク案は，前述のとおり，COSO 内部統制フレームワークの内容を取り入れていることから，記述内容が類似している部分も多く，プライスウォーターハウスクーパースによれば，約60％を引き継いでいるという。しかしながら，ERM に焦点を絞ったということも含めて，特徴的な点も多く含まれる。ここでは，まず，ERM の特徴を列挙した上で，COSO 内部統制フレームワークとの相違，ならびに，経済産業省指針との異同について，検討してみたい。

はじめに，ERM フレームワーク案には，次のような特徴があると思われる。

① リスクおよびリスク・マネジメントの問題を，事業体全体としての問題として捉え，ERM のフレームワークを構築しようとしていること。

　　この点については，近年のビジネス社会の関心を背景として，先に述べた COSO 内部統制フレームワークに対する批判ないし不満事項への対応を図ったものと考えられる。実際，COSO 内部統制フレームワークの公表後，

英国では，1999年に，ビジネス・リスク・モデルに全面的に依拠して，内部統制をリスク・マネジメントの手段として位置づけるターンバル・ガイダンスが公表されている。その意味では，今般のERMフレームワーク案は，COSO内部統制フレームワークを現在の状況に適合するよう更新するものであるともいえよう。
② リスクのポートフォリオを強調していること。
　①との関連で，ERMフレームワーク案では，各階層または事業単位等において把握されたリスクおよびそれらのリスク・マネジメントを，事業体全体の観点から識別し管理することが重要である，としている。
③ COSO内部統制フレームワークの内容を尊重し，取り入れていること。
　すでに現行のCOSO内部統制フレームワークは，アメリカおよび他の国々，さらには国際機関等において，内部統制規定の基礎として利用されていることから，それを全面的に破棄して新たなフレームワークを策定することは，混乱を招くこととなる。COSOでは，その点に考慮して，COSO内部統制フレームワークの内容を大きく損なうことのないものとして，ERMフレームワーク案が策定されているのである。
④ ERMに焦点を当てることで，COSO内部統制フレームワークよりも広範なフレームワークとなっていること。
　現行のCOSO内部統制フレームワークを尊重するといっても，その内容は，内部統制よりも広範なものとなるERMの観点から策定されたフレームワークであることから，COSO内部統制フレームワークにおける構成要素等については，同じものであっても拡張が図られている。
⑤ リスクを，負の結果をもたらすものとして規定していること。
　リスクについては，機会と捉えられる場合もあれば，負の影響ないし困難として捉えることもできるであろう。しかしながら，ERMフレームワーク案では，その点について明確に，リスクを「ある事象が発生し，目的の達成に負の影響が及ぼされる可能性」として定義しているのである。この点については，一般のリスク・マネジメントの理論等とは異なるもの

であることから，今後，若干，議論の余地が残るところであるように思われる。

(2) COSO内部統制フレームワークとの比較

(1)であげた特徴のうちの②および③にも述べたように，ERMフレームワーク案は，現行のCOSO内部統制フレームワークの発展形態とも位置づけられることから，従来の概念等を引き継いでいる部分と，その内容を発展させたり追加したりしている部分がある。

たとえば，COSO内部統制フレームワークでは，統制目的として「業務」，「財務報告」および「コンプライアンス」の3つが示されていたが，ERMフレームワーク案では，事業体における目的として，「戦略」，「業務」，「報告」および「コンプライアンス」の4つの範疇があげられている。

ここで留意しなければならないのは，ERMフレームワーク案では，内部統制の定義を変更していないという点である。内部統制については，付録「選抜用語解説」において，COSO内部統制フレームワークとまったく同じ定義が示されているのである。

そのうち，「業務」と「コンプライアンス」については，ERMにおいても同じものである。それに対して，「報告」については，財務報告に限らず，事業体内外のすべての報告へと範囲が広げられているほか，「戦略」という他の3つの目的よりも上位に位置づけられる目的，すなわち，事業体の使命／ビジョンから導き出される目的が追加されている。

また，COSO内部統制フレームワークでは，内部統制の構成要素として，「統制環境」，「リスクの評価」，「統制活動」，「情報と伝達」，「モニタリング」の5つがあげられていたが，ERMフレームワーク案では，リスク・マネジメント・プログラムを構成する要素として，「内部環境」，「目的の設定」，「事象の識別」，「リスク評価」，「リスク対応」，「統制活動」，「情報と伝達」，および「モニタリング」の8つが識別されている。

まず，COSO内部統制フレームワークにおける「リスクの評価」に対応する

ものとして,「目的の設定」,「事象の識別」,「リスク評価」,「リスク対応」がある。これは,ERMフレームワーク案においては,リスク・マネジメントを「特定の目的にとってのリスクを識別し,評価し,それに対応すること」と定義していることから,リスク・マネジメントのプロセスに応じて細分化が図られていると解される。

さらに,その他の構成要素についても変更が加えられている。とくに「内部環境」の内容は,「統制環境」に比べて,より直接的かつ広範にリスク問題に焦点が当てられているものであるし,また,「情報と伝達」については,COSO内部統制フレームワークでの規定を拡張し,過去,現在および潜在的な将来の事象から得られたデータを考慮するものとなっている。

(3) 経済産業省『リスク新時代の内部統制』との比較

経済産業省指針では,「英国のターンバル報告やカナダのCoCo等の諸外国の内部統制に関するレポートでは,COSOレポートに比べ内部統制をより動態的かつリスクマネジメントの面を強調したかたちで捉えている」との認識を得て,次のように述べている。

「本指針においては,企業を取り巻く社内外の環境の急速な変化を踏まえ,この視点を更に進め,リスクマネジメント及び内部統制を一体的に運用されるべきものとして位置づけ,両者の関係をできるだけ具体的なかたちで示すように努めた。このことにより,リスクマネジメントを内部統制が支えていること,内部統制が有効であるためには,それが総合的なリスクの評価の結果に応じてダイナミックに見直されなければならないこと等を明確にした。」
すなわち,経済産業省の報告書では,内部統制とリスクマネジメントを一体的に運用されるものと捉えているのである。この点で,COSOのERMフレームワーク案が,ERMを上位概念として,その中に内部統制を取り入れていることと比べると若干の相違が見られるといえよう。

経済産業省の指針では,その冒頭で,以下のような定義が示されている。

154　第Ⅱ部　内部統制に対する会計プロフェッションの関与

> 　リスクマネジメントとは，企業の価値を維持・増大していくために，企業が経営を行っていく上で，事業に関連する内外の様々なリスクを適切に管理する活動である。リスクマネジメントは，もともと，災害の発生に対する対応や，金融面における不確実性の管理という観点から生まれ発展してきたものであるが，経済社会における不確実性を管理する必要性が高まってきている中で，現在では，広範なリスクを管理するための活動として理解されるようになってきている。
> 　内部統制とは，企業がその業務を適正かつ効率的に遂行するために，社内に構築され，運用される体制及びプロセスである。内部統制は，市場経済社会において，企業法制が形づくるシステム全体が成立するための前提であるが，同時に企業が事業目的の達成に係るリスクを低減させ，持続的に発展していくためにも不可欠である。内部統制は，企業が事業を行う上で欠かすことのできないものであり，各企業の中で個別に発展してきたが，不正な財務報告に関する事件等を契機として，概念の整理が行われ，1990年代以降，米，英等において指針が示されてきている。
> 　リスクマネジメント及び内部統制は，それぞれが異なる背景を持ち，違った経路を経て発展してきたが，企業を取り巻く様々なリスクに対応し，企業価値を維持・向上するという観点からは，その目的は多くの共通部分を有している。昨今，企業を取り巻く環境が変化し，かつ，環境変化への対応が市場等により厳しく評価されるようになってきている中で，これらを一体的にとらえ，機能させていくことが必要となってきている。
>
> 出所：経済産業省リスク管理・内部統制研究会『リスク新時代の内部統制』, p.1

　ここに見られるリスクマネジメントの定義は，ERMフレームワーク案の内容に類似したものとなっている。ところが，同報告書では，リスクを「事象発生の不確実性」と広く捉えて定義しているため，ERMフレームワーク案の方で，リスクを負の影響を及ぼすものに限定してそのポートフォリオに焦点を当てているのとは対照的なものとなっている。

　また，同報告書では，**図表9-5**のように，「健全な内部統制環境」および「円滑な情報伝達」を基礎として，その上で「業務施行部門におけるコントロールとモニタリング」および「業務執行部門から独立したモニタリング」が機能する状況が構想されている。これは，内部統制に焦点が当てられた図であるためであろうが，ERMフレームワーク案では，COSO内部統制フレームワークに

対する批判を踏まえて，権限委譲についても考慮した事業体内の状況を想定している。実際，COSO 内部統制フレームワークで示されていたピラミッド型の図は，今般の ERM フレームワーク案ではまったく記載されていないことと対比すると，留意すべき相違があるように思われるのである。

**図表 9-5　経済産業省指針における
　　　　　「リスクマネジメントと一体となって機能する内部統制の全体図」**

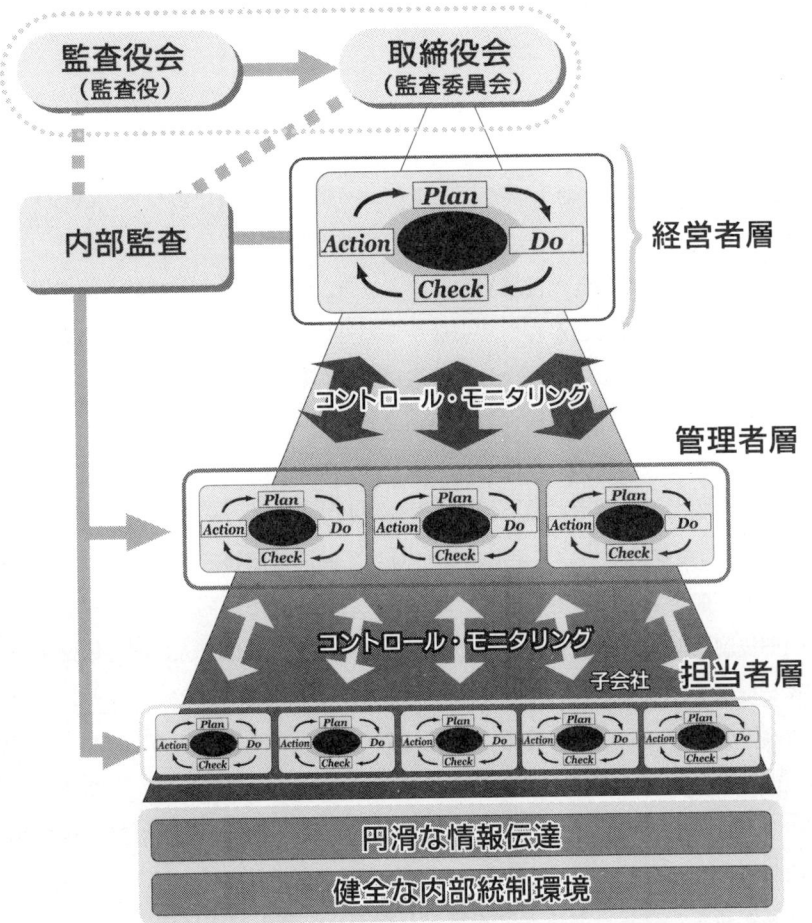

※1　監査役会（監査役）は，監査役会設置会社の場合に設置される。
※2　監査委員会は，委員会等設置会社の場合に設置される。

5 今後の課題

　以上，COSO が公表した ERM フレームワーク案の検討を行ってきた。同フレームワークは，最終版として確定したものではないため，今後，部分的に内容が変更される可能性がないわけではない。たとえば，先に述べたように，リスクの定義の妥当性等については，若干の議論の余地が残されているように思われる。

　しかしながら，これまでの COSO における作業プロセス等を考慮すれば，最終版公表までの間に大幅な変更が行われるということは想定し難い。今後，ERM フレームワークおよびそれに伴うツール編の公表によって，COSO の提供する新たなフレームワークのもとでの実務が始まっていくといえよう。その影響は，現在の COSO 内部統制フレームワークが一種の内部統制の国際標準モデルと化していることからも，少なからぬものとなるであろう。実務界および学界・教育界にあっては，十分な対応が求められるところである。

　ただし，若干の問題も残されているように思われる。最後に，2点ほど，触れておきたい。

　まず，報告の問題である。COSO 内部統制フレームワークの公表の際には，FDICIA の規定に基づいて金融機関に対して内部統制報告が義務づけられ，その後の一般企業への適用も俎上に載っていたことから，同フレームワークは，内部統制に関する経営者報告およびそれに対する外部監査人の関与のための基礎を提供すべく策定されていた。しかしながら，今般の ERM フレームワークでは，現行の COSO 内部統制フレームワークを取り込んでいるとはいえ，報告の問題についての考慮が必ずしも十分ではないように思われる。期せずして 2004 年からは，企業改革法に基づき，順次，公開企業一般を対象とした内部統制報告が義務づけられていく。そのような中で，リスク・マネジメントを重視した新たなフレームワークを策定しながら，報告問題については，従来の COSO 内部統制フレームワークを踏襲するままでよいのか，という点につき，

若干の疑問が残るのである。

　また，もう1点は，同じく企業改革法との関連で，同法のもとで創設された公開会社会計監視委員会（Public Company Accounting Oversight Board: PCAOB）の問題である。PCAOBは，広範かつ強力な権限を有しているが，なかでも，従来，FASBが有していた会計基準の設定権限，およびAICPAが有していた監査基準の設定権限をももつこととされている。会計基準については，今後もFASBに策定を委ね，それをPCAOBが承認するプロセスをとるとの方針が表明されたが，一方の監査基準については，PCAOBが直接，設定に当たる方向であり，すでに「監査基準」が公表されてきているのである[102]。

　ここで問題となるのは，SECをはじめ，アメリカの規制当局からは，COSO内部統制フレームワークについて，必ずしも評価が高くない，という点である。企業改革法はもとより，その後公表されたSECの規則においても，COSOまたはCOSO内部統制フレームワークについては，何も規定されていない上，PCAOBが公表した監査基準においてもまた，COSO内部統制フレームワークは内部統制報告に当たって準拠すべき1つの例として示されているだけなので，COSO以外のフレームワークに準拠することも想定できるのである。一般にそれは，COSOのフレームワークに替えて，ターンバル・ガイダンスや，CoCoの

---

[102]　2004年3月，PCAOBは，「財務諸表監査とともに実施される財務報告にかかる内部統制の監査」と題する監査基準を確定・公表した。

　このように「監査基準」をPCAOBが公表するに至ったのは，2002年7月30日に制定された企業改革法において，PCAOBの権限として，監査，品質管理，倫理，独立性に関する基準の最終的な設定権限（103条(a)および(b)）が与えられていることによるものである。

　従来，アメリカでは，監査基準（Auditing Standards）は，かつてAICPAの総会において認められた10の監査基準のみであり，その解釈指針としてのSASが，AICPA内の監査基準審議会（Auditing Standards Board: ASB）によって設定・公表されてきていた。

　PCAOBから「監査基準」が公表されたことによって，今後はPCAOBが実質的にも監査基準設定主体としての機能を発揮し，従来の監査規範のフレームワーク全体についても徐々に見直しが進められていくものと解される。

フレームワークを採用しても良い，という意味に解されるが，さらには，PCAOBが，企業改革法以降の，従来プライベート・セクターの活動に委ねていた部分に対してパブリック・セクターの関与を深めていく方向において，プライベート・セクターであるCOSOの活動に対して，今後，PCAOB等からの何らかのイニシアティブが発揮されることもあるように思われる。

　その意味においても，今般のCOSOのERMフレームワーク案の動向については，公表内容はもとより，その後の議論についても，十分留意する必要があるように思われるのである。

第10章
マネジメント・レターによる内部統制報告

1 1990年代までの内部統制報告の展開

　第8章で見たように，内部統制の問題は，監査人が企業のガバナンスに関与する新たな局面を提示する課題となっている。とくに，そこで問題となるのは，内部統制に関する監査人による報告の問題である。そこで，本章では，内部統制報告という実務が生成してきた状況を，アメリカにおける1990年代までの一般企業に対する監査の状況をもとに検討してみたい。

　アメリカでは，財務諸表監査の成立時にさかのぼることのできるほど古くから，マネジメント・レター（management letter）を作成・発行することが，外部監査人の重要な業務の1つとなっている。マネジメント・レターとは，広く，監査人がその業務の過程で気付いた事項をクライアントに伝えてその改善を勧告・助言するために用いられる書簡形式の報告書を意味している。もともとマネジメント・レターの作成・発行は，MA業務の一環として，あるいは監査の副次的な業務として行われてきたものであった。

　ところが近年では，内部統制との関連で，マネジメント・レターに特別な意義が与えられるようになっている。すなわち，監査制度上，マネジメント・レターは，内部統制に関する欠陥を経営者および監査委員会に通知するための媒体とされてきているのである。

　その背景には，1970年代後半から1990年代に至る，内部統制に関する制度上の規定の大きな変革がある。その変革とは，およそ次のようなものである。

まず，1977年に，相次ぐ政治資金等に関わる企業の不正に対処する目的で制定されたFCPAによって，SECの規制を受けるすべての企業が内部会計統制の整備を義務付けられることになった。それが契機となって，議会やSECは，それ以来何度かにわたって，内部統制に関する経営者および監査人の責任をより明確に規定しようとする試みを続けてきた。一方，AICPAの側でも，そのような状況の影響を受けて，また，当時顕在化していた期待ギャップの解消へ向けての議論を通じて，内部統制に関する考え方を大きく転換したのである。この新たな考え方は，FCPA以降のSAS，なかでもいわゆる新SAS[103]において具体化され，監査実務に一大転換をもたらすものとなった。

このような変革期にあって，マネジメント・レターも，内部統制との関連で制度上の新たな展開を見せることになった。すなわち，FCPAと同じ1977年に公表されたSAS No.20「内部会計統制上の重大な弱点についての通知の規定」[104]によって，監査人は，監査業務の中で気付いた内部統制における「重大な弱点（material weakness）」を，クライアントに通知するよう義務付けられたのである。SAS No.20には，そのような通知を文書によって行わなければならない旨の規定は示されなかったが，実際には，それまで任意のマネジメント・レターをもって行われていた通知に他ならないので，SAS No.20は，内部統制に関するマネジメント・レターを制度化する基準としての意味をもつものであったと解することができる。さらに，1980年にはSAS No.30「内部会計統制に関する報告」[105]が公表され，レターの報告様式の統一化が図られている。

その後，期待ギャップの解消を目指した一連の新SASの設定の動きのなかで，1988年，SAS No.60「監査中に認識された内部統制構造に関する事項の通

---

103) 新SASとは，監査における期待ギャップの問題に対処するために，AICPAのASBによって1985年以来続けられてきたプロジェクトの結果として1988年に一度に公表されるに至った，10のSAS，すなわち，SAS Nos.52-61を指している。
104) AICPA, CAP, SAS No.20: *Required Communication of Material Weaknesses in Internal Accounting Control*, AICPA, 1971a.
105) AICPA, CAP, *SAS* No.30: *Reports on Internal Accounting Control*, AICPA, 1980e.

第10章　マネジメント・レターによる内部統制報告　161

知」[106] が公表された。これは，SAS No.20 および No.30 の規定に代わる，マネジメント・レターについての新たな基準である。SAS No.60 では，その他の新 SAS における内部統制に関わる規定との調整が図られるとともに，SAS No.20 および No.30 に対する批判点の改善が図られ，「重大な弱点」という属性を包含する，より広い概念である「報告すべき状況（reportable condition）」という概念が導入されたのである。

　一方 SEC は，同じ 1988 年に「経営者の責任についての報告（Report of Management's Responsibilities）」（Release No.33-6789）という提案を公表し，そのなかでマネジメント・レターによって指摘された事項についての経営者の対応を開示することを求めた。また議会においても，この時期，内部統制に関する経営者と監査人の報告を強制化する法案が提出される動きが見られた。もっとも SEC の提案自体は多くの反対意見を受けて採択されることはなく，内部統制に関する経営者と監査人の報告が制度化されるのは，大規模金融機関については次の第 11 章で扱う FDICIA の制定，さらには一般企業については，第 12 章で扱う企業改革法の制定を待たなければならなかったが，この時期の動向は，世界に先駆けてアメリカにおいて内部統制報告の制度化が議論されることとなった端緒として位置づけることができるように思われる。

　また，かかるマネジメント・レターに関する動向は，内部統制やそれに関わる監査業務を新たに規制下に取り入れてゆこうとする議会・SEC と，それに抵抗する AICPA に代表される職業会計士業界および産業界との対立の構図上に位置づけることができよう。たとえば，SAS による内部統制に関わるマネジメント・レターの規制は，SEC 等の内部統制に関する規制化政策への対応として，マネジメント・レターの慣行を利用したものと捉えられるのである。

　さらに，マネジメント・レターにおけるコミュニケーションの問題，たとえばマネジメント・レターの発行およびその内容のレビューに関する監査人と経

---

106)　AICPA, ASB, SAS No.60: *Communication of Internal Control Structure Related Matters Noted in an Audit*, AICPA, 1988c.

営者の交渉は、両者の関係を考える上で重要な素材であると思われるし、また、マネジメント・レターに関わる監査人と経営者の責任の問題についても同じことがいえよう。このように、マネジメント・レターは、監査理論研究に当たっての重要な研究領域を形成するものであると思われる。

そこで本章では、内部統制報告問題の端緒として、マネジメント・レターを捉え、マネジメント・レターの制度化の意味、すなわち、それによってマネジメント・レターがどのように変質し、そのことからどのようなことが考えられるのかについて検討していくことにする。

2　マネジメント・レターの意義

(1)　広義のマネジメント・レター

先に述べたように、マネジメント・レターというのは、監査人が、その監査業務を通じて気付いた事柄について、クライアントにそれを伝えて何らかの改善を求める場合に送るものである。そのカバーする範囲は広く、監査業務の領域に限らず、税務やMAS業務などの領域であっても、監査人の権限が及ぶ範囲ならばその対象となりうる。

その形式や送り先についても、後に述べる内部統制に関するマネジメント・レターの場合には、それぞれ明確に規定されているのに対して、内部統制以外のマネジメント・レターについては、別段の定めはない。形式は、各監査人にはそれぞれ独自に作り上げたレターの形式があり、それをクライアントの要求等に応じて調整してゆくのである。また、送り先も、取締役会やCEOあるいは監査委員会など、そのレターを受け取るのに適当な機関ということになる。

マネジメント・レターは、経営者と監査人の間の重要なコミュニケーションの手段である。それは、助言を受ける経営者にとってだけではなく、監査人にとっても有用である。なぜならば、レターは、監査人がクライアントの事業の発展に対して継続的に関心を抱いていることを非常に具体的な形で示すものであるし、それと同時に、次のような点で監査人のサービスの質の向上に資する

ものであるからである (Hermanson, et. al., 1987, pp.661-662)。

① 監査手続を実施する過程で気付いた企業にとって有用な事柄に注意を払うことによって，レターの作成が監査人のサービスに建設的な側面を加えることになる。
② 改善の勧告は，職業専門家によって提供されるサービスの枢要な部分をなしており，多くのクライアントは一般的に，独立した監査人から監査証明の機能以上の便益を受けることを期待している。
③ 事業が成功し財政的にも健全なクライアントは，監査人の継続的な繁栄の源泉である。クライアントの業務あるいは財政状態の改善に貢献する考えを提供することは，監査人とクライアントの関係を強化するのに役立つ。

では，マネジメント・レターが監査人のサービスの一部として行われるのはなぜであろうか。それには，監査人が置かれている特異な立場が関連している。すなわち，監査人には，

・さまざまな業務を通じてクライアントの事業や財政状態などの事情に精通している，
・その状況の把握・分析に職業専門家としての知識や経験を適用することができる，
・企業の内部者ではないことから客観的な認識・判断が可能である，および
・監査業務の特性から，クライアントの企業全体についての総体的な理解が可能である，

等々が考えられるからである。

さて，マネジメント・レターの注目すべき特徴としては，第1に，クライアントに対する助言がマネジメント・レターという形式，すなわち文書（書簡）によって行われるということがあげられる。これには，相応の理由がある。それは，書面であれば口頭での伝達とは違って，(1)聞き間違いなどによる誤解の危険はなく，正確な伝達が可能であること，(2)保存が可能であるので，必要ならば何度でも見ることができるし，複数の人間がそれを参照することもできること，(3)大量の詳細な情報が伝達可能であるので，監査人の十分な見解を示す

ことも可能であること，(4)監査人による助言の記録として残すことができることなどである。もちろん，これらの利点が十分に発揮されるためには，レターが適時性をもったものであり，理解可能な形式と内容を備えていなければならない。

　マネジメント・レターの作成プロセスにおいても特徴的なことがある。それは，書面が完成する前に監査人は経営者とともにその内容をレビューすることが慣行となっているということである。監査人は，現在問題があるかあるいは将来問題となる可能性のある領域を識別し，それについての改善策を検討し，その内容について経営者とともに検討した上で，経営者に理解可能かつ有用な形でレターを完成するのである。というのも，そのレビューの過程で，監査人に誤解があった場合には誤解が解消されるであろうし，経営者にとっては，監査人からマネジメント・レターにおける判断の内容と根拠について十分な説明を受けることができるとともに，場合によっては対応策についての助言を得られるかもしれないからである。

(2) 内部統制に関するマネジメント・レター

　内部統制は，経営者にとっても監査人にとっても重要なシステムである。経営者は企業を維持・管理してゆくために，監査人は監査手続の決定のために，内部統制の適正な維持・運用に関心がある。したがって，マネジメント・レターも，その慣行の生成当初から内部統制に関する事項を主要な対象としてきた。マネジメント・レターを，限定的に「内部統制レター」などと呼ぶのもこのためである。

　しかし，SAS No.20 によって内部統制における重大な弱点の通知が義務付けられてから，内部統制に関するマネジメント・レターは，経営者との契約のもとで監査人によって提供される任意のサービスではなく，SAS の規定の対象とされることになった。SAS No.20 においても，その後の SAS No.60 においても，監査人が認識した内部統制に関する問題点を通知するに当たって，必ずしも，文書でそれを行わなくてはならないとは規定されていない。しかしながら，両

第10章 マネジメント・レターによる内部統制報告 165

　SASが，文書による通知を望ましいとして奨励し，口頭による通知の場合はその記録を残すことを求めていること，ならびにそのような事項の通知が以前からマネジメント・レターによって行われてきたという慣行から，SASの規定は，実際には，内部統制に関わるマネジメント・レターの内容を規制するものであったのである。その結果として，先に述べた本来のマネジメント・レターに比べて，内部統制に関するマネジメント・レターは，その性格を異にするものとなったように思われる。そこで，以下，その相違点に留意しながら，内部統制に関するマネジメント・レターを，主に，SAS No.60に基づいて概観する[107]。

　まず，通知される内容について見てみよう。監査人は，言うまでもなく，監査の実践過程において，内部統制構造についてさまざまな問題点を認識する。SAS No.60は，監査人は，このような内部統制構造における「報告すべき状況」を通知することを求めているのである。監査人は，報告すべき状況を探す必要はないが，内部統制構造に対する理解を得る過程で気付いた報告すべき状況については通知しなくてはならないとされている。ここにいう報告すべき状況とは，次のように定義されるものである[108]。

---

[107] 本章は，SAS No.20およびSAS No.60の規定について，その詳細な検討や両者の比較を主題としていないため，以下の考察でも，議論に関連のある場合を除いて，それらの規定を網羅的に取り上げたり，比較検討したりすることはしていない。両規定の解説および比較検討については，Roussey et al. (1988)，小西（1990）などを参照されたい。

[108] さらに，報告すべき状況のうち，非常に重要なものとして，「重大な脆弱性」があるとされている。これは，SAS No.20において求められていた報告内容である。SAS No.60は，「重大な脆弱性」という概念を包含する，より幅広い概念である「報告すべき状況」の概念をもって報告基準としているのである。「重大な脆弱性」とは，次のようなものである（AU325. 15）。
　重大な脆弱性とは，「特定の内部統制構造の要素の設定または運用が，リスクを相対的に低い水準に抑えるものとなっていないという報告すべき状況のことである。そしてそのリスクとは，監査対象となる財務諸表に関して金額的に重大な誤謬または不正が発生し，それを従業員が通常の職務を行う中で適時に発見できないというリスクのことである。」

報告すべき状況とは、「内部統制構造の設定または運用における重要な欠陥を示すものであり、財務諸表における経営者の意見表明と一致している財務データを記録し、処理し、要約し、報告する組織の能力に悪影響を及ぼす可能性があるがゆえに、監査人の注意を引いた事項であって、監査人の判断において監査委員会へ通知すべきと考えられる事項である。」

また、報告すべき状況のレベルには達しないものの、監査人が経営者にとって有用であると考えるその他の事項についても、報告すべき状況とは分離してコメントすることが認められている。多くの場合、監査人は、それらのコメントを上記の報告すべき状況と同じレターの上で報告しようとするので、SAS No.60 のもとでの内部統制に関するマネジメント・レターは、2つの階層に区分される報告内容をもつことになる [109]。

次に、レターの送り先の問題であるが、SAS No.60 は、クライアントの企業の監査委員会あるいはそれと同等の責任と権限をもつ機関に通知することを指示している (AU325.02)。これは、一連の新 SAS に見られるものであるが、監

また、SAS No.60 では、その付録において、「ありうる報告すべき状況の例」を示している。そこでは、報告すべき状況にあるかもしれない事例を、「内部統制構造の設定上の欠陥」、「内部統制構造運用上の欠陥」および「その他」の3つに分類し、それぞれ10項目、7項目および3項目の具体例があげられている。

109) 報告すべき状況についてのコメントを「内部統制構造関連事項レター (internal-control-structure-related-matters letter)」、一方、報告すべき状況以外のコメントだけを限定的に「マネジメント・レター」として扱う場合も多い。

これには、2つの原因があるように思われる。1つは、ここで述べたようにレターの内容が2つに区分されることから、SAS No.60 が要請する報告内容 (報告すべき状況) の通知に関する部分を、SAS No.60 のタイトルである「監査中に認識された内部統制構造に関する事項 (internal-control-structure-related-matters letter) の通知」に準じて、「内部統制構造関連事項レター」とし、それ以外の任意の通知部分を従前どおり「マネジメント・レター」とするという考え方である。もう1つの原因としては、後述するように、SAS No.60 のもとでの報告先が経営者ではなく監査委員会であることが考えられる。すなわち、報告すべき状況の部分については、単に経営者とのコミュニケーションだけを想定することはできないため、厳密には「マネジメント・レター」とは言えないということである。

査委員会との連携を深めてゆこうとする考え方の現れの1つと捉えることができる[110]。しかし実際には，監査人は，広義のマネジメント・レターの場合と同様に，監査人の誤解の危険性を取り除き，経営者に十分な説明を行うため，レターの完成前に経営者とともにその内容に関するレビューを行うことになる。そして，レビュー後に完成したレターには，報告すべき状況とともに経営者のそれに対する対応が示されることも多い。

レターの作成の時期については，SAS No.60 では特定されていないが，理想的な時期は，監査人が内部統制のテストについて結論を出す時であり，それはまた，監査人によって発見された事項について経営者とともにレビューを行いそれ以後の監査業務に影響するであろう是正措置をとることができるように，期末までの時間が十分確保されていることが望ましいとされている（O'Reilly, et. al., 1990, p.340)。

また，レターの形式については，SAS によって定められた形式が存在する。とくに，当該レターに関わる監査人の役割と責任についての記述を求められている点が注目に値する。すなわち，レターにおいて，以下の点についての記述

このような考え方にはそれなりの合理性がある。しかし，SAS No.20 および 60 は，実務上かなり以前から成立していたマネジメント・レターの慣行をもとに，制度上，内部統制に関する通知を採用したという歴史的経緯がある。また，本文にも述べたように，監査人は同一のレターにおいて報告すべき状況もそれ以外の事項も伝達しようとするため，実務上の両者の間に区分を設けるのは不自然であるように思われる。したがって，本書では，一貫してすべての報告内容をマネジメント・レターの文脈において扱うこととし，たとえば「内部統制に関わるマネジメント・レター」というような呼び方を採用することにした。

110) 監査委員会への通知については，SAS No.60 のほかに，No.53，54 および 55 においても求められており，さらに SAS No.61「監査委員会への通知（*Communication with Audit Committee*）」が公表されている。これらの新 SAS において監査委員会が取り上げられたのは，それに先立つコーエン委員会およびトレッドウェイ委員会が，監査の社会的機能の問題や不正の問題には監査人だけではなく企業の関係者が連携して対処してゆく必要があるとの認識に基づいて，違法行為，不正および内部統制上の欠陥を発見した場合には監査委員会に通知するとともに，監査委員会による対応を注視することを求めたためである（鳥羽，1991, p.17)。

が求められているのである（AU325.11.）。

- ・（行われた）監査の目的が，財務諸表に関する報告にあり，内部統制構造に対する保証を表明することにはなかったことを示すこと。
- ・報告すべき状況の定義を示すこと。
- ・この報告が，経営者，監査委員会，および組織内のその他の人々の利用のために行われるという，レターの配布に関する制限を示すこと。

以上のような要件を満たしたレターの事例は，**図表 10-1** に示すとおりである。

さて，内部統制に関するマネジメント・レターは，SAS によって規制を受けることによって変質し，先に述べた本来のマネジメント・レターとは性格の異なるものとなった。このような変質ないし変化に対しては，それによって新たな問題点がもたらされたとそのマイナス面を指摘する議論もある。それらは，主に，以下の3つの点にまとめることができよう。

まず，FCPA によって企業に内部統制の整備が義務付けられた上に，内部統制における欠陥の通知が制度的な用具となったことは，レターの記録として残る性質によって，後日，訴訟が起きた場合には重要な証拠として提出される可能性を生むことになる。また，レターの提出先である監査委員会が，経営者にとって敵対的な関係にあるような場合も考えられる。これらは，経営者にとって，都合の悪いレターの発行をやめるように，あるいはレターの内容を変更するように監査人に働きかけるインセンティブをもたらす。したがって，レターの制度化によって，レターのレビューの場における経営者と監査人の関係に新たな問題がもたらされることになるのである。この点については，第4節で詳しく検討する。

図表 10-1　内部統制に関するマネジメント・レターの例

20X1年2月12日

ABC株式会社監査委員会御中
（住所）

拝啓
　ABC株式会社の20X2年12月31日をもって終了する年度の財務諸表について監査を計画および実施するに当たり，われわれは同社の内部統制構造を検討した。それは，財務諸表に対する意見を表明するために監査手続を決定するという目的から行われたものであり，内部統制構造に対する保証を与えるために行われたものではない。しかしながら，われわれは，内部統制構造およびその運用に関して，アメリカ公認会計士協会によって設定された基準のもとで報告すべき状況であると考えられる事項があると認めた。報告すべき状況とは，内部統制構造の設定または運用における重大な欠陥についてわれわれが気付いた事項であり，われわれの判断によれば，それは財務諸表における経営者の意見表明と一致した財務データを記録し，処理し，集計し，報告する組織の能力に悪影響を及ぼすものであると考えられる。

　その事項とは，売上送状および信用メモにおける顧客名，製品番号および出荷量の主要な記入に対する独立した検証が欠如していることである。その結果として，それらの活動において誤謬が発生し，訂正されないまま残される可能性がある。そうした事態が発生した場合には，記録された純売上高および売掛債権勘定の両方に悪影響を与えることになる。この欠陥は，当社の売上高が大きいことから特に重大である。現在，経営者は，新たなシステムの導入を含めて，この状況を改善するための方策を検討中である。

　本報告書は，監査委員会，経営者および社内のその他の者への情報の提供と彼らによる利用だけを意図するものである。

敬具

（署　名）
公認会計士　（氏　名）

次に，レターを制度化したことによって，レターが本来持っている有用性が損なわれたのではないかという問題がある。これは第1の点とも関連しているが，定型化され，ときに経営者の利益に反する可能性のあるレターの発行が求められるということは，多様な内容を包含し，発行先および発行時期についても機動的なものであったレターの機能を，低下させてしまう結果になっているというのである。レターに記載される，報告すべき状況とその他の事項という2種類の内容のうち，前者ばかりがクローズアップされる一方で，より有用性のある後者の報告の問題が実務上顧みられないでいるとの指摘も見られる（Stone and Frigo, 1988, pp.38-43）。

第3の点は，レターに関わる監査人の役割と責任の問題である。先に述べたように，監査人は，監査の中で気付いた報告すべき状況を通知するのであって，それを探すこと自体を求められてはいないし，一方ではまた，監査人が内部統制構造の保証を行ってはいないことやレターの用途についての制限をレター上において記述することが要請されている。さらに，監査人は，監査中に報告すべき状況は発見されなかったとの記述は行ってはならない，とも規定されている（AU325.17）。上述のように，これらの規定では，レターは内部統制構造の保証を行うものではないと考えられている。レターが提供するのはあくまで限定された保証である。これらの規定は，このようなレターが提供する限定された保証の程度についての誤解を招かないためのものであるとされている。果たしてこのような限定は妥当かという疑問が提起されているのである。すなわち，監査人が内部統制についての報告ないし保証をするのではなく，監査の中で気付いた事項の通知をするだけでよいのかということである。もちろん，そのような報告ないし保証は，マネジメント・レターによって扱われるものではないであろう。しかし，レターの制度化は，そのような報告ないし保証の問題に対して，監査人の役割と責任の拡大を回避する形で，代替的に行われたという側面も否定できない。このように論じられている。そこで，その点を検討する意味においても，次に，レターの制度化に関する歴史的経緯を検討してみよう。

第 10 章　マネジメント・レターによる内部統制報告　171

3　内部統制に関する報告の歴史的経緯の検討

　マネジメント・レターの制度化の問題は，内部統制に関する報告の制度化の問題の 1 つの側面として捉えることができる。歴史的に見れば，前者は，後者の展開の中で現れた議論であり，前者の歴史的経緯を検討するには，対象を後者のそれにまで拡張する必要があると思われる。また後者の問題は，主として，議会および SEC による内部統制に関する規制強化あるいはディスクロージャー拡充の圧力と，それに対する職業会計士団体（AICPA）の対応の歴史として捉えることができよう。したがって，以下では，内部統制に関する報告の歴史的経緯を，議会・SEC の動向と AICPA およびその前身である AIA の動向を追う形で検討してゆくことにしよう（なお，参考のため，略年表を**図表 10-2** として掲記しておく）。

図表 10-2　内部統制に関する報告の略年表

【議会・SEC の動向】	【AIA・AICPA 等の動向】
	1949 年　特別報告「内部統制」
	1971 年　SAP No. 49「内部統制の報告」
	1972 年　SAP No. 52「政府機関が設定した基準に基づく内部統制に関する報告」
1976 年　SEC「企業の違法な支払および活動に関する報告」	
1977 年　FCPA 測定	1977 年　SAS No. 20「内部会計統制上の重大な弱点についての通知の規定」
	1978 年　コーエン委員会最終報告
1979 年　SEC「経営者による内部統制報告書」	1979 年　ミナハン委員会報告 　　　　　サボイエ委員会報告
	1980 年　SAS No. 30「内部会計統制に関する報告」
	1983 年　SAS No. 44「サービス提供機関の内部会計統制に関する特殊目的報告書」
	1987 年　トレッドウェイ委員会報告
1988 年　SEC「経営者の責任に関する事項の通知」	1988 年　SAS No. 60「監査中に発見した内部統制構造についての報告」
1989 年　S&L 救済法案	
1991 年　FDICIA	
	1992 年・1994 年　COSO 内部統制フレームワーク
2002 年　企業改革法	

(1) FCPA以前

　FCPA以前には，内部統制の問題に対する議会やSECによる規制の動きはほとんど見られない。しかし，内部統制に関する報告についての規制の問題は，決して新しい問題ではなかった。たとえば，1933年10月24日付のニューヨーク証券取引所株式上場委員会から同証券取引所理事会宛の書簡において，次のような記述が見られる (May, 1936, p.130；訳書, p.85)。

　「……内部牽制組織が十分な防御手段を提供し，会社が重大な影響をもたらす使い込みから守られるはずであることを確認することに監査人が明確な責任をもつべきである，と貴理事会は考えておられるようです。監査人はそのような確信が得られないときには，その点を，まず第一に経営者に対して，そしてそれに対する経営者による行動がない場合には株主に対して，はっきりと表示すべきであります。……」

　ここに見られるように，内部統制に対する監査人の責任の問題やそれについての監査人による通知の問題は，当時から規制当局側においても課題とされていたのである。

　一方，職業会計士団体の側では，1949年の特別報告「内部統制」において，初めて内部統制に関する報告の問題についての見解が示されている[111]。そこでは，監査人による内部統制の評定の目的の1つとして，経営者に対する内部統制の欠陥の改善のための勧告および助言が可能となることがあげられている。

　そのような見解が示されていたにもかかわらず，具体的な監査基準として内

---

111) AIA, CAP, *Internal Control- Elements of Coordinated System and its Importance to Management and the Independent Public Accountant*, 1949, AIA.
　なお，内部統制に関する報告とは言えないが，1939年にAIAから公表された監査手続書 No.1「監査手続の拡張 (*Extensions of Auditing Procedure*)」では，標準監査報告書の範囲区分において，「われわれは同社の内部統制および会計手続を検閲し，……」という記述が見られる。なおこの記述は，1947年に公表された「監査基準試案 (*Tentative Statement of Auditing Standards-Their Generally Accepted Significance and Scope*)」において，削除され，新たな記述である「一般に認められた監査基準に準拠して」という部分に含められることになった。

部統制に関する報告の規定が初めて登場するのは，その特別報告から20年以上後の1971年，SAP No.49「内部統制の報告 (*Report on Internal Control*)」においてである。SAP No.49では，監査人による内部統制についての報告の意義を，その報告を利用する可能性のあるさまざまな利害関係者にとっての有用性という観点から検討するとともに，そのような報告書の様式を示している。それによると，監査人による内部統制に関する報告が，経営者，行政機関および他の監査人にとって有用なことは明らかであるとされているが，一般投資家にとって有用であるかどうかについては一致した見解を示すまでには至っていない。それでもなお，ここでの検討内容には，内部統制に関するマネジメント・レターの幅広い利用可能性，特に一般投資家にとっての利用可能性を認める立場からの議論が見受けられるという点で非常に興味深いものである。なお，SAP No.49の追加的な基準として，1972年にSAP No.52「政府機関が設定した基準に基づく内部統制に関する報告 (*Reports on Internal Control Based Criteria Established by Governmental Agencies*)」が公表されている[112]。

(2) FCPAとその影響

内部統制の領域における制度上の最大のメルクマールは，1977年のFCPAの制定であろう。その背景には，ウォーターゲート事件を契機として，企業による政治に関する不正支払の問題が大きな社会問題となっていたという社会的状況がある。それは，贈賄禁止規定と会計規定という，実質的に目的および効力を異にする2つの規定からなる法律である。そのうち前者は，以前からあった贈賄禁止法 (Corrupt Practices Act) が国内での政治的な不正支払だけを規制対象とするものであったのを補足して，海外における政治的な不正支払をも禁止する規定であった。一方後者は，SEC規制下にある企業に対して，記帳とそれに対する内部統制システムの整備・運用を義務づけるものであった。ここに，内

---

[112] 本章では取り上げないが，政府機関におけるマネジメント・レターの問題も重要な検討課題の1つである。この問題については，たとえば，Cox and Wichman (1991) などを参照されたい。

部統制の整備・運用が法定されたのである。

　ここで問題とすべきはこの会計規定であるが,その制定とそれ以後の規定の解釈においては,SECの意向が大きく反映されている。SECはまず,FCPAの審議に先立って,1976年に「企業の違法な支払および活動に関する報告 (*Report of the Securities and Exchange Commission on Illegal Corporate Payments and Practices*)」を作成し,その中で,議会に対して,適切な内部統制の設定・維持を求める法律の立法の勧告を行っている。この勧告の結果として,FCPAに会計規定が含まれることとなったのである。その上SECは,議会での法案の審議とは別に,1977年1月に公表した通牒でSEC規則の修正を提案し,同報告書の提案の制度化を図っている (Release No.34-13185)。このことは,内部統制の制度化を何としてでも実現しようとするSECの姿勢をうかがわせるものである。また,FCPAの会計規定は抽象的であったために,FCPAが制定された後においても,SECがその解釈・運用に自らの見解を投影させる余地があった。すなわち,SECはFCPAに関して2つの通牒を公表しているが,そのうちの第2の通牒 (会計連続通牒 No.242) では,内部統制に対するレビューの重要性が指摘されている。これは,FCPAの会計規定にはないSEC独自の見解であって,後述のSECの提案につながるものであるといえよう。

　さて,1977年は,SAS No.20が公表された年でもある。この時期にAICPAが内部統制の重大な弱点についての通知を義務付けた背景としては,① FCPAの制定に至る背景としての,企業の不正（の防止）に対する社会的関心の高まり,② FCPAによって内部統制が法定されることによる,企業における内部統制整備の必要性,および③ 内部統制の制度化へ向けてSECが見せた積極姿勢,があるように思われる。さらに,職業会計士という立場からは,クライアントに内部統制の整備・運用を改善させて監査訴訟に備えるという,より具体的な目的があったといえよう。この姿勢は,マネジメント・レターを,内部統制に関する報告への関与とか内部統制の改善への積極的な参加といった考え方によってではなく,自らの責任の限定ないしは回避の手段として,制度化を図ったものと言わざるをえないのである。その後,SAS No.20による報告,すなわち内

部統制に関するマネジメント・レターの様式を統一するために，1980年にSAS No.30が公表されることになった。

(3) コーエン報告書とSECの提案

1970年代になって顕在化してきた期待ギャップの問題に対処するためにAICPAによって設置された「監査人の責任に関する委員会 (the Commission on Auditors' Responsibilities；通称コーエン委員会)」は，1978年に最終報告をまとめた。同報告書は，監査制度の改革の枠組みを示したものであるが，内部統制に関する報告の問題についても，以下のような勧告を行っている[113] (記号は，後の議論のために筆者が付けたものである)。

- 経営者が，経営者報告書 (a management report) において，①内部統制の整備・運用の状況と，②内部統制における弱点の修正を求める監査人の勧告に対する経営者の対応，を開示すること。
- 監査人は，監査報告書において，③経営者報告書における内部統制についての経営者の陳述に同意するかどうかについて，および④修正されないままの内部統制における重大な弱点が経営者報告書で明らかにされていない場合には，その弱点について，言及すること。

AICPAは，この勧告に対して，内部統制に対する経営者の責任とその評価についての経営者の陳述を年次報告書に含めることには賛成したが，それについて監査人が関与することには反対した。

一方，SECは，1979年4月，「経営者による内部統制報告書 (*Statement of Management on Internal Accounting Control*)」(Release No.34-15772) という提案を公表し，その中で，(a)経営者による内部統制報告書を開示するとともに，(b)それに

---

[113] AICPA, The Commission on Auditors' Responsibilities (1978), *Report, Conclusions, and Recommendations*, AICPA, 1978, p.xxiii and pp.62-63.（鳥羽至英訳『財務諸表監査の基本的枠組み―見直しと勧告―』，白桃書房，1990年。）

対する監査（examine）を実施することを提案したのである[114]。これは，コーエン報告書の勧告内容とほぼ同じ内容である。

SECは，この提案を2段階で実施に移そうとしていた。すなわち，第1段階（1979年12月15日から1年間）は，(a)のみを求め，第2段階（1980年12月15日以降）では，(a)(b)両方を要求するというものである。また，監査の問題についても，第1段階では，経営者が，監査人によって指摘された内部統制に関する重大な弱点と，それを修正しない理由を開示し，第2段階に入ってから，監査人が，経営者による内部統制報告書の監査を実施するとしている。このような提案の実施過程から指摘できることは，SECがマネジメント・レターの内容およびそれに対する経営者の対応の開示を求めようとしたこと，ならびに，その開示は，内部統制報告書の監査の事前段階とでもいうべき段階に位置づけられているという点である。これらの点は，後の1988年のSEC提案を考える上で，また，その後の動向を予測する上で重要であると思われる。

さて，このようなSECの提案には，AICPAを含む関係者から多くの批判が寄せられたため，SECは，この提案を1980年6月に一時棚上げとし，その後，1982年1月に廃案にした。しかし，この提案は，SECによる廃案の理由にも見

---

[114] 1979年には，財務担当役員協会（Financial Executives Institute）とAICPAの「内部会計統制に関する特別諮問委員会（the Special Advisory Committee on Internal Accounting Control；通称，ミナハン委員会）」から，それぞれ内部統制についての報告書が公表されている。前者は，コーエン委員会によって提案された，経営者報告書における経営者の内部統制に対する責任と評価についての陳述の開示を，同協会に加盟する企業に奨励している（ただし，その強制や監査人の関与については反対）。また後者が示した内部統制についての概念は，SECによって示された内部統制の評定のための「概念要素（conceptual element）」という枠組みに取り入れられている。したがって，これら2つの報告書は，コーエン報告書とともに，SECの提案の内容とその提案を行う環境作りの面で大きな意義をもっているといえよう（詳しくは，Beresford（1980）を参照されたい）。

また，同年，経営者報告書について，AICPAの「経営者報告書に関する特別諮問委員会（the Special Advisory Committee on Reports by Management；通称，サボイエ委員会）」の報告書も公表されている。

第10章 マネジメント・レターによる内部統制報告　177

られるように，経営者報告書において内部統制についての陳述を開示する慣行
の普及をもたらしたのである。

(4) 新 SAS と SEC の新提案

1980年代に金融界で発生した多くの企業倒産を契機として，AICPA を中心
とした諸団体によって設立された「不正な財務報告に関する全米委員会 (the
Commission on Fraudulent Financial Reporting)」は，1987年に報告書（以下，トレッド
ウェイ報告書という）を公表した。同報告は，財務報告における不正の発見に監
査人が積極的な役割を果たすべきであるという立場をとっており，内部統制に
関する報告の問題についても，コーエン委員会以上に積極的な勧告を行ってい
る。それは次のようなものである[115]（記号は筆者による）。

・経営者は，経営者報告書において，①内部統制に対する経営者の責任，②
　その責任の遂行状況，および③内部統制の有効性についての経営者の評価
　を示すこと。
・監査人は，監査報告書において，④監査人の実施した内部統制の調査・評
　定の範囲の説明 と，⑤経営者報告書における内部統制に対する経営者の評
　価と監査人の評価が異なる場合にはそれについての言及，を行うこと。

さて，同報告書は，先のコーエン報告書とともに，AICPA の ASB によって
1985年以来進められていた新 SAS 設定のプロジェクトに影響を及ぼしたとい
われている。しかし，こと内部統制に関する報告の問題に限ってみるならば，
両報告書の勧告内容は，ほとんど実現されなかった。新 SAS の１つとして
1988年に公表された SAS No.60 は，SAS No.20 および SAS No.30（pars.47-53）
に代わるものであるが，その変更内容は，両 SAS に対する批判点への対処と
しての変更と他の新 SAS との調整の必要から生じた変更に過ぎない。前者は，レ
ターの利用者が，レターに含まれる用語を理解することが困難であるという批

---

115) The National Commission on Fraudulent Financial Reporting, *Report of National Commission on Fraudulent Financial Reporting,* AICPA, 1987, p.44 and p.57.（鳥羽至英・八田
進二訳『不正な財務報告―結論と勧告―』，白桃書房，1991年，p.49 および p.73）

判,ならびに,重大な弱点という概念が不明確で実務上利用困難であるという批判への対処である。また後者は,SAS No.55「財務諸表監査における内部統制構造の検討 (Consideration of the Internal Control Structure in Financial Statement Audit)」において内部統制構造という概念が新たに用いられたことによって,特定の統制手続に関する欠陥だけではなく,統制環境と会計システムにおける欠陥の通知をも含む幅広い概念(「報告すべき状況」)を導入する必要が生じたこと,ならびに SAS No.55 を含む他のいくつかの新 SAS 同様,監査委員会と監査人の連携を図るために,通知先を監査委員会へと変更したに過ぎない。

しかしながら,トレッドウェイ報告書が公表されたことによる影響は,SEC および議会において現れた。まず SEC は,1988 年,「経営者の責任についての報告」という新たな提案を公表した。それは,各企業に対して,経営者報告書において,

(ア) 最も,最近の会計年度における内部統制構造の有効性に対する経営者の評価,

(イ) 内部統制構造に関する,内部および外部監査人による重要な勧告に対する経営者の対応,

(ウ) 経営者が財務諸表の作成および内部統制システムの設定・維持に責任をもつこと,

を表示することを求めるとともに,監査人に対しては,それらの点についての証明(attest)を行うことを求めている。

この提案のうち,(ア)と(ウ)は,それぞれトレッドウェイ報告書の勧告の③と①に対応するものであり,残りの(イ)は,先のコーエン報告書における②と同じである。また,1979 年の提案では内部統制報告書による開示を求めていたのに対して,1988 年提案では,経営者報告書による開示を求めているという違いがある。したがって,SEC は,トレッドウェイ報告書の勧告内容を踏まえ,また,すでに広く行われつつあった経営者報告書の慣行を前提として,再び 1979 年提案の内容を再提案してきたものということができよう。SEC がこの提案を行った背景には,先に述べたように,新 SAS においては内部統制に関する報告

第10章　マネジメント・レターによる内部統制報告　179

について新たな基準が設けられなかったことに対するSECの不満があると思われる。

　また，監査人の関与の問題については，新SASで監査手法にリスク・アプローチの導入が図られ，内部統制に関するマネジメント・レターの制度化も定着している状況において，監査人は，「内部統制の設定に関する問題点やその運用において重要な欠陥が生じる多くの状況を認識できる立場にいるはずである」との見解が示されている。これは，1979年の提案では，レターに関する開示を，経営者による内部統制報告書に対する監査の事前段階と位置づけていたことと比べると，制度として定着しているレターを内部統制の改善の手段として活用してゆこうとするSECの考え方の現れと見ることができよう。

　この提案に対しては，そのうち(ア)と(ウ)には賛成意見も多かったが，やはり，(イ)および監査人の関与の問題については，圧倒的に反対意見が表明され，同提案は，実施に移されることはなかったのである。

　一方，議会では，トレッドウェイ委員会報告書の勧告を背景として，会計検査院（General Accounting Office: GAO）が，1989年に提案した貯蓄貸付組合救済法案（the Savings and Loan Association Bailout Bill）では，経営者と監査人に対して，内部統制および法規への準拠性についての報告が求められていた。

　最終法案では，この提案部分は削除されたものの，その後，この議論は，次章で検討するFDICIAの議論に繋がっていき，大規模金融機関における内部統制報告の制度化が実施されることとなるのである。

4　マネジメント・レターをめぐる経営者と監査人の関係

　マネジメント・レターの制度化がもたらした問題の1つとして，レターの発行やその内容に関する経営者と監査人の関係の問題がある。そのことを，合理

的選択理論（Rational Choice Theory）[116]に基づいてに整理してみよう。

初めに，前提となる事柄として，以下の事柄がある。

- 経営者は FCPA によって適切な内部統制の立案・運用を義務付けられている。したがって，経営者は，内部統制の不備について過失責任を問われる可能性がある[117]。
- マネジメント・レターは，訴訟において重要な証拠として召喚される可能性がある[118]。
- 重要な欠陥の通知は，必ずしもレターによらなくても構わないと規定されている（口頭による通知も認められている）。
- 監査人は，内部統制の欠陥の通知を事前に行っていたならば，それに関する不正についての責任を問われないことが判例[119]で示されている。
- レターの送り先は監査委員会である。監査委員会が経営者にとって敵対的な関係にある場合もある。
- レターの発行に当たっては，経営者と監査人がその内容を事前にレビューすることが慣行となっている。
- レターの内容は，内部統制の改善に役立つ場合がある。
- 経営者は，経営管理目的において内部統制の効率的な運用に関心がある。

---

116) 一般に，合理的選択理論とは，社会学理論において，社会的行為を，その行為を行う「個」にとってのコストーベネフィットの計算に基づく合理的選択の結果として捉えようとする考え方である。社会におけるコンフリクトと協調の問題に対する説明に優れた理論であるとされている。ここでは，コストーベネフィット計算の問題には立ち入らず，目的と行為の関係に限定して議論を進めている。

117) 盛田（1987, pp.259-262）では，内部統制に関する訴訟において SEC が示した見解について検討するとともに，8件の事例について解説を行っている。

118) たとえば，Baliga (1994) によれば，連邦預金保険公社 (the Federal Deposit Insurance Corp.) に対する訴訟の中で，同社が買収した Territory 貯蓄貸付組合の監査人が発行したマネジメント・レターが重要な争点となったという。そのレターは，Territory 社の取締役会による貯蓄および貸付に影響を与えるようなさまざまな経営上の失敗を指摘するものであった。

119) たとえば，*International Laboratories, Ltd. v. Dewar* (1933) における判例など。

・監査人は，監査を行う上でクライアントの内部統制の整備に関心がある。
・監査人は，経営者から監査報酬を得ている。

　このような状況下で，経営者と監査人は，それぞれの立場においてどのような目的を持ち，それに基づいてどのような行動を採ると考えられるのだろうか。
　まず経営者の目的は，内部統制の効率的な運用と，FCPAに関する法的責任および監査委員会による経営者の責任の追及の回避にあると措定できる。前者の目的によればマネジメント・レターの勧告・助言は好意的に受け取られるであろうが，後者の目的からすると，監査人に対して，経営者にとって都合の悪いレターの発行を禁じる，あるいはその内容を変更させようと働きかけることが予想される。他方，監査人の側では，監査の適切な実施，監査訴訟における監査人の責任追及の回避，およびクライアントとの良好な関係の維持をあげることができよう。
　このうち，前二者の目的に従えば，レターにおいて内部統制について必要と判断した改善事項をすべて通知することになり，3つ目の目的に従えば，経営者の求める要望に応じてレターの発行をやめたりレターの内容を変更したりするであろう。ここに想定した経営者と監査人におけるそれぞれ2種類の目的およびそれに基づく行動のうち，どちらが選択されるかは，レターにおいて扱われる事項の重要性によって決まることになるであろう。すなわち，経営者については，あるレターの提供する勧告・助言のもたらす便益がそのレターの発行によって生じるリスクまたは不利益を上回るかどうかが判断基準となり，また監査人については，レターによって通知しうる事項の監査に占める重要性が基準となろう。
　さて，ここで問題となるのは，経営者がレターの発行や内容に干渉しようとして監査人と対立した場合である。この問題については，ウォレス（Wallace, Wanda A.）による著名な先行研究がある（Wallace, 1992）。ウォレスは，レターをめぐる経営者と監査人のパワー・バランスを検討するために，101社における1975年から1979年にかけてのマネジメント・レターを調査したのである。以下，その研究の概要を示してみよう。

彼女はまず，次の仮説を設定した。

仮説0：「FCPA以降に被監査会社に対して発行されたマネジメント・レターにおいては，特に，同じ企業群について，1977，1978および1979年に発行されたレターと比べて，1975および1976年に発行されたレターにおいては，そこで提供されている実質的な開示内容に変化はない。」

そして，この仮説を検証するために，主に以下の項目について各年度ごとにレターの分析を行っている。

・レターの発行数および頁数。
・以前レターで示されたコメントが再び掲記される頻度。
・レターに厳しいコメントが示される頻度。
・レターのコメントに対する経営者の対応等についての言及。

検討の結果得られた結論は，上記の仮説は実証されたということである。すなわち，監査人は，（FCPAが制定され，レターが制度化された）1977年以後もそれ以前と同様に，内部統制に関する問題点を指摘していること，および，それに対して経営者が何の行動もとらない時には再びそれを掲記していることが明らかとなった。したがって，監査人は，経営者からの圧力に対して屈しないだけでなく，監査基準に規定されていない，経営者の望むところに反するような行為をも行いうる力を有しているということができる。

ウォレスは，この研究成果が以下の主張の根拠となると述べている。

(1) オピニオン・ショッピングは成功しない。
(2) 監査人は，長期にわたる関係を持っている大規模な被監査会社の経営者からの圧力をも含む，クライアントによる圧力に関して，独立性の問題を経験していない。
(3) 監査人は，彼らの第一義的な責任は大衆および株主に対するものであることを認識している。

さらに彼女は，この研究は1977年の前と後との比較によるものであるが，これをもってSECの1988年提案や議会における同様の法案が制度化された際

にもたらされる影響について類推することができるとして，その場合，監査人の力は，開示実務において支配的なものになるだろうと予測している。

以上が，ウォレスの研究の概要である[120]。この研究成果は，マネジメント・レターの機能に新たな視点を提供してくれるように思われる。すなわち，レターの発行および内容に関して，監査人が，主体的に行動することができるのだとすれば，その上，経営者が望まないようなレターの発行も可能なほどの支配的な力を有しているのだとすれば，レターは，経営者の不正に対する牽制ないし抑止機能を持つものとして捉えることができよう。さらに，ウォレスも類推しているように，一連の内部統制に対する規制強化の動向およびレターの制度化は，監査人にとっての新たな用具を提供するものなのではないかとも思われるのである。

本節の検討内容を，まとめたものが，**図表 10-3** である。

---

[120] 彼女は，この論文の他にもマネジメント・レターに関する別の調査（Wallace, 1988）を行っているなど，マネジメント・レターに関する多くの研究業績を残している。とくに，マネジメント・レターの内容が一般には公開されない秘密性の高いものであることから，彼女が提示しているさまざまなデータは，貴重な資料とされている。

184　第Ⅱ部　内部統制に対する会計プロフェッションの関与

図表10-3　マネジメント・レターをめぐる経営者と監査人の関係

〔経営者〕　　　　　　　　　　　　　　　〔監査人〕

・内部統制の効率的運用
・FCPAに関する法的責任等の追及　　〈目的〉　・監査の適切な実施
　の回避　　　　　　　　　　　　　　　・監査訴訟における責任追及の回避
　　　　　　　　　　　　　　　　　　　・クライアントとの良好な関係の維持

・レターのもたらす利益と　　〈行動の決定要因〉　・レターによって通知する事項
　レターによって生じるリスク　　　　　　　　　　の監査に占める重要性
　（不利益）との比較

┄┄┄┄┄┄┄┄┄ レターのレビューの場における対立 ┄┄┄┄┄┄┄┄┄

・レターの発行に関する問題
　　　　・通知を行うか，否か。
　　　　・文書か，口頭か。

・レターの内容に関する問題
　　　　・経営者にとって望ましくない内容を
　　　　　載せるか，削除するか。
　　　　・経営者にとって望ましい事柄を
　　　　　載せるか，載せないか。
　　　　　　　　　　　　　　　　　　etc.

実証研究における調査

・レターの発行数および頁数。
・以前レターで示されたコメントが再び掲記される頻度。
・レターに経営者にとって厳しいコメントが示される頻度。
・レターのコメントに対する経営者の対応等についての言及。

⇩

レターの発行および内容に対する監査人の強力な支配力の存在

⇩

レターの牽制・抑止機能

5 マネジメント・レター制度化の意義と日本の状況

　本章では，マネジメント・レターの制度化の意義について，制度化によるレターの内容（および形式）の変質，レターを含めた内部統制に関する報告の歴史，およびレターをめぐる経営者と監査人の関係という点から検討してきた。

　マネジメント・レターの制度化は，内部統制報告に対する規制の議論の中で出てきた問題であり，監査人による内部統制報告への関与の第一段階として位置づけることができるものである。内部統制報告問題に対する AICPA の姿勢に明らかなように，監査人の責任を内部統制の保証まで拡充させたくないとの会計プロフェッション側の意向が，その制度化の一因であったとも言えよう。その意向はレターにおけるさまざまな限定事項の表明にも現れている。また，レターは，制度化されたことによってその内容を変質させた。そのことに対して疑問を呈する意見もある。しかし，実証研究が示すところによると，レターの実務においては監査人が大きな支配力を有しており，レターに対して，経営者に対する牽制・抑止機能を期待できるものである。

　なお，日本においては，長くマネジメント・レターを制度化する規定は置かれていなかった。その背景には，実務上の慣行としてマネジメント・レターが定着していなかったことや，日本の場合，つい最近まで取締役会内に英米のような監査委員会の存在がなく，その一方で監査役会に関しては，商法特例法のもとでの会計監査人監査において，監査役が会計監査人たる会計プロフェッションの監査内容および結果が相当であるかどうかを判断することとなっているために，監査役会とのコミュニケーションを会計プロフェッションの実務指針で規定するという議論が成立しにくい状況にあったのかもしれない。

　しかしながら，2002年1月に全面改訂された監査基準において，先に述べたように，COSO の内部統制概念フレームワークを全面的に受け容れたことを背景として，内部統制にかかる欠陥の通知が実務指針に盛り込まれることとなったのである。

日本公認会計士協会では，改訂監査基準を受けて，2002年7月11日に，従来の実務指針であった監査基準委員会報告書第4号「内部統制」を廃止し，監査基準委員会報告書第20号「統制リスクの評価」を公表している。その中で，監査人が，統制リスクの評価の過程等で，内部統制の欠陥を発見する場合の対応について，「内部統制の重大な欠陥」と「内部統制の不備」とに分類して，次のように規定しているのである。

まず，財務諸表の重要な虚偽の表示を防止または発見できないと思われる内部統制の重大な欠陥を発見した場合には，速やかに，適切な経営者または役職者および監査役に当該欠陥を報告し，改善を求めなければならない（99項）。

一方，それよりも重要性の程度の低い，内部統制の不備を発見した場合には，可能な限り速やかに，適切な役職者に適切な方法で報告し，改善を求めることが必要である（100項）。

いずれの場合も，あくまで監査人が財務諸表監査の過程で発見した事項に関する対応として規定されているのであって，監査人には，内部統制の重大な欠陥または内部統制の不備を発見することは求められていない。また，実施した手続等を示さずに，内部統制の重大な欠陥や内部統制の不備を発見しなかったことを経営者等に報告してはならないとされている（102項）。

このように，日本においても，漸くマネジメント・レターによる内部統制に関する通知が制度化されることとなった。これは，日本における内部統制報告の制度化の第一段階と位置づけることができるように思われるのである。

第11章
金融機関における内部統制報告
―FDICIA の制定とアテステーションの枠組み―

1 内部統制報告に関する議会の動向

　アメリカの状況をもとに，監査人による内部統制報告書問題の歴史的経緯を現時点で振り返ると，3つの大きなメルク・マールがあったことに気付く。それは，1977年のFCPAの制定，1991年のFDICIA，および2002年の企業改革法の制定である。他の監査実務の場合とは若干異なって，これら3つの法律の制定が，内部統制報告書問題の大きな展開をもたらす契機となったといえよう。このうち，FCPAについては，前章において，マネジメント・レターの制度化の契機として捉えて論じてきた。本章では，FDICIAについて検討することとする。

　FDICIAは，1980年代の金融機関の経営破綻を契機として議会での審議が始まった法律（案）であり，FDICの構造改革および連邦預金保険機構に加入している金融機関への規制強化を目的としている。その規制強化の方策として同法は，大規模金融機関に，内部統制に関する経営者報告書と，同報告書で経営者が示した見解に対する監査人によるアテステーションの作成・公表を義務づけたのである。同法が制定される以前にも，SAS No.20やそれに替わるSAS No.60などのように，アメリカの監査実務において古くから行われてきたマネジメント・レターの慣行を，監査人から経営者への通知に関する規定として制度化したものはあった。それに対してFDICIAでは，規制対象は金融機関に限られていたものの，一般への開示を目的として，内部統制報告書の作成・公表およ

びそれに対する監査人のアテステーションが義務づけられたのである。さらに，議会やGAOは，数年にわたる同法の審議過程ならびに法案成立後に繰り広げられた議論の中で，すべての公開企業に同様の規定を設けようとした。それに対してプロフェッション側では，それらの議論において自らの立場を表明して，公開企業一般を対象とする制度化を回避することに成功したのである。このように，FDICIAの成立を機に，内部統制報告書問題は一般化の段階に入ったということができよう。

本章では，FDICIAに先立つSECと議会の動向を，一般報告目的の内部統制報告という観点で再整理した上で，FDICIAの意義と成立経緯，FDICIA成立後の議論を検討する。それらの検討内容を踏まえて，内部統制報告書問題の焦点を明らかにしたい。

2　FDICIAに先立つ議会とSECの動向

(1) SECの動向

SECは，FDICIAの成立以前に，2度にわたって，一般向けの監査人による内部統制報告書の作成・公表を提案している。まず，1979年4月には，「経営者による内部統制報告書」という提案を公表し，その中で，経営者による内部統制報告書を開示するとともに，それに対する監査（examine）を実施することを提案した。しかしこの提案は，実施コストの点および監査人の責任を拡大するという点で，会計プロフェッションを中心として多くの関係者の批判を受けた。SECは，1980年6月に提案を一時棚上げにし（Release No.34-16877; ASR 278），その後，1982年1月に次のような理由によって廃案とした（Release No.34-18451; ASR 305）。

「企業にとっての内部統制に関する有効なシステムの重要性が減少したわけではないが，本委員会は現在，そのようなシステムについての開示を求める規定の必要はないと考えている。本委員会は現在，ASR278の発行以来の展開から見て，プライベート・セクターがそのような開示の必要性および性

格を決定すべきであると考えている。本委員会は，この結論に達するに当たって，この領域におけるプライベート・セクターの大きなイニシアティブとともに，大企業の証券保有者に対する経営者報告書の数が増えていることを考慮した。」

この廃案理由には注意する必要がある。まず第1に，1982年当時，経営者報告書において内部統制についての陳述を開示する慣行が普及していたことが述べられている。これは，1979年の提案によってもたらされた効果といえよう。そのような自主的開示の普及は，SEC提案の撤回を導いただけではなく，後に現在の内部統制報告の枠組みが成立する基盤となったのである。また，この廃案理由の中でSECは，会計プロフェッション側の自主的規制を見守る立場を示している。後述するように，議会による内部統制報告書制度化の動きの中で，SECはこれと同様の見解を示して，直接SECが規制を行うことに反対している。したがって，この見解はその後のFDICIAの議論にまで通じるSECの基本的立場となったといえよう。

SECによる2度目の提案は，1988年の「経営者の責任についての報告」である。そこでは，各企業に対して，経営者報告書において，
・最も最近の会計年度における内部統制構造の有効性に対する経営者の評価，
・内部統制構造に関する，内部および外部監査人による重要な勧告に対する経営者の対応，
・経営者が財務諸表の作成および内部統制システムの設定・維持に責任をもつこと，

を表示するよう求めるとともに，監査人に対しては，それらの点についてのアテストを行うことを求めている。

この提案は，当時普及していた経営者報告書の慣行を取り入れている点を除いて，ほぼ1979年提案と同様の内容といえる。SECが再び提案を行った理由の1つとしては，AICPAのASBによって1985年以来進められていた新SAS設定のプロジェクトが，最終的に，内部統制報告の問題については，コーエンならびにトレッドウェイ両報告書の勧告内容をほとんど実現しなかったことに

対する不満があったと考えられる。またSECは，同提案の中で，監査人は「内部統制の設定に関する問題点やその運用において重要な欠陥が生じる多くの状況を認識できる立場にいるはずである」との見解も示している。

その後この提案も，監査人の勧告への経営者の対応の開示規定と，監査人のアテストの規定が，関係者からの多くの反対を受け，最終的なルールの公表に至っていない。最終的なルールが公表されなかった理由は，FDICIAの法案審議を見守るという配慮，および，プロフェッション側で進められていたガイドライン作成作業の成果（COSO内部統制フレームワーク）を取り入れるためであるといわれている（Verschoor, 1991）。AICPAも当時，提案に対する反対意見として，次のような見解を示している。すなわち，AICPAは，

・経営者および監査人が内部統制の有効性について一貫して判断できるための基準を，COSOが作成中であること，
・ASBが独立の監査人が内部統制について報告する際の明確な指針を作成中である，

という点から，SECの提案は時期尚早と主張したのである（Anonymous article, 1989）。このような経過からSECは，内部統制報告書の制度化についてイニシアティブを一時的に棚上げし，議会および会計プロフェッションの動向を見守る立場をとったのである。

(2) 議会の動向

議会においては，FDICIA以前にも，内部統制報告書の制度化の動きがあった。まず1988年には，下院のエネルギー・商業委員会の監視・調査小委員会（the Subcommittee on Oversight and Investigations of the Committee on Energy and Commerce）のディンゲル（Dingell, John D.）委員長が，SECに対して，次のように要求している。すなわち，SECが現在の権限を行使して，規則（rule）または規定（regulation）によって，内部統制報告に関するトレッドウェイ委員会の勧告を実施することは可能かどうか，を明らかにするよう求めたのである。これはSECに，内部統制報告のイニシアティブをとるよう求めたものと読み取れるで

あろう。それに対する回答として,SEC は,会計プロフェッションの自主的規制を見守る立場を表明しているが,同年,前述したような再提案を行っており,この経緯は,議会と SEC の関係を考える上で興味深い。

続いて翌 1989 年には,GAO が,『貯蓄貸付組合救済法案』を提案している。そこでは,経営者と監査人に対して,内部統制および法規への準拠についての報告が求められていた。この規定部分は,最終法案では削除され,実施されることはなかったが,FDICIA 成立後に本格化する GAO のイニシアティブの端緒として捉えることができよう。

また,1990 年には,ワイデン（Wyden, Ron）下院議員,下院の通信・金融小委員会（House Telecommunication and Finance Subcommittee）委員長 マーキー（Markey, Edward），および上述のディンゲル議員が,『財務上の不正の発見および開示に関する法案』(Financial Fraud Detection and Disclosure Act; H. R. 3159) を議会に提出した[121]。それは,FDICIA 同様,経営者と監査人に,公開企業の内部統制構造に関する報告を求めるものであった。同法案における問題点は,次の 2 点にまとめられよう（Verschoor, 1991）。まず第 1 の点は,そのような報告を行うことによって公開企業に生じるコストが,報告によって投資家等にもたらされるベネフィットを上回るという趣旨の反対意見が表明されたことである。このコストの問題は,SEC 提案に対する反対意見にも見られたように,内部統制報告問題における一貫した論点といえよう。また第 2 の点は,その法案によれば,監査人は違法行為を報告するという新しい責任を負うと規定されていたものの,一方で,内部統制の欠陥について見落としがあったことによって生じた損害について,その行動が誠実に行われていたならば,法的責任を負わないことも規定されていたことである。これには,同法案の作成に協力した監査事務所や AICPA の見解,すなわち監査責任の拡張を回避し企業の破産に伴う訴追を免れたいという意識に基づく見解が強く影響していると考えられる。法案への反対

---

121) この法案に先立って,1986 年 5 月 (H. R.4886),1986 年 8 月 (H. R.5439),および 1988 年 8 月 (untitled discussion draft) にも,彼らによって,同じ趣旨の法案が提出されている。

意見として，このような免責規定のもとでの効果に疑念が示されたのは当然のことであろう。結局，同法案は，同年10月に下院を通過したが，上院において支持を得られず失効し，成立には至らなかった[122]。

3 FDICIA の成立経緯

(1) 法案提出の背景

1980年代に発生した，S&Lを中心とする金融機関の経営破綻問題は，議会においても大きな懸案であった。議会は金融機関に対する規制改革に着手し，1989年に，『金融機関の改革，復興および強制執行に関する法律』(the Financial Institutions Reform, Recovery and Enforcement Act: FIRREA) を成立させた。次に問題となったのが，FDICの改革である。

当時，金融機関の清算に備えて，銀行に対する連邦預金保険のためにFDICによって管理されている基金である，銀行保険基金 (the Bank Insurance Fund) に公的資金を投入する必要があった。しかし，将来再びS&L問題のような経営破綻が起きた場合には，またもや預金保険の支払のために税金である公的資金を投入することになる。そこでGAOは，基金への追加的資金投入に併せて，

---

122) その後，FDICIAの成立後のことではあるが，同法案は，内容を改訂して，1992年に上程された (H. R. 4313)。それは，以下のような規定内容をもつものであった (Anonymous article, 1992a)。
 ・監査人は，経営者によって適時に訂正あるいは報告されなかったいかなる不正も，SECに報告しなければならない。
 ・SECは，監査人が，違法行為を発見し報告する方法，関連する利害関係者取引を識別する方法，および事業主体のゴーイング・コンサーンとして存続する能力を評価する方法を規定しなくてはならない。
 ・セーフ・ハーバー規定として，1996年1月1日以降に始まる会計年
  度まで，監査人の義務を不正行為の報告に限定する。
  この改正案は，H. R. 3159と同様に，下院は通過したが，その年の秋に上院で廃案となった。ここでは，提案者の問題意識が内部統制から不正の発見やゴーイング・コンサーン問題へと変化していることがわかる。

FDICの構造,監督および規制に関する大規模な変更と,預金保険機構に保護されている金融機関の財務報告システムの強化策を提案した。その提案こそが,後にFDICIAとなる法案である。事実,FDICIAにおいても,目的の1つとして,「保険に加入している金融機関の監督および調査を改善すること」があげられている(House Report No.102-330, p.95)。

　このように,改革の焦点は,納税者が銀行の破産によって負担を被る危険性を減少させることにあった。それが内部統制報告の制度化に結び付くのは次のような論理からである。まず,金融機関の経営破綻を防ぐには,その大きな原因となりうる経営者不正に対処しなくてはならない。経営者不正は内部統制の枠外で起こると解される。したがって,従来のように,ただ内部統制の有効なシステムを策定・維持するだけでは不十分である。コーポレート・ガバナンスの確立によって,内部統制の機能との整合化の上で,経営者不正に対処する必要がある。そのような視点に立つとき,内部統制に対する経営者の責任の明確化を図り,それを外部に報告させることが求められる。また,監査人についても,コーポレート・ガバナンス強化の一手段として位置付けられ,従来のような単なるサービスの1つとして内部統制の欠陥を経営者に通知するというのではなく,より積極的に内部統制の欠陥の発見に関与するように,内部統制報告が義務付けられるのである。FDICIAの内部統制報告規定は,このような論理から導かれたものといえる。

　ここで注意しなくてはならないのは,この論理は,コーポレート・ガバナンスを強化するという観点から出発しており,内部統制報告書の利用者にとってのベネフィットまたは有用性といった目的への適合性は斟酌されていないという点である。また,かつてSEC提案に対する反対理由にあった,企業(この場合は,金融機関)にとってのコストについても考慮の外である。さらに,少なくともこの法案提出の趣旨としては,監査および監査人を内部統制の欠陥の発見に有効な一手段として位置付けているといえよう。これらの点については,後段で改めて検討したい。

(2) FDICIA の内容

FDICIA (Public Law 102-242) は，1991年12月に成立し，1992年12月31日より後に始まる会計年度から適用されている。同法は，先に述べたように，FDIC の構造，監督および規制に関する改革規定と，金融機関の財務報告システムに関する規定からなる。そのうち，内部統制報告に関する規定は以下のようなものである。

section 36 (b)：

経営者は，
(1) 適切な内部統制構造および財務報告手続を策定・維持することについての経営者の責任の表明，
(2) そのような内部統制構造および手続の有効性についての評定，を含む報告を行わなくてはならない。

section 36 (c)：

金融機関の監査を担当する独立監査人は，section 36 (b)で求められた報告に含まれる金融機関の経営者の主張について，アテストし，別途，報告しなくてはならない。その際，一般に認められたアテステーション契約基準 (generally accepted standards for attestation engagement: GASAE) に従って作成されたアテステーションでなければならない。

はじめに述べたように，ここで規定されているのは，従来のマネジメント・レターの制度化問題，すなわち，監査の過程で監査人が発見した内部統制の欠陥を経営者に通知するといった内部的な報告問題ではなく，監査人による一般向けの内部統制報告書である。したがって，この規定によって，金融機関の監査に当たっての監査人の責任範囲の拡大がもたらされたといえよう。さらには，後に述べるように，この規定は公開企業一般における内部統制報告書の制度化の前兆とでもいうべきものであり，一般的な監査責任の拡大につながるものであったといえる。

また，法律の施行に当たっては，実務上の具体的な問題に対処するための詳細な規定が必要になる。上記の条文の中にもアテステーション基準への言及が

あるように，FDICIA は，これらの規定の実施の基礎として，会計プロフェッションによる枠組みを想定している。その枠組みとは，1992年9月に，COSO から公表されたいわゆる COSO 内部統制フレームワークと，1993年に ASB が公表した2つのアテステーション契約基準書 (Statement on Standards for Attestation Engagements: SSAE)，すなわち，SSAE No.2「財務報告に関する企業の内部統制構造の報告」(Reporting on an Entity's Internal Control Structure Over Financial Reporting) および SSAE No.3「準拠性アテステーション」(Compliance Attestation) である。COSO 報告書は，経営者報告書の作成に当たってのガイドラインであり，そのひな型が示されている。また，SSAE No.2 は，従来の SAS No.30「内部会計統制についての報告」に代わるもので，内部統制構造の有効性に関する経営者報告書の主張の妥当性を，公認会計士が調査し報告するという契約について規定しており，SSAE No.3 では，関連するコンプライアンスの問題が扱われている。

(3) 法案審議でとりあげられた問題点

FDICIA の審議過程は，法案の提案者である GAO と，議会の委員会審議に当たって会計および監査に関する専門的問題についての支援をする立場にあった AICPA との議論の過程でもある。それというのも，GAO の当初の提案には，会計プロフェッションにとって，特に問題のある規定がいくつか含まれていたからである。AICPA はそれらに対する反論を展開し，それによって最終的な規定内容から，すべてではないが主要な問題点を削除することに成功したといえよう。そのうち，内部統制報告問題に関する論点は以下の3点である[123]。

GAO の提案では，経営者と監査人は，それぞれが別途に，金融機関の内部統制のシステムおよび法律や規制への準拠について報告することが求められていた。これに従えば，まず第1に，監査人は独自に内部統制を評価し報告することになる。それは監査人が内部統制についての直接的な責任を負うことに他ならず，会計プロフェッションがかねてから主張し続けている，いわゆる二重

---

[123] 以下における事実関係の記述は，主に，Moraglio and Green (1992) によっている。

責任の原則に抵触するものであった。この提案に対してAICPAは,反対意見を表明するとともに,財務諸表監査とは別に,財務諸表以外における経営者の意見表明に対して監査人が行うアテステーション業務の1つとして,監査人による内部統制報告書を位置付けることを主張した。また,近々,そのような契約のためのガイドラインを示すアテステーション基準書を公表する予定であることも明らかにしたのである。これは,AICPAが監査人による内部統制報告書を監査業務本体とは切り離して,付随業務としたい意向をもっていることの現れである。

　第2の論点は,このGAOの提案が,報告の対象を内部統制システムとしていたこと,すなわち,報告実体の業務を含む幅広い内部統制システムを想定していたことにある。それに対してAICPAは,内部統制報告の範囲を,財務報告に関する統制構造に限定するように主張した。その理由としてAICPAは,財務報告に関する内部統制構造の報告については,客観的な規準がすでに一部設けられており,その他のものも現在準備されていること,および報告の範囲を限定することによって報告にかかるコストが削減されることをあげている。監査の対象は情報リスクであって,ビジネス・リスクではないとするAICPAの立場からすれば,内部統制の対象が企業の業務全体にまで及ぶ広範囲な概念とされることは妥当ではないということになる。他方,GAOのこの提案では,先に述べたように,監査を内部統制の欠陥の発見に有用な手段,あるいはコーポレート・ガバナンス強化の一手段として捉えていたといえよう。この点の食い違いに基づく議論は,FDICIA成立後に再燃することになる。

　第3は,法律および規則への準拠の問題である。AICPAは,財務諸表に対するGAASに基づく監査とは別に,次のような条件を満たすアテステーションの枠組みを設定することを主張した。すなわち,公認会計士の評価能力の範囲内のアテステーション業務であること,会計プロフェッション内で一貫した業務が提供されるよう,かかる基準を作ることが可能なものであること,および客観的評価を可能にするために十分精密であること,という条件である。また,法律および規則を特定しなければならないとも主張した。

以上の点について，議会は，AICPA の主張を受け入れ[124]，最終法律案では，内部統制についての経営者および監査人による報告の規定対象の範囲を，銀行業務すべてに及ぶものではなく，財務報告プロセスに関するものに限定し，内部統制および特定の法律や規則への準拠についての監査人の報告に当たっては，GASAE を用いることを要求するものとしたのである。

4 内部統制報告書の一般化

(1) FDICIA に対する反応

FDICIA の規定によって内部統制報告書が制度化された意義は，単に，金融機関に対する規制問題にとどまらない。同法の規定は，制定当初から，一般公開企業の内部統制報告を制度化するモデルとして，その後の展開が予想されていたのである。以下，FDICIA の成立後の反応を整理してみよう。

まず，規制当局側の反応である。GAO の会計検査院長の顧問であるバロー（Barreaux）は，FDICIA の規定が，将来的には一般公開企業に対する規制に展開するとの見解を示すとともに，将来的に現在のような会計プロフェションによる監査基準等の設定が続いていくとは思われないと述べている（Anonymous article, 1992b）。バローの見解のうちの後段の部分は，GAO による FDICIA の草案において，当初，FDIC に金融機関における会計および監査に関する基準設定権を与えるとの規定が含まれていたことと関連する。また，GAO における

---

[124] 議会において AICPA の主張が受け入れられなかったものもある。それはたとえば，大規模金融機関の四半期報告書のレビューの規定や独立の公認会計士による限定意見の規定が，GAO 提案のまま残されたことなどである。

　また，内部統制報告問題ではないが，当初の草案では，規制当局である FDIC に監査規定および会計原則の設定権限を与えるという規定が置かれていた。これについて AICPA は，FDIC は，追加的な開示や規制当局への報告書によって，FDIC の求める情報を得ればよいと主張し，議会もこの規定を削除することに同意した。その他にも，ピア・レヴューの義務付け，四半期財務報告，法的責任，および監査人とクライアントの関係などについて議論があった。

企業の財務諸表監査問題の責任者であったグラムリング（Gramling, Robert）も，GAO には，FDICIA に続く法案提出の予定があることを明らかにしている（Anonymous article, 1992c）。

次に，会計プロフェッションの反応をとりあげたい。COSO は，その報告書のなかで，内部統制構造に関する報告について引き続き法案が提出される（legislative initiatives）のを期待している旨の見解を示している（COSO, 1992, Framework volume, p.94）。他方，AICPA における自主規制機関であった公共監視審査会（Public Oversight Board: POB）も，次のような勧告を行っている（AICPA, 1993d, Recommendation V-12, p.54.）。

「SEC は，登録会社に対して，年次財務諸表が記載される書類に次の報告書を含めるよう要求すべきである。すなわち，(a)会計主体における財務報告にかかわる内部統制システムの有効性についての経営者による報告，および(b)会計主体における財務報告に関する内部統制システムについての登録会社の独立会計士による報告，を含めることを要求すべきである。」

これに対して，監査人による内部統制報告について懸念を表明する者もいた。FDIC 改革法が施行されてすぐ，プライス・ウォーターハウスの会長兼社長であったオマリー（O'Malley, Shaun F.）は，次のように内部統制報告書の制度化によって新たな期待ギャップが生まれる恐れがあると述べている（O'Malley, 1993）。

「不正の防止あるいは発見のためと称していくつかの提案が行われているが，これによって一般の人々のさらなる期待が呼び起こされるであろう。ところが，それに見合った成果はもたらされるものではない。その１つに，内部統制システムの適切性について経営者および監査人の評価を求め，さらに，年次報告書においてそのような評価の結果を一般向けに報告することを求める提案がある。」

「会計プロフェッションは，有意義な改革でなければ，独立監査人の責任をさらに法的に拡張することに乗り気にはなれない。なぜなら，われわれは，監査人の責任範囲を拡張することによって不合理な期待が喚起され，一層多くの訴訟を生み出すのはほぼ確実だと考えるからである。」

第11章　金融機関における内部統制報告　199

　このような懸念が表明されているけれども，FDICIA の制定後は，一般向け内部統制報告書の制度化への流れは留ることはなく，会計プロフェッションと新たにイニシアティブをとった GAO との間で，その見解の違いを調整してゆくことになった。

(2) GAO とプロフェッションの調整

　すでに述べたように，FDICIA 成立後，GAO は，内部統制報告の問題を一般の公開企業に拡大してゆく道を検討し始めた。その点では，会計プロフェッション側の見解と違いはないが，経営者報告書のガイドラインとなる COSO 報告書の内容については，批判的な立場をとっていた。GAO 副院長であるシャピン（Chapin, Donald H.）が COSO の委員長であるメイ（May, Robert L.）にあてた書簡の中にそのことが述べられている。

　「われわれは今後とも，議会と内部統制構造問題の最終的解決に影響を及ぼしうる人々に対して，その法律 [= FDICIA] の中で示されているモデルを提唱し続けてゆくつもりである。われわれは，そのモデルを適用することによって，内部統制を強化し，コーポレート・ガヴァナンスおよび一般投資家向けのアカウンタビリティ (public accountability) を強化するためのより包括的なアプローチを提供することになると考えている。明らかに，投資家および合衆国政府をより一層保護するためには，COSO 報告書をこえて法律の制定という行動が必要である。」(Kelly, 1993, p.18)

　GAO の主張点は，次の 2 つにあった。すなわち，少なくとも公開企業については，内部統制報告についての経営者報告書を義務づけること，ならびに，そのような報告書は，COSO 報告書が財務報告統制と呼ぶものだけでなく，「資産の保護に関する統制」(controls related to safeguarding assets) とよんでいるものをも対象とすることである。会計プロフェッション側からすれば，第 1 の点は問題ではなかった。FDICIA の実施基準である COSO 報告書および 2 つの SSAE によって，一般企業における内部統制報告書にも対処することができるし，COSO 報告書においても，GAO と同様の見解が示されていたからである。一方，

内部統制の範囲については，両者の見解に大きな隔たりがあった。この問題に対処するために，GAO, AICPA および COSO から代表者が集まり，ワーキンググループが形成された。本章は，内部統制概念や内部統制報告の対象を検討することを目的としていないので詳述は避けるが，その調整は，1994年に最終的な合意に達し，COSO報告書に内部統制概念を明確化するために補遺 (addendum) を追加することによって，GAO も COSO 報告書を受け入れることになった[125]。ここに，COSO 報告書と2つの SSAE による制度的な枠組みについての関係者間の合意が形成されたのである。

5　問題点の考察

以上，本章では，アメリカにおける FDICIA 制定前後の状況を中心として，監査人による内部統制報告問題を検討してきた。改めて，最後にその論点を整理してみることとしよう。

まず，FDICIA の制定によって，監査人による一般向け内部統制報告書が実施段階に入ったことが指摘できよう。従来，SAS においては，監査人が監査の過程で気付いた内部統制上の重大な欠陥を経営者に通知することが規定されていた。これは，マネジメント・レターの慣行を制度化したものに他ならない。このような通知問題としての内部統制報告は，きわめて内部的な性質のものであり，たとえば，監査人が内部統制に関してどのような改善勧告をし，それに対して経営者がいかに対応したのかなどについては，外部者には知る由もなかった。それに対して，監査人による一般向け内部統制報告書は，外部向けの報告であり，通知問題とは性質が異なる。内部統制報告書の内容は公のものとなり，それに伴って，監査人の責任も拡大したことになる。

次に，議会によるイニシアティブの点が問題となる。一般向け内部統制報告は，かつて SEC もその提案によって制度化を図ろうとした問題であった。そ

---

[125] 最終的な合意の内容については，Steinberg (1994) を参照されたい。

れが，議会，すなわち法律の制定を契機として事態が展開していった点が重要である。GAO による FDICIA の草案や同法成立後のコメントに見られるように，規制当局側としては，会計プロフェッションが基準設定にイニシアティブをとることへの不信があったといえよう。会計プロフェッション側が，内部統制報告問題について，SEC 提案以来，常に SEC や議会の動向に対応を図るといった後手後手の姿勢でのぞんでいたことが，規制当局に，プロフェッションによる基準設定への疑念を生じさせたとも考えられる。また，問題について理論的アプローチによる包括的な取組みが行われるのではなく，法律的なイニシアティブによって事態が展開していったという点も問題である。これによって，今後また，状況の変化によっては，同様の展開が見られる可能性もあるということになるからである。

　さらに，FDICIA の成立経緯も問題であったといわねばならない。同法の制定の出発点は，税金の無駄な支出につながる金融機関の倒産を防止するために，金融機関におけるコーポレート・ガバナンスを強化するということであった。かつて SAP No.49「内部統制の報告」において，一般向け内部統制報告書の有用性が検討されたものの明確な結論を示すことができず，その後の SEC 提案に対しても，そのような報告書の有用性について疑念が示されていた。それに対して，FDICIA 以降の議論では，有用性を第一義とした議論ではなく，経営者不正問題への対処を第一義として議論が展開された。そのような制定の趣旨と，議会による法的イニシアティブ，しかもその変革の中に位置付けられていたという要因が重なって，内部統制報告に要するコストとそれによってもたらされる有用性の比較衡量という議論を離れて事態が進展していったともいえるであろう。

　監査人の位置付けの問題も重要である。これまで見てきたように，議会や GAO は，監査ないし監査人を，内部統制の欠陥や経営者不正の発見手段として位置付け，経営者報告書のアテステーションによってそれが可能となると考えていることは明らかである。プロフェッションの側には，ビジネス・リスク，二重責任，監査手続といったそれなりの論理があることは理解できるけれども，

法律レベルで問題とされるのは何よりも実効性である。納税者保護という趣旨で設けられた制度が，たとえば，再び金融不祥事によって限界を露呈したとなれば，機能しないシステムに替わる新たなシステムが模索されることになる。

内部統制報告を監査人の付随業務の中に位置付け，さまざまな法的責任の回避ばかりを念頭において規定の限定を図れば，十分に機能しないシステムとなってしまう恐れさえあると考えられる。そして，実際にその問題が露呈したのが，FDICIAから約10年後に発生したエンロン事件以後の会計不信であり，その帰結としての企業改革法に盛られた内部統制報告なのである。この点については，第16章において改めて検討することとする。

第12章
英国・カナダにおける内部統制報告問題

1 内部統制報告の国際的な展開

　第10章および11章では，アメリカの状況をもとにして，内部統制報告の問題がどのような経緯を経て生じてきたのかを概観した。本章では，英国およびカナダの状況について検討することとしよう。

　従来，外部監査人にとって，内部統制は，財務諸表監査の前提である試査の範囲を確定するための重要な調査対象とされてきた。ところが，近年，不正問題との関連で内部統制が大きな焦点となり，その議論のなかで監査人と内部統制の関係も見直されてきている。この動きは，国際的なものであるが，特にアメリカ型の財務諸表監査制度を採用している国々に顕著である。たとえば，アメリカにおいてはCOSO内部統制フレームワーク，英国では，キャドベリー報告書やターンバル・ガイダンス，カナダではCoCo報告書等が公表されている。これらは，内部統制に関するこれまでの考え方を大きく変える方向性を提示した重要な公表物と捉えられよう。それらの公表物等においても，内部統制報告問題は，近年の重要な課題の1つとされてきたのである。

　ところで，監査人による内部統制報告というとき，少なくとも，次の3つの段階ないし局面が考えられる。

　① マネジメント・レターによる報告
　② 内部統制に関する事項の通知
　③ 経営者による内部統制報告についてのアテスト

①のマネジメント・レターとは，前章で検討したとおり，監査人が，その業務の過程で気付いた事項をクライアントに伝えてその改善を勧告・助言するために用いられる書簡形式の報告書を意味している。その作成・発行は，MA業務の一環として，あるいは監査の副次的な業務として行われ，なかでも内部統制に関する発見事項は，重要な報告対象であった。この段階では，監査人による報告は，非制度的なものに過ぎない。

②の内部統制に関する事項の通知というのは，内部統制について，マネジメント・レターの慣行を制度化しようとするものといえよう。ただし，その通知先としては，マネジメント・レターとは違って，経営者に限らず，その他に，監査委員会，規制当局，あるいは外部報告，すなわち財務諸表利用者向けの報告を求めるという状況も想定できる。そのような通知の制度化が求められるのは，監査人が監査の過程で知り得た情報を通知させることを義務づけ，内部統制の整備・運用に役立てようとの考え方によるものである。

③の段階は，経営者が，内部統制の有効性等について外部報告を行い，その主張について，監査人がアテストするというものである。このような監査人の報告は，後述するように，報告を義務づけるか，あるいは任意のアテステーション契約の一部として捉えるかによって違いはあるが，少なくとも，外部報告，すなわち，一般利用者向け報告となることは明らかである。

ここにあげた監査人による内部統制報告の3つの段階は，アメリカにおける制度化の歴史的展開に従ったものであるが，実際には，制度化のプロセスは，国によって異なっている。最近の議論において最大の焦点となっているのは，③の報告を制度化するかどうかという点であるといえよう。したがって，以下においては，アメリカの影響のもとで内部統制問題の見直しに取り組んできている国である，英国，カナダをとりあげ，アメリカとの対比において，主に③の報告方法（以下では，単に，監査人による内部統制報告という）に関わる問題を検討してゆくことにする。

2 アメリカ，英国およびカナダにおける議論の比較

(1) アメリカにおける議論の特徴

これまで検討してきたアメリカにおける内部統制報告の議論の展開過程を振り返れば，次のような特徴を指摘することができる。

第1に，監査人によるアテスト問題が，常に，規制者側（SECや議会）から提起され，会計プロフェッションは，内部統制報告問題について，それらの動向に対応を図るといった形で展開してきた点があげられる。FDICIA以後の議論の中では，GAOと会計プロフェッションの協議によって，最終的に内部統制報告が義務づけられなかったが，このことは，言い換えれば，FDICIA以後の内部統制報告にかかる制度が，両者の妥協産物であり，問題について理論的アプローチに基づく包括的な取組みではなかったと解することもできるのである。

なお，FDICIAの制定を契機として事態が急速に進展していったことも重要な点であろう。アメリカの場合，少なくとも内部統制に関する事項について，制度を大きく展開させる契機となったのは，FCPAや企業改革法も含めて，一様に法的なイニシアティブであったという点は，留意すべきであると思われる。

第2に，アメリカでは，内部統制報告問題が，財務報告システムの改善問題と関連付けられて検討されていることを指摘しておきたい。また，トレッドウェイ・プロジェクトが不正な財務報告問題への対処を図ることを目的としていたように，アメリカにおける議論，とくに不正への取組みは，財務報告システム，あるいは，ディスクロージャーの問題と結びつけて捉えられる傾向にあるといえよう。この点は，次に検討する英国の，コーポレート・ガバナンスから始まる議論と対照的なものである。そして，そのように考えると，FDICIA制定のイニシアティブ，すなわち，金融機関の預金者保護のためにコーポレート・ガバナンスの強化を図るという目的は，従来のアメリカの議論においては，若干，特異なものであったと捉えることができるのである。

(2) 英国における議論

英国では，1990年代に入ってから，急速に内部統制報告の議論が進められていった。その背景となったのは，アメリカ同様，BCCI (the Bank of Credit and Commerce International) やマクスウェル等の会計不祥事が頻発したことにある。

それらの事件を契機として，企業のコーポレート・ガバナンスが適切に保たれていないことが問題視され，1991年にキャドベリー委員会が設置された。同委員会は，コーポレート・ガバナンスを改善するには，現在の財務報告および監査の信頼性のレベルを高める必要があると考え，その方策の1つとして，1992年12月に公表された最終報告において，経営者が内部統制の有効性について報告し，監査人がその経営者の主張について報告することを求める勧告が示されたのである。

すなわち，同報告書では，取締役が内部統制システムに対する責任を負っていることを明示した上で，「有効な内部統制システムは，企業の効率的な経営上の重要な側面であるので，本委員会は，取締役が株主向けの報告書および財務諸表において内部統制システムの有効性について言及し，監査人がそれについて意見を表明すべきである」(4.32節)，と勧告している。また，その勧告を実施するために，別途，会計プロフェッションを中心として，

(a) 有効性を評価するための一連の判断規準を設定すること，
(b) 取締役が報告すべき報告書の雛形に関して，企業に対するガイダンスを設定すること，
(c) 関連する監査手続および監査人が意見を表明すべき報告書の雛形に関して，監査人に対するガイダンスを設定すること，

が要求されているのである (5.16節)。

このような勧告を受けて，まず，(b)の経営者報告に関する指針が，1994年12月に公表された[126]。しかしながら，(a)と(c)に関わる問題については，さまざまな議論があって，同じ時期に規準やガイダンスを公表するには至らなかった。取締役の報告についてのガイダンスの設定が，ある程度容易に進められたのは，すでに英国の会社法において，適切な会計記録の維持が要求されており，その

ような意味では，経営管理目的の内部統制の有効性に対する責任の表明が，問題なく受け入れることのできる実務であったためであると思われる。それに対して，内部統制の有効性に監査人が関与するということは，単に経営管理目的の有効性の報告にとどまらず，新たな報告サイクルを導入することに他ならない。この点がその後の議論の主たる焦点となったのである。

英国で生じた議論の論点は，1995年4月に監査実務審議会（Auditing Practices Board: APB）から，公表された「内部会計統制の有効性」[127]と題される討議資料に示されている。この討議資料は，「キャドベリー報告書」の勧告内容に関連して，一般の意見を求めるために公表されたものであり，これをもとに，公聴会も開かれている。

その論点は多岐にわたるが，主たるものとしては，次の3点をあげることができよう。

・内部統制の「有効性」とはどのような概念なのか。
・監査人はその評価をどのように行うのか，また行うことができるのか。
・かかる監査人の報告はどのような責任を担うものとなるのか。

---

126) 最終報告にいたるまでの経緯は，以下のとおりである。
　まず，経営者報告を制度化するためのガイドラインを作成する作業グループ（Working Group on Internal Control）が設置された。この作業グループは，次の団体からの構成員によって組織されたものである。
　・the 100 Group of Finance Directors,
　・the Institute of Chartered Accountants in England and Wales(ICAEW),
　・the Institute of Chartered Accountants of Scotland
　作業グループは，1993年10月に，「内部統制と財務報告」(Internal Control and Financial Reporting) という公開草案を公表したが，その草案は，監査実務審議会(Auditing Practices Board: APB) や大手監査法人からの批判を受け，FRAG (financial reporting and auditing group) によって拒否された。その後，草案の内容は大幅に改訂され，1994年12月に，最終ガイドライン「内部統制と財務報告」が公表されたのである。
　公開草案に対する批判等については，たとえば，Garland (1994) を参照されたい。

143) ICAEW, APB, *Internal Financial Control Effectiveness, A Discussion Paper*, ICAEW, April 1995.

その討議書をもとに，同年6月13日に開催された公聴会では，次のような理由をもって，監査人による内部統制報告を制度化することに反対する見解が多く示されたのである。すなわち，そのような報告は，コストの増加を招くこと，監査人の責任の拡大につながること，および新たな期待ギャップを生み出す可能性があること，また，内部統制の改善のためには，外部報告ではなく，経営者や監査委員会への通知によるのが望ましいこと等である（Anonymous article, 1995a; 1995b）。

公聴会の結果を受けて，APBは，キャドベリー委員会の後継委員会であるハンペル委員会に，内部統制報告の実施方法の検討を委託し，現在，内部統制報告の制度化を一時停止することとなった。

ハンペル委員会は，1996年1月から活動を始め，1998年に最終報告書を公表している。そこでは，結局，内部統制の有効性に関する報告サイクルを導入しないとの結論に達している。また，同報告書では，有効性という用語は削除され，取締役が企業の内部統制システムに関して報告すべきである，との勧告のみが行われている。

その経緯について，同報告書では，次のように述べられている。

「『有効性』という用語は，公表される報告の中において，取締役と監査人の双方にとって難解であることが明らかになってきた。この用語は，統制は，誤表示または損失がないことに対して絶対的な保証を付与することができる，ということを意味しうるものであるが，実際には，人間の犯す誤謬または故意の見落としに対抗できる統制システムは決して存在しない。また，企業の統制システムの有効性を確かめる取締役または監査人は，何らかの故意でない誤表示または損失があったことが発見される場合には，法的責任を負うかもしれないという懸念もある。」（第6.11節）

この考え方は，先の「内部統制と財務報告」というガイダンスにおいてもとられていた考え方であった。有効性という表現にかかわる誤解を問題として，その用語を使わない報告も同ガイダンスでは認められていたのである。したがって，同報告書をもって，内部統制に関する制度の重大な後退と見るのは適

切ではないであろう。

　ここで重要なのは，上記の引用で明らかなように，キャドベリー報告書の勧告における内部統制の有効性が不正問題についての有効性の評価を意味していたという点である。すなわち，キャドベリー報告書では，内部統制の直接評価アプローチよって，新たな報告サイクルを導入しようとしたのに対して，監査責任等の観点からそれに対する異論が多く，結局，その勧告は受け入れられなかったと考えることができよう。

　その後英国においては，ハンペル報告書の勧告に基づいてロンドン証券取引所の上場規程が改訂され，コーポレート・ガバナンスの状況について，ハンペル報告書で示された「ガバナンス原則」に準拠していない場合には，経営者がその状況と理由を開示することが求められている。これは，ガバナンスについて，監査人の関与はないものの，開示によって市場からのモニタリングを伴う新たな報告実務を導入したものといえよう。

　また，上場規程の改訂を受けて，取締役向けのガイダンスも改められ，1999年9月にICAEWよりターンバル・ガイダンスが公表されている。同ガイダンスに示されている内部統制に関するアプローチは，第9章で述べたように，ビジネス・リスクをも含むリスク問題に対処することを経営者に求めるものであり，少なくとも経営者による内部統制報告のガイダンスとして，国際的に先駆的なものであったと捉えることができるものである。

　以上のような英国の動向については，次のような特徴が指摘できるであろう。
・当初から，アメリカのように金融機関の規制が先行したのでもなく，一般企業を対象とした議論であったこと。
・監査人による内部統制報告の制度化，すなわち，任意のアテステーションではなく，外部報告を義務づけるかどうかが問題とされてきたこと。
・アメリカと違って，議会や規制当局のイニシアティブによってではなく，会計プロフェッションの主導のもと，議論が進められてきたこと。

　これらは，いずれも，アメリカでの動向に影響を受けて，あるいは，その結果を踏まえて，議論が進められたことに大きな原因があるといえよう。

一方，アメリカとの共通点としては，英国における内部統制報告の議論は，コーポレート・ガバナンスの確立を求めるなかから生じてきたことがあげられよう。そのことと関連して，英国の『銀行法』(The Bank Act of 1987) の規定を指摘しておきたい。それによれば，各銀行が，レポーティング・アカウンタント (Reporting Accountants) を任命し，そのアカウンタントが当該銀行の内部統制について，中央銀行に報告することが義務づけられている。レポーティング・アカウンタントには，通常，外部監査人が当てられる。したがって，この規定は，アメリカの FDICIA の制定や，次に述べるカナダの状況よりも先んじて，監査人による内部統制報告を，銀行監督，すなわち，銀行のコーポレート・ガバナンスの強化に活用する規定であったといえよう。なお，後述するように，現在ではアメリカにおいても，エンロン事件後の会計および監査に対する不信感への対応として改訂された SAS の中で，不正を発見した際に監査人がとるべき最後の手段として当局への通知が義務付けられている。

また，英国においてもう1つ注目すべきは，キャドベリー報告書以来一貫して，ガバナンスについての望ましい実務を規定し，それと異なるガバナンス状況については，開示を通じて市場による評価を受けさせ，場合によってはその市場の圧力によって改善を求めようというアプローチがとられている点である。この手法は，経済協力開発機構 (Organisation of Economic Cooperation and Development: OECD) 等のガバナンス原則にも共通するアプローチであり，企業の実態について，市場によって評価を求めるものとして捉えることもできよう。

(3) カナダの状況

カナダの状況はどうであろうか。カナダでは，従来，内部統制報告問題が，一般企業の財務報告システムと関連づけて議論されることはほとんどなかった。それは，カナダにおいては，アメリカと異なって，財務報告と監査の基準が CICA Handbook において統合されており，監査の基礎となる財務報告環境 (GAAP 環境) が整備されていたことも一因であろう[128]。たとえば，アダムス報告書[129]においては，内部統制に関する経営者報告は有用な情報を提供しな

第 12 章　英国・カナダにおける内部統制報告問題　211

いとさえ述べられているのである。

　他方，カナダにおいては，金融機関の預金者保護に大きな関心が払われてきており (Jackson, 1994)，たとえば，期待ギャップ問題に対処するべく設置されたマクドナルド報告書[130]が，金融機関の監査人に規制当局に対する内部統制報告を行わせるよう勧告するなど，金融規制の一環として，内部統制報告問題が取り上げられてきている。

　マクドナルド委員会の報告書によれば，かかる議論は，バケット理論 (bucket theory) に基づくものとされている。バケット理論とは，次のような考え方をいう。すなわち，監査人は，監査の過程において，試査範囲や監査手続の決定に有用なさまざまの情報に直面する。それらの情報は，通常は，誰にも知らされることはなく，監査人のバケットの中に蓄えられたままである。しかし，当該企業について何らかの問題があるときに，バケットの中の情報を開示させる，あるいはだれかに通知させることが重要である。

　このようなバケット理論は，内部統制の側面に限られるものではない。マクドナルド委員会によれば，その実践は，たとえば，リスクや不確実性，代替的な評価，ゴーイング・コンサーン問題，MD&A といった事柄に関連した，情報開示の増加によって行うこともできるとされている[131]。

　ところが，近年では，アメリカや英国の影響を受けて，一般企業を対象とした内部統制報告問題も議論されるようになり，1995 年以降，先にあげた一連のCoCo 報告書が公表され，内部統制についての発見事項の通知についても，監査基準審議会 (Auditing Standards Board: AuSB) によってそれに関わる 2 つの監査基

---

128)　GAAP 環境によって，GAAS における論理が影響を及ぼされる状況については，前述の第 3 章を参照。
129)　CICA, the Special Committee to Examine the Role of the Auditor, *Report of the Special Committee to Examine the Role of the Auditor*, CICA, 1978.
130)　The Commission to Study the Public Expectation of Audit, *Report of the Commission to Study the Public Expectation of Audit*, June 1998, CICA.
131)　さらに詳細な議論は，前掲のマクドナルド報告書，および McDonald (1988), Smith (1993) 等を参照されたい。

準が公表されるに至っている[132]。

なお，CoCo は，その後，リスク・マネジメントおよびガバナンス審議会（Risk Management and Governance Board）に改組され，リスク・マネジメント等に関する出版物等が出されてきている。

内部統制報告の議論が，ガバナンスへの取組みと同時並行的に進められてきていることからも分かるように，カナダでは，どちらかといえば，英国的なアプローチをとっていると解することができるであろう。

3 ガバナンスの論理と内部統制報告の議論

アメリカにおいても英国においても，内部統制報告にかかる議論の発端は，企業，とくに金融機関の経営破綻や不正問題であった。たしかに，有効な内部統制は，不正を発見・防止するのに役立つであろう。しかし，内部統制による不正の発見には限界があり[133]，金融機関の経営破綻の原因となる，いわゆる経営者不正は，内部統制の枠外で起こると解されるので，いかに有効な内部統制システムを策定・維持しても，対処できない。すなわち，問題は，内部統制レベルでは解決されず，コーポレート・ガバナンスの確立と関連してくるのである。英国やカナダにおける議論や，アメリカの FDICIA 制定の議論は，コーポレート・ガバナンスを確立し，内部統制機能との整合化のうえで，経営者不正に対処しようというものである。

したがって，経営者については，内部統制に対する経営者の責任の明確化を図ってそれを外部に報告させ，監査人については，従来のような単なるサービ

---

[132] Auditing Standards Board [AuSB], *Communication of Matters Identified during an Audit of Financial Statements*, CICA, 1996a.
　　──, *Internal Control in the Context of an Audit − Weaknesses in Internal Control*, CICA, 1996b.

[133] 内部統制によって不正が発見されることが，いかに少ないかについては，Anonymous article（1993）に示されている調査結果を参照されたい。

スの1つとして内部統制の欠陥を経営者に通知するというのではなく，より積極的に内部統制の欠陥の発見に関与するよう経営者の主張のアテストを義務づけて，コーポレート・ガバナンス強化の一手段として位置づけようとするのである。

再度強調しておきたいのは，この論理は，コーポレート・ガバナンスを強化するという観点から出発しており，英国の議論において触れた，会計プロフェッション側が示す，内部統制報告のコスト，有用性，および監査人の責任といった反対意見の議論とは，若干，異なる部分で展開されているように思われる点である。また，そのように外部報告を内包した，コーポレート・ガバナンスの強化の方法は，各国で先例となっている金融規制手段としての，監査人による内部統制報告とは異質なものであると解されるのである。

第13章
追加的監査報告としての内部統制報告

1 追加的報告

　本章では，前章で検討した内部統制報告の問題を，より一般的な監査報告の問題の1つとして捉えてみたい。すなわち，以下では，内部統制報告の問題を，本書の第I部で考察した適正表示を超える監査人または会計プロフェッションの役割および責任という観点から，標準的な適正表示の監査意見の報告を超えた報告問題としての「追加的（監査）報告」の一部として捉え，検討していくこととする。かかる監査報告の問題は，従来，監査報告について議論が繰り返されてきた，情報監査と実態監査の区分と融合という問題に対して，1つの視座を提供するものと思われるからである。

　第2章で論じたように，適正意見の枠組みは，従来のGAAP準拠性を超えて，ゴーing・コンサーン問題への対応や不正問題への対応など，新たな問題に対する対応を内包するものとなってきている。その背景には，コーポレート・ガバナンスの維持・強化に対する社会的な関心が高まりがあると解される。

　コーポレート・ガバナンスは，1980年以降多発した企業倒産，なかでも金融機関の倒産を契機として注目されるようになった問題である。企業倒産によって引き起こされる多大な社会的影響を回避するには，企業の内部，外部における機構自体に目を向けなくてはならない。そこでは，たとえば，経営者の無謀な行動や不正に対してどのような監視・抑制システムが働いているのかが検討されることになる。このようなコーポレート・ガバナンスの問題は，経営，法

律，会計などのさまざまな領域で，また各国共通の課題として議論されてきているが，監査の領域においても，コーポレート・ガバナンスとの関連でいくつかの重要な課題が提起されている。

とりわけ重要な課題とされているのが，ゴーイング・コンサーン問題と内部統制問題であるといえよう。ゴーイング・コンサーン問題については，監査報告書上でそのような情報を提供する場合には，通常の監査意見に対して補足的に情報を提供することになるため，いわば補足的監査報告の問題ということができよう。

一方，内部統制に関して主に議論の中心となっているのは，内部統制報告の問題である。すなわち，経営者に企業の内部統制の有効性について報告させ，その経営者の主張に対する監査人の報告を求めようという議論であり，なかでも外部監査人による報告が議論の焦点となっている。そのような報告は，通常の監査報告書の他に，内部統制という個別テーマについて，別途，監査人による追加的な報告を求めるものであることから，追加的報告 (additional report) と呼ばれている。

本章では，外部監査人による内部統制報告に関して，かかる追加的報告として意義を検討していく。

2　外部監査人による内部統制報告の問題点

外部監査人による内部統制報告を求める動向は各国に見られるが，その発端となったのはアメリカの FDICIA の制定である。同法は，金融機関に対して内部統制報告を求める規定を含んでおり，議会における同法の審議の過程からすでに，一般企業に対しても，同様の規定を設けようという主張が展開されていた。GAO が 1996 年に議会に提出した会計プロフェッションについての包括的な報告書[134]（以下，GAO レポート）においても同様の見解が示されている。ま

---

[134] GAO, *The ACCOUNTING PROFESSION- Major Issues: Progress and Concerns*, GAO, 1996.（藤田幸男・八田進二監訳『アメリカ会計プロフェッション──最重要問題の検証：改革の経緯と今後の課題』，白桃書房，2000 年。）

た，英国においても，コーポレート・ガバナンスに関する検討委員会の報告書（以下，キャドベリー委員会報告書）の提出を契機として，同様の報告の問題が検討されてきたのである。

ところが，外部監査人による内部統制報告については，会計プロフェッションを中心として，非常に強い反対意見が表明されてきた。アメリカにおいては，FDICIA 以後，議会や GAO などに対する会計プロフェッションの働きかけによって，そのような報告は，任意の契約（アテステーション契約）に委ねられ，一方英国では，前章で見たように，議論の末，外部監査人による関与は，ガイダンスから削除されてしまったのである。

このことは，この問題が監査の枢要な部分に関わるものであることを示すとともに，そのような報告を行うということが会計プロフェッションが従来とってきた考え方と相容れないものであることを意味しているように思われる。

そこで，議論に先立って，外部監査人による内部統制報告について，会計プロフェッションを中心として表明されてきた主な反対意見について整理し，検討してみることとしよう。

① コスト

監査人による内部統制報告を義務づけることは，報告にかかる追加的なコストを発生させ，監査費用の高騰につながるという批判がある。ある調査によれば，そのような報告によって，30％程度の監査費用の上昇がもたらされるという（Wallace, 1982, pp.20-23）。

しかし，これには若干の疑念をもたざるをえない。すなわち，その追加的コストは，監査人に内部統制報告が義務づけられた場合に，監査人が，内部統制それ自体を，改めて調査・評定することを想定していると思われるからである。

また，実際に，どれほどの追加的コストがかかるのか，さらには，競争的監査市場を考慮したときに，そのうちどれほどが監査費用に転嫁されるかは定かでない。英国の APB の討議書に対する回答においても，監査人は，そのような報告を行えば 25％程度の費用の増加となると予想しているが，経営者は，それほどのコストはかからないとの見解を示している（Anonymous article, 1996, p.131）。

② 有　用　性

　コストは，対ベネフィット，すなわち有用性との比較において，議論されなければならない。監査人による内部統制報告は，財務諸表利用者にとって有用なのであろうか。

　そのような報告が有用であるとする者は，監査人による内部統制報告は，利用者が関心をもっている企業の統制に関わるリスク情報を伝達するものであるという (Hooten and Landsittel, 1991)。それに対して，批判する側の見解は次のとおりである (Messier, et. al., 1993)。すなわち，財務諸表利用者は，そのような報告によって示される情報を適切に読みとることができない。内部統制報告は，その企業についての情報を必要としている規制当局にとって有用であるにすぎない。リスク情報を開示するにしても，財務報告において行うべきである。

　この種の議論は，内部統制報告に限ったものではない。たとえば，監査人による予測情報の開示問題でも，ほぼ同様の議論が見られる。このような有用性をめぐる議論は，もちろん重要な意味をもつものではあるが，後述するように，近年の内部統制報告制度化の文脈とは，若干，ずれを生じているかのように思われる。

③　監査人の責任

　監査人による内部統制報告が制度化，すなわち，義務づけられた場合，内部統制に関する事項の通知が制度化されている状況よりも，監査人の責任は拡大することになる。通常，そのような通知は，経営者や監査委員会等に対する，きわめて内部的な性質のものであり，監査の過程で気づいた事項だけが対象であった。それに対して，内部統制報告は，外部向けの報告であり，対象も内部統制全体となる。

　そのような報告を制度化すれば，新たな期待ギャップを生み出し，監査人が監査訴訟のリスクにさらされることになるという批判がある。監査人の法的責任について，何の対応もないまま，新たな責任を負うことは望ましくないというのである。この点は，アメリカでFDICIAの規定が，制定後，最終的に一般企業に適用されるに至らなかった最大の要因であるといえよう。たしかに，不

合理な期待ギャップは避けなければならないが，内部統制報告の制度化を肯定的に捉えて，監査人に報告権限を与え，経営者に対する優位な立場を形成するものと考えることもできるのではないだろうか。

④ 通知との関係

また，外部報告の制度化によって，その報告でのアテストの言明と整合性を保つために，従来の通知によって，監査委員会等に伝達されてきた重要な情報，とくに内部統制の欠陥に関わる情報が，伝達されなくなるとの懸念も示されている (Leonard, 1995)。すなわち，外部報告の制度化によって監査委員会の機能が損なわれる可能性があるので，外部報告ではなく，通知にとどめるべきだというのである。

しかし，従来の通知としての報告についても，内部統制報告と同様の性質を認めることができる。まず，いずれにせよ，監査人が内部統制の信頼性について十分な調査・評定することが求められることには変わりがない。また，アメリカの判例[135]では，監査人が内部統制の欠陥の通知を事前に行っていたならば，それに関する不正等についての責任を問われないことが示されている。このことは，重要な情報が伝達されない可能性を低くするものであろうし，通知であっても，監査人の責任との関係で，外部報告的な要素を有していることを意味しているものと思われる。

以上のように，内部統制報告について会計プロフェッションが表明してきた反対意見については，現在，資本市場において最重要課題の1つと捉えられているガバナンスの視点を中心として，一定の反論を行うことができるのである。

ここで留意すべきは，上記の反対意見は，いずれも，従来の財務諸表監査の枠組みをもとに行われているものであって，それらよりも優先する懸案が生じた場合には，あまり意味を持たなくなるという点である。たとえば，コストの問題にしても，いかなるコストが生じようとも，ガバナンスの観点から，かか

---

[135] たとえば，*International Laboratories, Ltd. v. Dewar* (1933) における判例など。

る報告システムを導入するべきである，との優先順位の転換が生じた際には，抗弁とはならないであろう。これこそが，2002年の企業改革法による内部統制報告の制度化の論理なのである。この点については，後段の章において論じることとする。

ところで，内部統制についての追加的報告に関しては，財務諸表監査の枠組みまたは理論の観点からも，重大な問題があるように思われる。すなわち，通常の監査報告書における監査意見の表明との関連でどのように意義付けられるのか，という問題であり，それは，監査報告論一般，あるいは財務諸表監査機能の本質にも関係するものと思われる。

そこで，以下，外部監査人による内部統制報告が，監査意見の表明を目的とする通常の監査報告に対して追加的に行われる報告である点に注目し，そのような追加的監査報告の意義と機能を，監査報告目的あるいは監査機能との関連で検討することで，現在，監査ないしは監査人に期待されている社会的役割を明らかにしたい。

その際，この問題を次のように細分化して，考察の視点とすることとする。

a 通常の監査報告書があるのになぜ追加的報告が必要なのか。(監査報告の多重性の問題)

b 監査人は追加的報告のために新たな監査手続をとる必要があるのか。(監査手続の拡張の問題)

c 通常の報告と追加的報告では監査人の責任はどのように異なるのか。(監査責任の増大の問題)

d 通常の報告とは別の追加的報告が示されることで，財務諸表利用者に混乱や誤解を招くのではないか。(財務諸表利用者への影響の問題)

3 監査に関する従来の考え方の検討

(1) 監査の目的

まず，追加的報告としての外部監査人による内部統制報告が，従来の監査の

考え方においてどのように位置づけられるのかを検討するのに先立って，従来，監査報告はどのように考えられてきたのかを整理しておきたい。ここでは，監査の目的と機能に着目してそれを考えてみることにしよう。

　はじめに，いくつかの概念規定を図っておく必要がある。まず，議論の対象となる監査は，財務諸表監査である。監査には財務諸表監査に限らずさまざまな形態が存在するが，本章で問題としている内部統制報告は，外部監査人によって提供されるものであり，この意味で，財務諸表監査を中心に考えることになる。また，ここに監査目的とは，監査によって最終的に達成されるべき状況ないし結果のことであり，監査機能とは，一定の監査目的のもとで，監査という行為が実際に果たす働きのことをいう。

　以上のような概念規定に基づいて監査を考えるならば，考察の起点としての監査目的は，財務会計目的と対応するものとして定められることになろう。財務諸表監査は，財務会計システムの重要な一部を構成しているのであるから，財務諸表監査によって最終的に達成されるべき状況＝目的は，財務会計システムによるそれと整合性をもつものでなければならないはずだからである。

　一般に，財務会計目的として主張されているのは，利害調整目的と投資家保護目的である。したがって，監査目的も利害調整と投資家保護によって説明されることになる。以下，この２つの監査目的について，財務会計との関連を意識しながら整理してみよう。

　利害調整目的とは次のようなものである。ここで想定されるのは，いわゆる受託責任会計としての財務会計である。財務会計システムは，第１に，株主と経営者との間において，受託責任関係の解除の手段として，利害調整を果たす。経営者は，株主が拠出した資本を適切に運用して企業経営を行ったことを，財務諸表を開示して明らかにすることによって，自らの受託責任を解除することができるのである[136]。それに加えて，財務会計システムは，株主と債権者との

---

[136] この利害調整は，債権者によって提供された資本に関しても敷延して考えることもできよう。そのように考えるならば，株主と経営者というよりは，広く投資家と経営者の利害調整ということになろう。

間において，配当可能利益の算定手段として，利害調整を果たしている。損益計算を行い，有限責任に基づく株主の配当可能利益を適切に算定することは，企業の実在資産を担保とするしかない債権者の権利を保護し，両者の対立関係を調整することになるからである[137]。

このような利害調整目的に基づく受託責任会計の枠組みのもとでは，財務諸表監査も同様に，利害調整に役立つシステムとしての意義をもつことになる。それは，財務諸表監査が，財務諸表が適正なものかどうかを明らかにすることによって，第一義的には，経営者と株主の間の受託責任解除の最終段階として捉えられることであり，第二義的に，株主と債権者との間の利害調整をも果たすことである。さらに第1の点との関連で留意しなくてはならないのは，この枠組みにおいて監査に期待されているのが，財務情報の適正性を明らかにすることにとどまらず，経営者の行動のモニタリングなどのような，いわゆる実態監査をも含むものだということである。ここでの最終目的としての利害調整は，経営者がいかに誠実に責任を果たしたか，という企業の実態に関わる問題だからである。

他方，投資家保護目的とは次のようなものである。ここでは，情報会計としての財務会計が想定される。経営者と一般投資家との間には情報の非対称性が存在する。財務会計システムは，一般投資家に対して投資意思決定に有用な情報としての財務諸表を提供し，それによって情報に直接アクセスできない投資家の保護を図るのである。

この投資家保護目的——情報会計の枠組みにおいては，財務諸表監査は，第一義的には財務諸表情報の信頼性に関与することになる。監査を行うことによって，情報の信頼性を高め，そのような情報の開示を通じて行われる投資家保護に寄与するということである。これはいわゆる情報監査と呼ばれる監査の態様である。

---

[137] 前掲注のように債権者をも投資家に含めるとすれば，この利害調整は，投資家間の利害調整ということになる。

以上述べてきた2つの目的観については，財務会計上の議論としても結論を見ていない複雑かつ重要な問題であり，そのいずれが妥当であるかを早計には論じることはできない。また，実際の制度上では，両者の混在する場合も指摘できよう。しかしながら，財務会計および監査の理論的検討の基礎として，現代における大規模株式会社を想定し，投資家保護目的のもとで一元的に扱うことは決して無理なことではないと思われる。そのような企業については，直接的な受託責任関係にない潜在株主の存在や，会計情報に対して十分な専門的理解力をもたない投資家と彼らのために情報の収集や分析を担っているアナリストやマスコミの存在があるからである。そこで，以下では，そのような前提に立って，投資家保護目的のもとでの監査の立場から議論を進めていくことにする。また，そのような理解において問題となるのは，経営者行動のモニタリングの点であるが，この点については，次の監査機能の整理を図った上で論及することにする。

(2) 監査の機能

財務諸表監査の目的を，投資家保護，すなわち，財務会計システムによって開示された情報の信頼性を保つことで，投資意思決定にとって有用な情報が一般投資家に与えられるようにすることであると捉えるとき，そのような目的のもとで監査が実際に果たす働き，すなわち，監査機能はどのように考えられるのであろうか。

財務諸表監査の機能として，従来，主として，保証機能説と情報提供機能説の2つが主張されてきた。まず前者は，財務諸表監査が財務会計情報の質を保証するものであるとする。経営者によって作成され，開示された財務会計情報を，外部監査人が監査し，その情報内容について保証するのである。この説の背景には，経営者による情報開示責任と監査人による監査報告責任の分担という考え方，いわゆる二重責任の原則がある。このような説明は，前述の投資家保護目的の枠組みとも整合的であるといえよう。

一方，後者の情報提供機能説は，財務諸表監査を監査人が監査報告書におい

て投資家に情報を提供するものとして説明する。ここにいう情報の提供とは，監査意見の表明ということにとどまらず，監査人が監査手続を実施する過程で知り得た情報を監査報告書を通じて開示することをも含まれる。経営者のみならず，監査人も情報の作成，開示の当事者になるため，ここでは二重責任の原則は成り立たない。また，投資家保護目的との関連では，情報の信頼性を保つという間接的な方法ではなく，投資家に対して有用な情報を提供することで直接的に関与していく方法であるといえよう。

　一般に，理論的整合性のある保証機能説が広く受け入れられており，情報提供機能説については，二重責任の原則に抵触することを論拠として，強く批判されている[138]。アメリカのいわゆるコーエン委員会報告書にみられるように，会計プロフェッションは，古くから監査人が情報提供を行うことに反対する立場をとってきている。しかし，それにもかかわらず，たとえばゴーイング・コンサーン問題の議論に見られるように，監査報告において情報提供機能を主張する見解が絶えることがない。それはなぜであろうか。

　その理由としては，次のような点が考えられるであろう。第1に，保証機能説の論理，すなわち，第一義的に，経営者による会計情報の作成，開示が行われ，監査人は，第二義的にその内容を監査し，保証するという論理が成立しない状況があるのではないかということである。経営者による情報開示が不十分であるか，あるいはまったく行われていないような事象については，保証する対象がないのであるから，保証機能説が成立することはない。言い換えれば，保証機能説が成立するためには，GAAPによる経営者に対する開示規制，すなわちGAAP環境の整備が前提条件となるのであって，それが満たされない場合には，監査人に対して，保証ではなく，その情報自体を経営者に代わって作成し，開示することを求める主張が展開されることになるといえよう。

　この点を最もよく示す例と思われるのが，第3章で述べた，ゴーイング・コンサーン問題についてのかつてのアメリカとカナダの制度規制の展開である。

---

138) たとえば，鳥羽（1994, pp.343-344）を参照されたい。

第13章 追加的監査報告としての内部統制報告 225

　アメリカにおいては，監査報告書からゴーイング・コンサーン問題に関する記述を排除し，報告書を保証機能に純化したものにしようとしたものの，そのような情報の提供が有用であるとする多くの反対意見を受けて，最終的にその提案は修正を余儀なくされ，監査報告書の純化は実現しなかった。それに対してカナダにおいては，GAAPにおいてそのような情報の開示がすでに要請されていたため，監査報告書の保証機能への純化が可能となったのである。

　さらに，情報提供機能説が根強く主張されるもう1つの理由として，先に述べた経営者行動のモニタリングの問題がある。たとえば株式会社が少数の支配的な株主による支配下にある場合のように，株主と経営者の関係が直接的な受託責任関係にあるうちは，株主によるモニタリングが働いていたと考えられる。しかし，現代の大規模株式会社においては，経営者と株主の関係は直接的なものではなく，また経営者の企業に対する強力な実質的支配力に比べて一般投資家はきわめて微細な力しか有していない。このような状況では，経営者の行動に対するモニタリングが有効に機能するとは思われない。経営者は財務情報を開示するが，そこには経営者行動自体は含まれていない。一般投資家が期待するモニタリングの対象には，財務情報だけでなく経営者行動自体も含まれる。そこで，監査人に，財務諸表に含まれない経営者の行動自体に関わる情報の提供を求めるのである。このような情報提供の期待は，投資家保護目的のもとでの利害調整目的の統合と捉えることができるかもしれない。すなわち，受託責任の成立しなくなった状況において，一般投資家のモニタリングの代行者としての役割が監査人に期待されているのである。

　この説明は，一見，実態監査を情報監査としての財務諸表監査に統合するという議論と同様に受け取られるかもしれない。しかしながら，実態監査の統合を議論する場合，たとえば，監査人は財務諸表に影響を及ぼす重要な虚偽記載を発見する必要がある，という言説のように，あくまでも財務諸表上の開示を中心に考えられることになる。それについては，保証機能説のもとで，監査が保証する範囲を企業実態について若干拡大したものであるという説明が適切であろう。ところが，監査人に期待されているのは，そのような制約を離れて，

企業内の状況に精通している外部者として，経営者の行動をモニタリングし，知り得た一般投資家にとって必要な情報を提供することなのである。そのような情報提供の例としては，経営者の不正または不法行為を監査人が報告することなどがあげられよう。言い換えれば，関心の焦点は，財務諸表から，その背後にあるものに移っているのであり，その傾向は，コーポレート・ガバナンスの議論の高まりとともに，一層，大きくなっているといえよう。

(3) 追加的報告の位置づけ

　内部統制についての追加的報告は，前述の監査機能との関連でどのように捉えることができるのであろうか。それは報告の形態に応じて，どちらによっても説明可能なように思われる。監査人が内部統制に関して何らかの情報を第一義的に提供するのだとすれば，情報提供機能によって説明されることになろう。このような報告形態の例としては，英国の金融機関における監査で以前から行われ，近年アメリカ等の監査基準にも導入された，監査人が監査の過程で発見した不正を当局に通知するという規定である。しかし，現在の主たる議論の対象となっているのは，まず経営者が内部統制の有効性について報告を行い，続いて監査人がその内容の適否について報告するという形態である。この場合には，保証機能による説明が明解であろう。

　保証機能説の立場からすれば，追加的報告はそれ自体が新たな保証の形態をとるものとして位置づけられる。それは，必然的に，会計プロフェッションの側からの反対意見を導くことになる。その理由を，はじめに提示したaからdの視点に基づいて検討してみれば，次のようになるであろう。

a　監査報告の多重性

　追加的報告によって新たな保証の形態が生じるということは，監査報告が複数存在するということを意味する。保証機能説のもとでは，これは受け入れ難い。財務諸表監査に実態監査をどこまで取り入れるかという問題はあるにしても，監査人が行える保証は，監査報告書における意見表明によってす

べて果たされているはずだからである。追加的報告が，監査人の通常の監査報告における保証範囲に含まれるものを扱っているのだとすれば，それは保証の重複に過ぎないであろう。あるいは，追加的報告が，新たな保証の対象を扱っているのだとすれば，それは，通常の監査を行う過程で監査人の果たすことのできる保証の範囲を越えるものであり，認められない。

b **監査手続の拡張**

追加的報告によって新たな保証を行うのだとすれば，財務諸表監査における通常の監査手続では不十分，あるいは不可能であり，別の新たな監査手続を必要とするであろう。それは，新たな監査コストの発生を意味する。新たな保証によって得られるベネフィットが，そのようなコストを上回るものかどうかは明らかでない。

c **監査責任の増大**

同様に，新たな保証の提供は，監査人の監査責任を増大させることになり，受け入れられない。

d **財務諸表利用者への影響**

財務諸表利用者に対しても，新たな保証の提供によって，新たな期待ギャップを招来させる危険性がある。

実際に，各国の会計プロフェッションは，いずれも，追加的報告について，保証機能説に基づいて否定的な立場をとっている (Messier and Whittington, 1993)。たとえば，アメリカにおいては，AICPA が，議会における FDICIA の審議過程においても，またその後の GAO による制度化への働きかけに対しても，反対意見を表明し，最終的に，内部統制報告を任意のアテステーション契約に基づくものとし，制度化を回避させたのである。アテステーション契約に基づく報告は，任意契約に基づくものであるとともに，レベルの低い保証として位置づけられる。議会や GAO による内部統制報告制度化の圧力に対して，保証機能説に基づく上述の懸念のもとでの妥協点として，このような形がとられたと見ることもできよう。

さらに，その後も，AICPAの自主規制機関であるPOBは，監査人による内部統制報告に限らず追加的監査報告一般について，会計プロフェッションの立場から，それらは冗長な「紋切り型の報告 (boilerplate)」になる可能性があるとして必要性を疑問視する見解を公表してきたのである (AICPA, 1994a.)。

4 監査人に期待される役割の変化

(1) 監査人に期待される役割

　会計プロフェッションの強力な反対表明にもかかわらず，内部統制報告の制度化への動きは治まることはなかった。それは，内部統制報告を求める議論の背景が，会計プロフェッションが反対意見を表明しているレベルとは異なるところにあるからではないかと思われてならない。それは，次のような点である。

　まず，内部統制の議論は，1980年代以降各国に共通して発生した，金融機関の破綻を契機としている。たとえば，他に先駆けて内部統制報告の議論が始められたアメリカでは，S&Lの破綻によって多額の公的資金を投入せざるをえない事態を招いたことから議会での議論が始まった。その議論の結果として施行された一連の諸改革のひとつが，金融機関に内部統制報告を求める規定を含むFDICIAであったのである。議会における議論の目的は，預金者の保護をいかに図るかにあった。この点に留意する必要がある。預金者は，金融機関から見れば債権者であるけれども，一般には，預金者が金融機関の会計情報をもとに投資意思決定を行って預金しているとは考えにくい。したがって，預金者は，金融政策の立場から見れば，投資家ではなく国民として包括的に把握されることになる。彼らを保護するには，金融システムの維持，すなわち，金融機関のコーポレート・ガバナンスの強化を求める政策が必要となるのである。現在の一般企業に対しても内部統制報告を求めようとする議論は，このような考え方の延長上に位置づけられる。すなわち，従来の会計および監査の枠組みにおける議論とは若干異質のイニシアティブが発揮されているのである。

　金融機関，さらには一般企業のガバナンスの強化を図ることに主眼があるこ

とは，内部統制の問題とゴーイング・コンサーンの問題が同時に議論の対象として取り上げられていることからもうかがい知ることができる。議論の焦点は，企業の経営破綻などを防ぐ，あるいは少なくとも事前に察知して危険信号を発信させるにはどうしたらよいか，という点にあり，そのような中で監査人がどのような役割を果たすことができるかが問題とされているのである。

そのような議論において，監査人に期待されている役割は，職業専門家としての専門知識や経験，実際の監査を行う過程で得られた被監査会社に対する特別な知識などをもとにして，当該企業のガバナンスの強化の一端を担うことであろう。言い換えるならば，企業のガバナンスの強化に積極的に監査人を活用してゆこうという方向にあるといえよう。先に述べた英国におけるレポーティング・アカウンタントは，監査人の活用の典型例であろう。英国において，当初から制度としての内部統制報告が議論されたことの背景には，英国がすでにレポーティング・アカウンタントの制度を有していたことがあげられるように思われるのである。

(2) 追加的報告の意義と機能

監査人に対して前述のような新たな役割期待があるとするならば，内部統制についての追加的報告もそれとの関連で捉えなくてはならないであろう。ここで再び，前掲のa－dの視点から追加的報告を検討してみよう。

a' 監査報告の多重性

ガバナンスの強化への役立ちということを考えるならば，財務諸表の適正性についての従来の監査報告の他に，財務諸表監査の前提，あるいは企業の存続の基盤となる部分としての内部統制についての報告の枠組みも有用といえるであろう。そのような報告を制度化することで，監査人を内部統制，あるいはガバナンスに関与させることになるからである。その場合，追加的報告は，それが保証であろうと情報提供であろうと，監査人が新たに関与した部分についての報告ということになり，監査人による報告は重層的なものと

なると考えられよう。

b′ **監査手続の拡張**

監査人の専門的知識および技能をガバナンス強化に積極的に活用という観点からは，必ずしも，従来の財務諸表監査手続を越えて新たな監査手続が求められているようには思われない。しかしながら，従来の監査手続が，実際に，財務諸表監査の前提として行うべき内部統制の評定を十分行ってきたかどうかは別の問題である。

c′ **監査責任の拡大**

監査人をガバナンスの維持・強化に活用しようという以上，監査人の責任は増大すると考えられる。この点については，社会から認められているプロフェッションとして，社会的期待に応える必要性があると考えることもできるが，その一方で，監査人の活用という考え方を今後も推し進めるならば，監査責任に一定の限定を設けることも必要となるかもしれない。

d′ **財務諸表利用者への影響**

財務諸表利用者がそれらの報告を誤解なく受け止められるかどうかは，追加的報告についてどのような基準が設定されるかによるのではないかと思われる。追加的報告は，それによって伝えられる内容自体よりも，そのような報告を行うことで監査人をその問題に関与させることになるということに焦点があり，その結果として，そのような報告書が，監査人が関与したことを表明するという働きを担うことにもなるのである。

以上のように，監査人による内部統制についての追加的報告は，コーポレート・ガバナンスへの監査人の関与という立場から整理すると，監査の保証機能説の立場からの整理とはかなり異なった位置づけとなる。他方，経営者の主張を受けて監査人が報告する形態をとる以上，情報提供機能の立場から説明することも，やはり難しいように思われる。では，そのような追加的報告は，監査の目的や機能との関連ではどのように捉えることができるのであろうか。

まず，通常の監査については，それを保証機能によって説明することに問題

はないように思われる。経営者によって会計情報が開示され，それを監査人が監査し，情報の質に対して保証を与えるというのは，情報開示を通じての投資家保護という現代の企業会計および監査の目的観とも整合的である。

　問題となるのは，先にあげたように，経営者による情報開示の枠組みがないような場合と，経営者の行動などのいわゆる企業実態についてのモニタリングが問題となるような場合である。金融機関の破綻が生じた後の段階では，内部統制報告の問題は，その両方に当てはまる問題であった。さまざまな議論を通じて，現在では，経営者に内部統制の有効性についての報告をさせ，その主張について監査人に報告させるという，あたかも通常の監査と同じような形態の追加的監査報告の当否が問われるに至っている。しかしながら，前述のとおり，この追加的報告は，保証機能の枠組みでは支持することができない。追加的報告を求めるのは，監査人をガバナンスに関与させようというインセンティブである。

　たしかに形態としては，経営者の主張を受けてそれを監査するというものではあるが，たとえば，経営者が内部統制は有効に機能しているという主張について，情報の質を問題にすることが想定できるだろうか。報告の形態は保証機能の働く通常の監査報告と同様であっても，実質的には，利害調整としてのモニタリングを目的として，監査人をガバナンスの維持強化の一環としての内部統制の有効性の評価プロセスに関与させることにあるといえよう。

　このように考えてくると，追加的監査報告は，財務報告以外の部分，とくに，内部統制のような監査人の専門的技能や知識が適用されうる領域について，監査人の関与，すなわち，責任をもってそのガバナンスの一部を担うという状況を招来させるための制度上の装置であるように思われるのである。

　本章では，内部統制についての監査人による報告を，通常の監査報告に対する追加的報告として位置づけ，その意義と機能を検討してきた。現在までの追加的報告についての議論を見る限り，従来の保証機能説や情報提供機能説の枠組みでは十分な説明は図れないように思われる。すなわち，期待されているの

232　第Ⅱ部　内部統制に対する会計プロフェッションの関与

は，コーポレート・ガバナンスの維持・強化への監査人の関与であって，金融機関を始めとする企業の経営破綻を防ぐないし事前にシグナルを発信させるという政策目的のもとでは，監査人によって行われるのが保証か情報提供かという議論は二義的なものにならざるをえない。当局への通知のような直接的な情報提供であろうと，保証の形態をとったモニタリングであろうと，監査人の関与を制度化する装置として機能することこそが重要だからである。

　このような状況においては，監査人は，改めてその社会的役割を問われているともいえよう。会計プロフェッションによって財務諸表監査制度が担われていることが，社会的選択によるものだとすれば，社会的期待を無視して自分たちの論理だけを通してゆくわけにはいかない。企業改革法は，会計プロフェッションに対する社会からの1つの回答であろう。したがって，今後の内部統制報告の論議は，追加的報告の意義や機能の論議を含めて，監査報告の理論の再検討に発展していくものと思われるのである。

第14章
不正問題と内部統制

1 内部統制と不正問題

(1) 内部統制の概念と内部統制の有効性

　本章では，前章まで検討してきた内部統制報告において問題となる内部統制の有効性について，若干の考察を行ってみたい。内部統制の有効性が問題となるのは，主として企業における不正問題への対応であると考えられる。したがって，本章は，不正問題に対する監査人の役割および責任について，内部統制の側面から改めて検討することを意図している。

　まず，財務諸表監査において，内部統制の評定を欠くことはできない。監査論の領域における一般的な説明では，監査の実施方法は，1970年代後半から1980年代にかけていわゆる期待ギャップが顕在化したことを受けて，それ以前の内部統制アプローチからリスク・アプローチへと変更されたといわれている。それによれば，内部統制アプローチでは，内部統制の評定によって被監査会社の内部統制の整備状況を把握し，それに応じて被監査会社およびその経営者に対する信頼の程度が決定され，試査の範囲が決定されていた。そこでは当然，内部統制の評定が監査の出発点であり，監査計画の全容を左右するものとなる。

　他方，期待ギャップの顕在化以降に監査基準等で明示的にとられるようになったリスク・アプローチにおいても，内部統制の重要性は失われるどころか，さらに高まっていると考えられる。後述するように，リスク・アプローチは，内部統制によって把握されないリスク状況に監査資源を集中的に投入するとい

う監査手法であり，裏返せば，内部統制の整備状況に対する依拠の度合いは，かつての内部統制アプローチよりも大きいとさえいうことができよう。そのことが，1990年代に多くの国々において，内部統制に対して関心が集まり，内部統制概念の拡張や内部統制報告の議論へと結びついたものと思われる。

　ところで，内部統制という概念は，監査の領域に固有の概念である。内部監査の問題をひとまずおくとすれば，企業は「内部統制」なる独自のものを設置しようとして組織を構築しているわけではない。内部統制とは何かという問題は，あくまでも外部監査の観点から，どこまでを企業の内部統制として把握するかという観点で，決定されてきたのである。要するに，外部監査は，企業の組織や規定を内部統制として利用してきたともいえよう。

　かつて監査基準等において内部統制を企業内の会計システムや統制構造に限定して把握していた時期には，内部統制の有効性という場合には，2つの側面があったと考えられる。1つは，経営管理目的の統制，すなわち経営者のための統制という側面であり，もう1つは，監査の評定の対象となる統制，いわば監査にとっての統制という側面である。両側面は，内部統制の範囲を単に会計領域に限らないならば，多くの点で一致していたと考えられる。

　しかしながら，現在のように，内部統制の概念が統制環境ないし経営環境と呼ばれる企業の統制に影響を与える環境をも含むように拡張されると，内部統制概念は，統制環境として企業を取り巻く外部状況や経営者の経営理念などを含むようになり，経営管理目的の統制とは対象となる範囲から一致しなくなる。拡張された内部統制概念は，経営管理目的のシステムとそれを包括する環境とからなるものであり，後者はコーポレート・ガバナンスとそれに影響を与えるさまざまな要因と捉えることができる。

　現在問題となっている内部統制の有効性は，このような拡張された内部統制概念に関わる有効性である。図表14-1は，COSO内部統制フレームワークが示した内部統制の構成要素に従ってこの点を示したものである。統制環境を外部と内部に分けたのは，統制に影響を与える環境要因のうち，企業内にあって経営者が操作または改変することの可能なものと，企業外にあって経営者に

よるそのような対応が不可能または困難なものとに分けるためである。このうち，内部の統制環境が，第9章で検討したCOSOのERMフレームワーク案でいう，内部環境に相当するものと思われる。

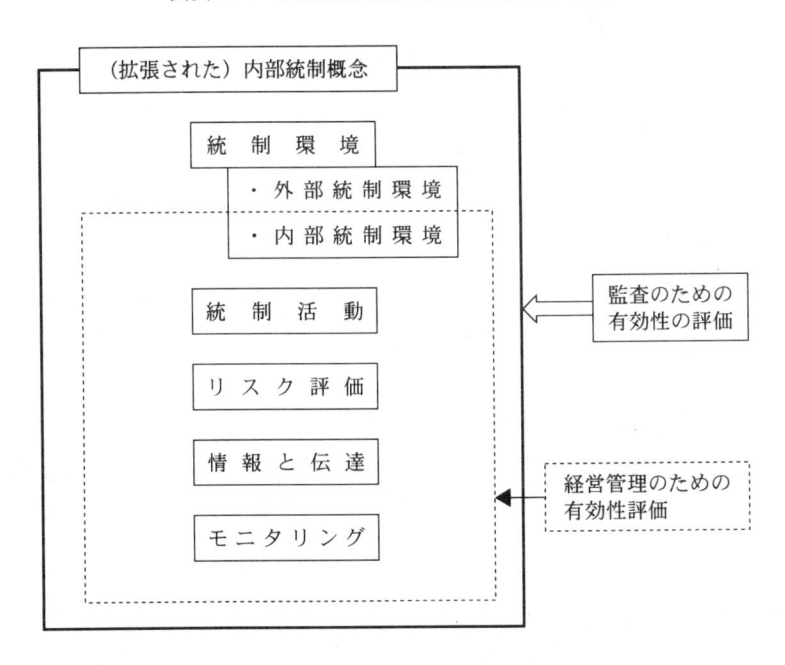

図表14-1　内部統制概念の拡張と有効性の評価

```
┌─────────────────────────────────────────┐
│ （拡張された）内部統制概念              │
│    ┌─────────────────────┐              │
│    │   統 制 環 境        │              │
│    │   ・外 部 統 制 環 境 │              │
│   ┌┤   ・内 部 統 制 環 境 ├┐            │
│   ││                     ││            │
│   ││   統 制 活 動        │├── 監査のための
│   ││                     ││   有効性の評価
│   ││   リ ス ク 評 価      ││            │
│   ││                     ││            │
│   ││   情 報 と 伝 達      │├── 経営管理のための
│   ││                     ││   有効性評価
│   ││   モ ニ タ リ ン グ    ││            │
│   └┤                     ├┘            │
│    └─────────────────────┘              │
└─────────────────────────────────────────┘
```

　日本の場合，2002年1月に改訂公表された監査基準以前には，内部統制の明確な定義が示されていなかった。日本公認会計士協会監査基準委員会報告書第4号「内部統制」(1994年)および同監査委員会研究報告第7号「内部統制の有効性について」(1997年)等が公表されていたが，2002年1月の新監査基準の公表に至るまで，内部統制のフレームワークは示されていなかったのである。

　とくに，日本の監査基準委員会報告書第4号「内部統制」では，内部統制の有効性の評価対象として，内部統制組織と内部経営環境をあげられていた。前者は，「内部牽制の考え方を基礎とした組織と統制手続とが一体となって機能する仕組み」とされ，会計システムや統制手続に対応するものである。また後者

は,「経営者の経営理念および経営方針,取締役会や監査役の有する機能,社風や慣行などの会社の内部要因」とされており,**図表 14-1** における内部統制環境に相当する。このことからすれば,同報告書において想定されている内部統制概念は,外部環境要因を含んでいないという点で狭いものであったのである[139]。

なお,その後,1997 年に公表された監査基準委員会報告書第 10 号「不正及び誤謬」および第 11 号「違法行為」によって,統制リスクの問題も監査人による評価の対象として規定されるようになり,現行監査基準のもとでは,監査基準における内部統制概念および 2002 年 7 月公表の監査基準委員会報告書第 20 号「統制リスクの評価」において,COSO 内部統制フレームワークとほぼ同様の内部統制規定を導入し,アメリカ同様の内部統制にかかる監査規定が置かれるようになった。

(2) 不正問題の識別と内部統制

内部統制の有効性の観点から不正問題を検討するにあたって,まず不正問題の識別を図りたい。不正というのは,非常に曖昧で多様な概念である。たとえば,企業における不正行為という場合,財務諸表の粉飾から,経営者や従業員による使い込み,さらには裏金や使途不明金の問題までも含めて議論されることがある。さらに不正行為と違法行為とはどう異なるのかという問題もある。

ところが,財務諸表監査の領域においては,監査の第一義的な目的である財務諸表の適正性についての意見表明のために,当該財務諸表が虚偽記載を含むものかどうかが重要な問題となる。したがって,財務諸表監査における不正問題は,財務諸表の虚偽記載をもたらすものに限定され,さらにその中で,意図

---

139) この点について,次のような見解がある。
　「そもそもこのような問題点が認識される背景には,財務諸表監査における内部統制の調査と評価の最終目的が,内部統制の有効性の評価のみならず統制リスクの評価を含むものであるという点が,わが国では十分に理解されなかったという事実が潜在している」(石原, 1998, p.140)。

的でない財務諸表金額や開示の誤りや省略である「誤謬（errors）」と，意図的に行われる不正な財務報告と資産の着服とからなる「不正（fraud）」を識別している。

このように財務諸表の虚偽記載の観点から不正問題を把握するとき，法律あるいは規則に対する違反である「違法行為（illegal acts）」は，財務諸表の虚偽記載と関係なく把握される別の概念枠組みとなる。違法行為のうち，財務諸表の虚偽記載をもたらすものは，先の誤謬および不正の概念によって把握され，それ以外の違法行為は，監査人が違法行為を発見した場合の問題として，別途把握されるのである。したがって，以下では，上記の誤謬と不正の概念によって把握される問題を対象とすることにする。

誤謬および不正の主体としては，経営者と従業員が考えられ，また不正についてはその目的として，個人の利益を目的とするものと会社の利益を考えてのものとが考えられる。これらの観点で誤謬および不正を分類すれば，**図表 14-2** のようになる。

ここでまずAの分類は，実際には現実性に乏しい。経営者による誤謬というのは，経営者が財務諸表の作成に携わるほどの小規模の企業の場合ならばともかく，一般に財務諸表監査を検討する際に想定される大規模企業においては，想定することが困難である。もしそのような誤謬が発生するとすれば，経営者から経理ないし会計担当者に対する指示が誤って伝えられた場合であろう。そのような状況については，内部統制，とくに情報と伝達の要素にかかわる問題

図表 14-2　誤謬・不正に関する行為の主体による分類

	経　営　者		従　業　員	
誤謬	A		B	
不正	会社の利益	個人の利益	会社の利益	個人の利益
	C	D	E	F

といえよう。

　次のBの分類は，従業員による経理や会計上の意図しない誤りの問題であり，また，Fの分類には，従業員による私消，すなわち横領や着服が含まれる。これらによってもたらされる影響の程度が高いものであれば，これらを防ぐことは，経営者にとっても，また監査人にとっても，重要な課題となろう。これらは，内部統制の統制対象となるものであり，内部監査機能をモニタリングとして内部統制に含むならば，主にその活動対象となると考えられる。

　Eの分類は，会社のために従業員が意図的な経理操作等を行う場合であるが，これは多くの場合，経営者の指示のもとに行われるものと想像できるため，Cの分類に含まれる経営者による不正の問題と含めて考えることができよう。

　さて，残されたのは，CとDの分類である。それぞれに含まれる主なものとしては，前者では，経営者による粉飾決算の問題があり，後者では，経営者による横領や着服の問題があげられよう。そのうちDの一部については，資産の保全問題として，社内的な統制活動の対象に含まれるものがある。しかしながら，たとえば，経営者が自らの親族企業への過度な融資を図る等の不正については，社内的な統制活動では統制することが困難であろう。したがって，Cの分類とDの分類の一部については，狭義の内部統制概念では把握することができない問題ということができる。これがいわゆる内部統制の限界に関する問題である。

2　内部統制の限界とそれに対する対処

(1)　内部統制の限界とリスク・アプローチ

　一般に，内部統制には，次のような固有の限界があるとされている[140]。

---

140)　日本公認会計士協会監査基準委員会報告書第20号「統制リスクの評価」，2002年，第21項。

①　内部統制担当者(内部統制が組み込まれた職務の担当者)の判断の誤りや不注意により内部統制からの逸脱が生じた場合
②　内部統制を設定した当初は想定していない取引が生じた場合
③　内部統制担当者等が共謀した場合
④　内部統制責任者（経営者や部門責任者等の内部統制を整備・運用する責任者）自身が内部統制を無視した場合

これらのうち，①と②については，いかなるシステムにおいても生じる問題であり，内部統制のシステム等をそれに対応できるようなものに随時改善してゆくことが必要となる。すなわち，これらは内部統制の改善の問題であり，モニタリングとしての内部監査職能によって，あるいは財務諸表監査の過程で監査人が気づいた点を経営者等に勧告することによって，システムが改善されていくと考えられよう[141]。

また，③については，不正の金額が多額になるような共謀は一般的に成立しにくいことと，資産の保全や経理等に関わる者は定期的に交替させられるのが通常であることから，監査人が大きな注意を払う必要はないと考えられる（山浦，1976）。

したがって最も重要な問題となるのは，④の場合である。これは経営者による内部統制の逸脱あるいは蹂躙などと呼ばれてきた問題である。内部統制を整備・運用するのは経営者であることから，当初から，経営者自身は内部統制の対象外であったり，あるいは，内部統制の弱点を利用したり，故意に逸脱ないし無視することができる。そのような意味からすると，内部統制は，経営者の行う経営上ないし会計上の判断の誤りおよび経営者の犯す不正を発見・防止す

---

[141]　この点に関して，現代の企業は，企業のシステム化および分権化が進み，人為的な統制よりも物的ないしフォーマルな統制が重視されるようになったため，従業員不正に対する内部統制の困難性が増しているとの調査結果も示されている（Etherington and Gordon, 1985）。
　このことは，たとえば，BCCIや日本コッパースに見られるような莫大な損害をもたらす従業員不正の事例を説明する1つの観点ともいえよう。

る機能を有していないということができよう。すなわち，先に述べたCとDの分類が内部統制の対象とならないということを意味している。

　また，経営者は，いかなる程度の有効性を有する内部統制を整備・運用するかについて，費用対効果の観点から判断することとなるが，一般的に，内部統制の費用と効果の正確な測定は困難であるため，決定する有効性の程度は主観的判断に負うところが大きい。したがって，経営者の内部統制に対する判断ないし考え方によっては，有効な内部統制が構築されない可能性が残るのである。

　以上のように，内部統制には本質的にその有効性を損なう要因を内在している。それに対して，それらを克服すべく，外部から何らかの規制を図ることは容易ではない。内部統制は，経営者によって，経営管理の一環として企業内に構築されるものであり，本来，企業内部の自治に関わるものであって，企業外部から，たとえば法律や規則等の基準によって律することは困難であるからである。

　このような問題に対してとられた第1段階の対処法が，リスク・アプローチであるといえよう。リスク・アプローチは，内部統制から漏れる不正問題を主な対象として，分析的手続の適用などによってそれに対処しようとするものであるからである。

　アメリカの場合を例にとれば，1939年に公表されたSAP第1号「監査手続の拡張」から，1972年公表のSAS第1号から第16号までは，不正の摘発については，消極的な姿勢がとられていた[142]。そこでは，監査人は不正の摘発責任を負うべきではない，あるいは，不正の摘発を行うにしても，監査基準に準拠して実施される監査の過程において通常発見されるであろう不正についてのみ責任を負うとされていた。それが，1970年代後半以降，期待ギャップの顕在化

---

[142] アメリカ監査において，経営者不正が十分考慮されてこなかった一因には，もともとアメリカ監査がその起源から，監査人が企業内計理士的な性格のものであったことをあげることができ，それに対して英国監査では，監査役監査を起源とするために経営者不正を重要な問題として認識してきたとする見解もある（櫻井，1978）。
　あわせて，百合野（1982）も参照されたい。

を契機とする監査機能の見直しによって，監査人は，財務諸表に重要な影響を及ぼす誤謬・不正については，それらがないとの合理的な保証を提供する責任を有するものとされたのである。

いわゆる情報監査と実態監査という用語によるならば，かつて会計プロフェッションは，会計情報のみを対象とし不正問題を扱わない情報監査の枠組みに監査責任を限定していたが，不正問題に対する対応を迫られた結果，財務諸表に影響を及ぼす誤謬・不正が存在しないことを適正表示の要件とするという形で，情報監査の中に実態監査の問題の一部をとり込んだものといえる。

そのような目的で明示的に採用されたのがリスク・アプローチである[143]。そこでは，最終的な監査リスク，すなわち監査人が重要な虚偽記載のある財務諸表を看過してしまうリスクを一定限度内に抑えること，あるいは財務諸表に対する一定の保証水準を維持することが目的とされる。監査リスクは，内部統制がないと想定したときの虚偽記載に対する敏感性とされる固有リスク，内部統制が虚偽記載を防止または摘発しないリスクである統制リスク，および監査人が監査手続によって虚偽記載を発見できないリスクである摘発リスクの乗数として次のように表される。

監査リスク（AR）＝固有リスク（IR）×統制リスク（CR）×摘発リスク（DR）

監査リスクを一定限度内に抑えるためには，固有リスクや統制リスクが高い領域に集中的に監査資源を投入して，摘発リスクを低く抑える必要がある。したがって，前述のような内部統制によって捉えられない不正問題や，内部統制の対象であってもそれをまぬかれるような不正問題は，リスク・アプローチの

---

143) リスク・アプローチは，たとえば新 SAS と呼ばれる 1980 年代後半に公表されたアメリカの監査基準によって初めて明示的に採用されたものであるが，そもそも監査人は実際にはそのような方法を従来から採用していたともいわれている。そのような意味では，制度上のリスク・アプローチの採用は，実務の追認に過ぎないとも考えられるが，それが明示されたことによって，さまざまなリスク評価手法が急速に導入されるようになった側面も否定できないであろう。

最重要の対象となる。このような意味において，リスク・アプローチは，内部統制の限界に対する対処の第1段階であったと考えられるのである。

(2) 内部統制の重要性の高まりと2つの方向性

　内部統制の限界，すなわち経営者不正の問題に対する第2段階の対処法としては，2つの方向性があったと考えられる。1つは，「財務報告アプローチ」といえるものであり，もう1つは，「直接評価アプローチ」と呼ぶことのできるものである。はじめに，アメリカにおいてとられてきたと考えられる財務報告アプローチについて検討してゆこう。

　リスク・アプローチによって不正問題に対処するとしても，現代の大規模な企業においては，取引量や企業の活動範囲の大きさに比べて監査資源配分上の制約が大きく，摘発リスクを低く抑えるために集中的に監査資源を投入することは実質的に不可能である。そのような状況では，監査戦略上，摘発リスクの水準を引き下げることよりも，内部統制の有効性にできる限り依拠することが望ましいことになる[144]。したがって，監査リスクの構成要素のうち統制リスク，すなわち内部統制の有効性の重要性が高まってくるのである。

　経営者不正の問題に対する対応についても，同様のことがいえる。監査資源の制約等のために，リスク・アプローチによる分析的手続によって十分な程度まで不正の摘発を行うことができないとすれば[145]，内部統制の概念を拡張して，内部監査部門や，監査委員会との連携を図ったり，あるいは，統制環境のような経営行動に影響を与えるような領域をもとり込んで監査人による内部統制の有効性の評価対象を広げることが考えられる。とくに，統制環境を含む内部統

---

144) 詳しくは，石原（1998, pp.135-136）を参照されたい。
　　なお，そもそもかつての内部統制アプローチにおいても，試査の範囲は内部統制の評定結果によって決まっていたのではないという見解もある（百合野，1979）。
145) リスク・アプローチのもとで分析的手続を適用しても不正発見が困難であることは，多くの実証研究の成果によって明らかにされている。たとえば，Bologna and Lindquist（1987）および Green（1991）を参照されたい。

制については，そのうちの外部統制環境は，経営者によって逸脱ないし蹂躙される対象とはならない。この部分の有効性の評価を行うことは，経営者不正に関わる統制リスクの高低を評価するのに重要であるといえよう。

このようなアプローチは，あくまでも財務諸表監査を情報の監査と位置づけ，不正問題も財務報告に影響を与える不正，すなわち虚偽記載の観点から捉えて，内部統制概念を拡張してそれに対処しようというものであるという意味で，財務報告アプローチといえよう。情報監査と実態監査の関係でいうならば，情報監査の枠組みにおいて，内部統制概念を拡張することによって，情報としての財務諸表に影響する範囲に限定して実態監査の問題をその枠組みに包含したものと考えることができる[146]。

さて，経営者不正問題についての対処方法としては，もう1つの方法が考えられる。それは，経営者不正の有無，あるいは経営者の誠実性を，監査人が，別途，直接的に評価するという方法である。実際には，経営者の誠実性を評価し報告するという実務は，外部監査人の職能としては想定しにくいため，監査人は，経営者の誠実性ないし経営行動に影響を与える諸要因を評価することになろう。それは，広くいえば監査人がコーポレート・ガバナンスの評価を行うということであり，内部統制が統制環境を含むまでに拡張されたものであるならば，そのような拡張された内部統制フレームワークについて，監査人が，財務諸表監査とは別に，直接的な評価を行うというものである[147]。これは，直接評価アプローチということができよう。

財務諸表監査における監査資源が制限されているとしても，新たな報告実務としてそのような直接評価が制度化されるならば，実務上の要請によってその

---

[146] 内部統制概念の拡張によって情報監査と実態監査の融合が図られたという見解としては，たとえば，森（1992b）を参照されたい。

[147] 内部統制の有効性と経営者不正の間には，大きな相関関係があることが明らかになっている（Caplan, 1995）。このことは，経営者の誠実性と企業のコーポレート・ガバナンスや企業文化のあり方とは，相互に影響し合う関係にあるということを意味しているものといえよう。

ための新たな資源が生じ、さまざまな評価手法が適用されることになると考えられる。これが、英国のキャドベリー報告書の勧告において提示された、内部統制の有効性について経営者が報告し、それについて監査人が意見表明するという問題である。これは、拡張された内部統制フレームワークについて、新たな報告サイクル、すなわち経営者の報告とそれに対する監査人の意見表明という報告プロセスの一巡を生むものであり、財務諸表監査の枠組みの中に、実態監査に関わる新たなサイクルを導入するものと捉えることができよう[148]。

アメリカにおいても、もともとCOSO内部統制フレームワークは、そのような報告サイクルを想定して作成されたものであったが、その後会計プロフェッションの働きかけにより、そのような内部統制についての新たな報告サイクルの制度化は一時的に回避され、その後、自主的契約によるアテステーション業務の枠組みで実施されることとなったのである。

3　不正問題への対応に関する2つの動向

(1) COSO分析報告

上述のような状況は、エンロン問題以後の会計不信にかかる制度改革の中で、大きな変容を余儀なくされるのであるが、それに先立って、アメリカにおいては、注目すべき動向があった。そのうちの1つは、1999年にCOSOが公表した実態調査[149]（以下、COSO分析報告）である。

COSOは、かつて『不正な財務報告』という報告書を公表したトレッドウェ

---

148) このような財務諸表監査の枠組みの中に、経営者の受託責任に関する実態監査を置くという二元論的な考え方は、コーエン委員会報告書において提示されたものであり、それに対して、『トレッドウェイ報告書』以来のアメリカの監査領域では、財務諸表監査をあくまでも情報監査として位置付け、財務諸表に対する重要な影響という観点に限って実態監査の問題を展開する考え方がとられているという（高田、1992）。

149) COSO, *Fraudulent Financial Reporting: 1987-1997 An Analysis of U. S. Public Companies*, COSO, 1999.

イ委員会の後援組織であり，COSO 分析報告は，『不正な財務報告』が公表された 1987 年から 1997 年までの約 10 年間について，その間に SEC が調査した不正な財務報告の事例を分析している。すなわち，アメリカにおいてトレッドウェイ報告書以後，COSO 内部統制フレームワークが公表され，さまざまな制度改革が行われた中で，どのように不正な財務報告の状況が改善してきたのか，していないのか，を把握すべく調査されたものである。

COSO 分析報告の分析は，「不正に関与した企業の性質」，「統制環境の性質」，「不正の性質」，「外部監査人に関する問題」および「不正に関与した会社および個人のその後の帰結」という観点から行われており，それぞれについて，次のような発見事項があったとされている。

- **不正に関与した企業**には，比較的，非上場企業や中小企業が多い。
- **統制環境**については，不正は多くの場合，上級経営者によって行われており，また不正が生じた企業では，監査委員会や取締役会の機能が低下していたと考えられる。
- **不正の性質**としては，不正が累積的に行われることが多く，また財務諸表に関する不正の典型的な例としては，収益や資産の過大表示という方法がとられている。
- **外部監査人に関する問題**としては，不正な財務報告を行った企業と監査事務所の規模には関連性が見られないこと，不正を行っていた企業では，監査人がそれに関わっていた場合もあれば，監査人が交替させられていた場合もあった。
- **不正に関与した会社および個人のその後の帰結**としては，企業ならば倒産等，個人ならば訴追や解任などの厳しいものとなっている。

COSO 分析報告の内容は，さらに詳細にわたっているが，本章において内部統制の観点から注目に値するのは，COSO 議長が同報告に寄せたコメントの次の部分である。

「本研究の結果は，有効な統制環境，あるいは『最高経営者層の気風』の必要性を明らかにしている。不正が生じるリスクは，小さな企業において非常

に高い。小さな組織において大きな株主持分を有する強力な CEO がいる場合には，経験豊かで独立的な取締役会が客観性を保つために必要となる。

　COSO の使命は，内部統制，ガバナンス，および倫理を通じて，財務報告の質を改善することにある。本研究は，それらの 3 つのすべての領域に対して引き続き焦点を当ててゆくことの必要性を示している。COSO では，本研究が，それらが財務報告に対する責任を有することについての根拠を与え，それらの有効性を改善することにつながるものと考えている。」

　ここに明らかなように，COSO では，統制環境という内部統制の一要素の有効性を，不正な財務報告の防止という観点で非常に重視している。また，引用文中の後段に明らかなように，内部統制とガバナンスをある程度分離した概念として把握している。さらに，この分析報告が，内部統制（を含む 3 つの領域）の有効性の改善を導くための基礎となって，その後，COSO の ERM フレームワークにかかるプロジェクトが開始されることとなったと解されるのである。

(2) POB パネル報告書

　第 2 の動向は，2000 年に POB が公表した報告書である。

　前述のようなリスク・アプローチを中心とした監査モデルは，財務諸表監査，とりわけ監査人による財務情報の保証を提供するという意味での監査目標の達成においては，一定の目的適合性を有するものということができよう。しかしながら，不正問題，とくに不正の発見および防止に関して，かかる監査モデルが有効なのかどうか，という点から検討した場合には，大きな問題が残されているといえよう。そこで，POB は，2000 年に，『監査の有効性に関するパネル報告書』[150]（以下，2000 年報告書）を公表し，その中で，現行の監査モデルの見直しを含む勧告を示している。

　まず，同報告書は，独自に実施した調査も含めて，いくつかの実態調査の結

---

[150] POB, Panel on Audit Effectiveness, *Report and Recommendations*, August 2000.（山浦久司監訳『公認会計士監査』，白桃書房，2001 年。）

果[151]を踏まえて，不正問題の重要性を確認するとともに，現行監査モデルが必ずしも不正問題に対して有効なものとなっていないとの懸念を表明する。同報告書によれば，現行の監査モデルでは，リスク評価の基準，評価方法，およびリスク要因と実証性テストの関連付け等が不明確なため，単に，会計事務所の経済効率性のためだけにリスク・アプローチが導入され，その結果，実務においては，監査範囲および実証性テストの水準が低下してきている，というのである。そのような問題意識をもとに，同報告書は，不正の発見・防止に有効な監査を標榜し，すべての監査において，不正捜索型の監査手続を含めるように勧告している。

このような観点は，従来の監査観を一変させる可能性があるように思われる。すなわち，従来の内部統制の評定に依拠してリスク評定を実施し，限られた監査資源を効果的に利用するという，監査環境に依存したアプローチに対して，ここで求められているのは，不正の発見・防止に対する有効性という結果ないし目標の達成度によって監査手続等が決定されていくべきとするアプローチへの転換を意味するからである。

ただし，同報告書では，監査基準の改訂に関する勧告の中で，監査があらゆる不正の発見を行うべく実施されることは，コスト・ベネフィットの観点から受け入れられるものではなく，監査の結果は，あくまでも重要な虚偽記載がないとの合理的な保証を与えることに限定されるとして，限定的な改善勧告を示

---

151) POBの2000年報告書で参照されている調査は，次のものがある。
・Beasley, M. S., et al., *Fraudulent Financial Reporting: 1987-1997 - An Analysis of U. S. Public Companies*, COSO, March 1999.
・Beasley, M. S., et al., *Fraud-Related SEC Enforcement Actions against Auditors: 1987-1997*, ASB, August 2000.
前者は，SECの会計・監査連続通牒で取り上げられた不正な財務報告事案を分析したものであり，さらに，後者は，前者の調査データをもとに監査人に関する分析を図っている。
なお，POBの2000年報告書においては，独自に実施した，会計・監査連続通牒に関する調査結果が示されている。

すにとどまっている。具体的には，当時の不正に関する監査基準書であったSAS第82号について，リスク要因の例示と，実証性テスト等の監査手続との関連が不明確であり，不正の発見に有効なものとなっていないとして，早急な改訂を求めたのである。

4 不正問題への対応の焦点

　本章においては，不正問題への対処という観点から，内部統制の有効性の問題を検討してきた。内部統制を狭義に捉えるならば，その有効性は，統制環境を含む，現在の広義の内部統制概念について有効性を考える場合には，主として，不正問題への対処が問題となる。

　なかでも重要なのは，内部統制の限界として捉えられる経営者不正の問題である。リスク・アプローチは，それに対する第1段階の対処といえよう。しかしながら，監査資源配分の問題や，内部統制の不備によって不正が見逃されてしまう場合があることを考えると，内部統制の重要性が再認識されることとなる。

　そこでとられる方向性としては，2つのアプローチがあった。1つは，内部統制の概念を拡張して，そこに統制環境を含めて評定することで，財務諸表監査のプロセスの中に実態監査の問題を統合してゆくという，財務報告アプローチであり，もう1つは，拡大された内部統制を対象として，新たな報告サイクルを導入して，経営者および監査人による内部統制への関与を強化するという，直接評価アプローチである。前者は，アメリカの財務諸表監査において採用され，後者は，英国のガバナンスの議論の過程で提案されてきたものである。

　両アプローチのいずれをとるにしても，内部統制の有効性が不正問題への対処の焦点であることには変わりはない。しかしながら，COSO分析報告やPOBの2000年報告書に見られるように，アメリカの状況は，エンロン事件以前からすでに，ガバナンスの問題，あるいは，不正問題への有効な対応を重視したものとなってきていたのである。

前述のようなアメリカにおける2つの動向は，エンロン事件およびその後の制度改革の伏線として位置づけられるものであったと解することができるように思われるのである。

第15章
内部統制に関する不正事例とその影響
― 大和銀行問題を中心として ―

1 不正事例と内部統制報告の展開

　前章で見たように，不正問題に対する内部統制の有効性の問題は，現在の内部統制問題の重要な課題となっている。そこで，本章では，不正事例が内部統制の問題にどのような意義をもつものであるのかをより明らかにするために，内部統制問題が焦点となった不正事例の1つとして，大和銀行事件をとりあげ，同事件がもたらした影響を検討することとする。

　そもそも，英米社会における監査制度および実務の発展は，企業の経営破綻等に際して明らかとなったさまざまな不祥事によって促されてきたといえよう。そのような不祥事に対しては，多くの場合，株主によって監査人を相手取っての監査訴訟が起こされる。そこでは，監査に関するさまざまな問題が提起され，それらの問題に対する監査人たる会計プロフェッションの認識と，彼らに社会的制度たる監査を委託している立場にある社会の人々の期待とが，訴訟の審理の過程で議論・調整されることになる。結果として，一定の判例の積み重ねをもって，会計プロフェッションによる新たな社会的役割の受託が促進されるという形で，監査制度および実務は進展してきたのである。

　外部監査において監査範囲を決定する重要な要因である内部統制の問題についても，企業の不祥事を契機として重要な進展が認められる。

　たとえば，アメリカでは，1970年代に，ロッキード事件をその代表例とする，海外進出企業による賄賂等の不正支出問題が顕在化したことを受けて，1977年，

企業に対して健全な内部（会計）統制の構築を義務づけるFCPAが制定され，アメリカ企業社会における内部統制システムの整備が急速に普及することとなった。また，1980年代のS&Lの経営破綻とその処理のための公的資金の投入問題を背景として，1985年からいわゆるトレッドウェイ委員会による活動が始まり，1992年および1994年のCOSO内部統制報告書の公表が行われる一方，議会においては，1991年にFDICIAが制定され，金融機関に対する内部統制報告制度が導入されるに至っている。そして，エンロン事件以後の会計不信の状況を受けて，2002年において企業改革法が制定され，内部統制報告書が一般企業に対しても義務づけられることとなったのである。

英国においても，1991年に相次いで明らかとなったマクスウェル事件やBCCI事件等を契機として，コーポレート・ガバナンス問題の議論が開始され，その中で内部統制の議論が重ねられてきた。最終的に，1999年に，アメリカのCOSOのフレームワークを踏まえたターンバル・ガイダンスが公表されている。

このような展開は，日本についても無関係ではない。1995年に発覚した大和銀行事件は，1999年9月に大阪地裁で判決が示されたが，同判決においては，経営者による内部統制システムの構築責任について繰り返し言及されており，日本における内部統制にかかる経営者の法的責任問題を提起することとなったといえよう。

また，同事件は，大和銀行のニューヨーク支店を舞台としたものであったことから，アメリカの監督当局等の重大な関心事となり，邦銀における内部統制システムの整備状況が調査されることとなった。その結果，邦銀における内部統制システムの脆弱性が明らかとなったこと，ならびに，同時期に発生したアジア経済危機問題の再燃への懸念を背景として，アメリカのイニシアティブのもと，国際決済銀行（Bank for International Settlements: BIS）の加盟金融機関に対する規則（通称，BIS規制）の決定機関であるバーゼル銀行監督委員会から，1998年に『銀行組織における内部管理体制のフレームワーク』[152]が公表されたので

---

152) Basel Committee on Banking Supervision, *Framework for Internal Control Systems in Banking Organizations*, 1998.

ある。同フレームワークにいう内部管理体制とは，原語に見るとおり，内部統制システムのことに他ならず，各国の監督当局は，そこに示されたフレームワークを自国のすべての金融機関に要求することが求められている。したがって，巡り巡って日本においても，そこに示されているフレームワークを導入することとなり，1999年7月，金融機関における内部統制システムの構築を規定した『預金等受入金融機関に係る検査マニュアル』(金融検査マニュアル)が公表されるに至ったのである。

日本におけるこのような内部統制に関する動向は，資本市場や金融システムが国際的に一体化してきていることを背景とした外圧による部分が大きいにしても，上記の大和銀行事件から金融検査マニュアルの策定に至る問題は，日本の監査制度および実務における内部統制問題を考える上で，重要な示唆に富むものであると思われる。

そこで本章では，大和銀行事件と金融検査マニュアルについて，内部統制ならびに外部監査の観点から改めて検討し，その上で，金融検査マニュアルに見られるような新たな金融規制における監査問題を含めて，金融機関における内部統制問題に対する外部監査人の関与問題を論じることとする。

2 大和銀行事件と内部統制問題

(1) 事件の概要

はじめに，いわゆる大和銀行事件の経過を整理してみよう[153]。

1984年から1995年にかけて，大和銀行ニューヨーク支店の嘱託行員のトレーダーI氏が，米国債の不正売買によって，11億ドルの損失を発生させた。この事実は，1995年7月24日，大和銀行頭取宛てのI氏の告白文によって，

---

[153] 事件の経過については，次の文献を参考にして整理している。
「大和銀行株主代表訴訟事件判決」，『商事法務』No.1573, 2000年10月5日, pp.4-58.
水野隆徳『大和銀行事件』，ダイヤモンド社，1996年。

大和銀行内で発覚するが，当初，大和銀行本部ならびにニューヨーク支店は，事実を確認の上，隠蔽工作を図ろうとする。

　同年8月8日に，大和銀行頭取から大蔵省銀行局長に連絡するも，アメリカの監督当局への連絡を怠り，大和銀行がアメリカの連邦準備制度理事会 (Federal Reserve Board: FRB) に巨額損失を報告したのは，9月18日になってからのことであった。

　それに対して，アメリカ当局の対応は，迅速なものであった。まず，9月26日，連邦捜査局 (Federal Bureau of Investigation: FBI) がI氏の逮捕を公表する一方，FRBとニューヨーク州銀行局による共同検査によって，事件およびその後の隠蔽工作が明らかとなる。また，10月19日，I氏は，司法取引に応じ，巨額損失の隠蔽工作に銀行幹部が関与していたと供述した。

　それらを受けて，11月2日，FRBは，大和銀行に対して「90日以内にアメリカにおける全業務停止」の制裁措置を発表し，ニューヨーク連邦地検は，大和銀行を「重罪隠匿」，「詐欺」および「金融機関検査妨害」の罪状で起訴，さらに同日，FBIは，事件発生時のニューヨーク支店長を「銀行と顧客資産の濫用」，「外銀支店の帳簿または記録の記載の偽造」，「不法な共謀」等の罪状で告発・逮捕した。

　その後，大和銀行は，FRBの命令に従い，1996年2月2日にアメリカでの業務から撤退し，ニューヨーク地検との間では，2月28日に，3億4,000万ドルという，当時で最高の罰金額の支払に応じることで司法取引が成立している。また，同年10月25日には，元ニューヨーク支店長に対し，ニューヨーク連邦地裁で，禁固2ヶ月罰金10万ドルの実刑判決，12月18日には，I氏に対して，同地裁で，禁固4年罰金200万ドルの実刑判決が下されている。

　上記の事件に関して，大和銀行の株主は，2度にわたって株主代表訴訟を大阪地裁に起こしている。1つは，1995年11月27日，巨額損失事件の責任を問い，取締役ら38名を相手取って起こされたものであり，もう1つは，1996年5月8日に，司法取引による罰金と弁護士費用の計3億5,000千万ドルについて，取締役ら49名を相手どって起こされたものであり，両者は，後日併合審理

となった。

約5年にわたる審理の末，大阪地裁は，当時の取締役および監査役11名に対し，総額7億7,500万ドルを同行に支払う旨の賠償命令の判決を下したのである。

その後，被告側の控訴により大阪高裁において審理が続いていたが，2001年12月11日までに，被告側の旧取締役ら49名が総額約2億5,000万円を同行に「返還」することなどを条件に和解が成立している。この和解は，大和銀行が同年12月12日に共同持株会社を設立することから，株主代表訴訟が継続できるかどうかにつき，見解が分かれていたことなどが背景にあると見られている[154]。

以上が，大和銀行事件と呼ばれる事件の経緯である。

(2) 裁判の争点と判決内容

訴訟においては，事件の発生は明らかであったことから，事実関係について特段に争われることはなく，次の3点を主な争点として審理が進められた[155]。

① 取締役らの内部統制システムの構築等に関する任務懈怠行為の有無
② 取締役らのアメリカ法令違反に関する任務懈怠行為の有無
③ 賠償すべき損害の有無と範囲

このうち，①は内部統制の構築責任に関する問題であり，②はコンプライアンス問題であるが，コンプライアンスは内部統制によるリスク管理の主たる課題であることから，いずれも内部統制問題として捉えることができよう。そこで以下では，①と②の点について，判旨を整理することとする。

---

[154] なお，大阪地裁において，大和銀行と同じ裁判官の下で審理が進められていた住友商事の銅不正取引にかかる株主代表訴訟については，大和銀行事件の賠償金額の大きさも影響してか，大和銀行事件の判決の半年後，2001年3月15日に和解が成立している。

[155] 本件の判決の内容の整理については，判決文の他に，岩原（2000），藤本・松田（2001）および川崎（2001）等を参考にしている。

① 内部統制システムの構築責任

争点①について,判決文では,「健全な会社経営を行うためには,目的とする事業の種類,性質等に応じて生じる各種のリスク……の状況を性格に把握し,適切に制御すること,すなわちリスク管理が欠かせず,会社が営む事業の規模,特性等に応じたリスク管理体制(いわゆる内部統制システム)を整備することを要する」とした上で,取締役会,代表取締役および業務担当取締役,取締役,監査役について,以下の任務があることを明示した。

- 取締役会——リスク管理体制の大綱を決定する。
- 代表取締役および業務担当取締役——大綱を踏まえ担当する各部門におけるリスク管理体制を具体的に構築する。
- 取締役——代表取締役および業務担当取締役がリスク管理体制を構築すべき義務を履行しているか否かを監視する。
- 監査役——業務監査の一環として,取締役が,リスク管理体制の整備を行っているか否かを監査する。

これらの任務は,取締役については,善管注意義務および忠実義務,監査役については,善管注意義務の内容を構成するものと判示された。

上記の判旨に基づいて,本件においては,財務省証券の保管残高の確認について,現物確認という欠くべからざる方法を採用せず,不正取引を見逃したとして,ニューヨーク支店の取締役の任務懈怠が認定されている。

他方,判決では,「整備すべきリスク管理体制の内容は,リスクが現実化して惹起する様々な事件事故の経験の蓄積とリスク管理に関する研究の進展により,充実していくものである。したがって,・・・現時点で求められているリスク管理体制の水準をもって,本件の判断基準とすることは相当ではない」として,当時の大和銀行取締役会の賠償責任を否定している[156]。

---

[156] ただし,このうち,取締役会のリスク管理体制の大綱決定については,大綱がいかなるものを指し,その決定責任についてどのように判決が認定したのかは,一切明らかとなっていない(菊地,2000)。

② コンプライアンスにかかる責任

争点②については,「……法令遵守は会社経営の基本である。商法 266 条 1 項 5 号は,取締役に対し,わが国の法令に遵うことを求めているだけでなく,外国に支店,駐在事務所等の拠点を設けるなどして,事業を海外に展開するに当たっては,その国の法令に遵うこともまた求めている」とした上で,外国法令に遵うことも,取締役の善管注意義務の内容をなすと認定している。

ここで問題となるのは,善管注意義務といわゆる経営判断原則との関係であろう。

経営判断原則(Business Judgment Rule)とは,事業経営はさまざまなリスクが存在する中で行うものであるから,経営の専門家たる経営者が行った経営判断が結果的に会社に損害をもたらした場合であっても,当該経営判断が一定の誠実性・合理性を伴うものであった場合には,注意義務違反として,経営者の責任を問うべきではない,とする法理のことである。アメリカにおいては,このような法理が判例上確立されている。

一般に,アメリカでは,経営執行に当たる取締役について,法律を守って経営を行うという「遵法義務」,自己の利益と会社の利益が相反する場合に会社の利益を優先させるという「忠実義務」,および専門家としての注意深さと誠実性をもって業務を遂行するという「注意義務」の3つの義務があると考えられている。このうちの注意義務については,これをあまりに厳格に適用しては,リスクをとる経営が生まれる余地がなくなるおそれがあることから,上記の経営判断原則を適用して,取締役の責任を実質的に軽減しているのである。

したがって,アメリカの裁判においては,経営判断の結果自体の適否が問われることはなく,その決定に至る手続が適切なプロセスを経ていたかどうかが争われることとなる。

日本では,経営判断原則は,条文に明記されているわけではないが,アメリカ法の影響を受けて,取締役の経営責任を検討する場合に,経営判断原則が考慮される傾向にあるという(藤本・松田,2001, p.24)。

しかしながら,本件の判決では,「取締役に与えられた広い裁量も,外国法令

を含む法令に違反しない限りにおいてのもの」であるとして，代表取締役ほかの法令違反にかかる賠償責任を判示しているのである。

(3) 判決の影響とその後の経過

以上に見るとおり，大和銀行事件判決は，取締役の責任認定等の観点からは，必ずしも，従来の判例や学説と異なるものではないが，内部統制問題の観点からすると，次のような点を明確に判示したことをもって，画期的な判決であったといえよう。

・取締役には，コンプライアンスへの対応を含む内部統制システムの構築責任がある。
・監査役には，そのような取締役の責任を監視する責任がある。
・内部統制システムにおいて考慮されるリスクやそれに対応したシステムが，経験の蓄積や研究の進展によって，変化・発展していくものであり，常時不変のものではない。
・コンプライアンスの対象には，外国の法令等も含まれる。
・経営判断原則によって，コンプライアンスに対する責任は軽減されない。

ところで，日本では，一般には，マスコミ等を中心として，取締役ら11名に対する損害賠償額の大きさに注目が集まり，個人的には実際には支払不可能な賠償額を認定することについて，法曹界からの批判も多く示された[157]。

また，取締役の責任問題については，判決以前から，財界を中心に株主代表訴訟制度にかかる商法改正を求める声があがっていたが，当該判決を機に，改めて財界からの強い改正要求が上がり，与党三党はそれに応えて商法改正案を1年前倒しして提出することとなった。同案は，修正協議を経て，2001年12月5日に可決・成立されたが，そこでは，取締役の賠償責任の上限額を，代表取締役で年収の6年分，代表権のない社内取締役で4年分，社外取締役および監査役は，2年分と定め，責任の限定を図っている。

---

157) たとえば，上村 (2001) を参照されたい。

3　金融検査マニュアルと内部統制問題

(1)　大和銀行事件後の国際的動向

　大和銀行事件は，その判決に内部統制問題の意義を認めることができるが，それ以上に，事件発覚後，国際的な金融機関に対する規制問題を喚起し，その中で金融機関における内部統制問題の進展を見たという意義も大きいものがある。

　まず，事件の発生したアメリカでは，GAO が議会下院の銀行および金融サービス委員会からの要請に応えて調査に着手し，事件発覚から 2 年後の 1997 年 9 月に，『外国銀行―アメリカの支店における内部統制と監査の脆弱性―』と題する報告書[158]を作成・公表している。

　GAO は，1993 年 1 月から 1996 年 6 月の間に監督当局によって行われた処分事例 99 件をすべて調査するとともに，外国銀行等からのヒアリングを含めた調査を進め，最終的に同報告書において，アメリカにおける外国銀行には，内部統制と外部監査に関して脆弱性が認められること，ならびに，アメリカの監督当局である FRB が，そのような問題が存在することを認識していたにもかかわらず，その重要性を軽視していたことという結論を示している。

　また，同報告書によれば，その第 1 章冒頭において，GAO に対する議会の調査要請の背景は大和銀行事件であることを明示した上で，上記のような問題が同事件の背景と考えられるとしている (GAO, 1997, pp.16-19)。

　同報告書では，アメリカにおける外国銀行に対する監督を改善する方策を勧告するとともに，各国金融当局との国際的な協調の中で，銀行における内部統制の脆弱性に対処していかなくてはならないことを明示している。そのようなイニシアティブの中で，本章の冒頭に述べたような，1998 年 9 月にバーゼル

---

[158]　GAO, *Foreign Banks: Internal Control and Audit Weakness in US Branches*, Report to the Subcommittee on Financial Institution and Consumer Credit, Committee on Banking and Financial Services, House of Representatives, September 1997.

銀行監督委員会によるフレームワークが公表されたのである。

同フレームワークにおいては，冒頭に，各国における金融不祥事を調査して判明した，それら不祥事の原因を整理し，それに続いて，それらの原因を防ぐための13の原則を提示している。それらの原則は，COSOによる内部統制のフレームワークに類似したものとなっている。

同フレームワークは，実質的に，各国のすべての銀行に対して，健全な内部統制の構築を義務づけるものである。このように金融規制にCOSOのフレームワークを用いる方法は，アメリカにおいては，すでに1991年成立のFDICIAにおいて実施に移されていた方法である。FDICIAにおいては，FRB管轄の金融機関に対して，健全な内部統制の構築を求めるとともに，内部統制およびコンプライアンスに関する経営者の報告とそれに対する外部監査人による報告を要求している。後述するように，日本において『金融検査マニュアル』とその後の日本公認会計士協会による実務指針の対応は，FDICIAの枠組みを踏襲したものといえよう。

(2) 金融検査マニュアルと内部統制問題

金融検査マニュアルは，1998年3月31日に大蔵省大臣官房検査部から発出された「新しい金融検査に関する基本事項について」と題する内部通達に始まる，「新検査方式」に効率性と実効性をもたらすために検討が進められたものである（野村，1999, p.11）。ここにいう新検査方式とは，金融機関において，リスク管理状況とルールの遵守状況についての実態把握を検査の主眼とするものであり，過度な裁量行政からリスク管理とコンプライアンスを中心とした新たな金融行政の実施方法といえよう。

1998年8月25日に発足した「金融検査マニュアル検討会」は，同年12月22日の「中間とりまとめ」を公表し，それに対して寄せられたコメントを踏まえて，最終的に，1999年4月8日に「最終取りまとめ」を公表し，1999年7月に『預金等受入金融機関に係る検査マニュアル』が公表されたのである。

同マニュアルでは，「第1　基本的考え方」として，①当局指導型から自己管

理型への転換と②資産査定中心の検査からリスク管理中心の検査への転換の方針が明示された後で,「① 法令遵守等遵守態勢の確認検査用チェックリスト」および「② リスク管理態勢の確認検査用チェックリスト」が掲載されている。同マニュアルの意義としては,次の3点があげられよう。

・バーゼル銀行委員会のフレークワークを介しての,グローバル・スタンダード（COSOの内部統制フレームワーク）の受容
・コンプライアンスおよびリスク管理にかかるプロセス中心の検査体制の構築
・自己責任原則の徹底と市場規律による検査という市場型システムの導入

とくに第3の点は,金融検査は決して万能ではなく,あくまでも企業のコンプライアンス問題を含む内部統制による対応が第一義的なものであり,検査は,市場規律を整備するとともに,内部統制にかかるさまざまなプロセスの監視に主眼を置くということを意味しており,同マニュアルでは,「補強性の原則」として金融検査の基本原則にあげられているものである。そこで重要となるのが,内部統制に対する監視機能としての監査の役割なのである。

(3) 金融検査マニュアルと外部監査人の関与

2000年8月28日,金融庁は,「検査マニュアルの内部監査・外部監査に関する記述を改訂することにより,金融機関に対し,自己責任原則にもとづく,内部監査・外部監査体勢の確立を促す」として,「内部監査・外部監査ワーキング・グループ」を設置した。金融庁は,同グループによる審議の内容を踏まえ,最終的に,2001年4月25日,「『預金等受入金融機関及び保険会社に係る検査マニュアルについて』の整備について」を公表して,金融検査マニュアルを改訂したのである。

同改訂は,前述の補強性の原則を徹底するために,監査に関する内容を改めたものである。監査のうち,内部監査については,内部監査の充実の程度によって金融機関ごとに検査の頻度を考慮するとして,金融機関内の内部管理

の充実を促している[159]。他方，外部監査については，マニュアルの改訂の動向を受けて，日本公認会計士協会内に，「金融機関等に関する業務監査のガイドライン検討プロジェクトチーム」が設置され，2001年7月16日に，「金融機関の内部管理体制に対する外部監査に関する実務指針」（以下，実務指針）が公表された。

同実務指針は，内部統制についての経営者報告とそれに対する外部監査人による報告というFDICIAの報告モデルを実施に移すための指針である。そこでは，図15-1，図15-2に示したようなそれぞれの報告書が作成されることとなる。

ただし，日本においては，アメリカと異なって，監査以外の保証業務がこれまでほとんど行われてきていないため，内部統制についての保証を与えるという監査人の関与をすぐさま実行に移すことは現実的ではない。そこで，同実務指針では，「財務報告目的内部統制」に範囲を限定するとともに，それに対する監査を受託するに当たっての前提の考慮を設けている。

[159) リスク管理問題を中心とした内部監査の議論については，八田（2001a）等を参照されたい。

図 15-1 「金融機関の内部管理体制に対する外部監査に関する実務指針」における経営者報告書

財務報告に係る内部統制の有効性に関する経営者報告書

平成××年×月×日

〔金融機関名〕
代表取締役社長　〔自署　押印〕

　ＸＸ（金融機関）の取締役会は，一般に公正妥当と認められる企業会計の基準に準拠した財務報告を提供するために，有効な内部統制を確立し維持する責任を有している。当該内部統制には監視機能が含まれ，認識された問題点に対して対策が講じられる。

　内部統制は，誤謬が発生したり，統制手続の回避や無視の可能性を皆無にすることができない等から，その有効性については固有の限界がある。したがって，いかなる有効な内部統制も，作成された財務諸表の正確性に関して絶対的保証を与えるものではなく合理的保証を与えうるにすぎない。さらに，内部統制の有効性は，状況の変化や時間の経過につれて変化する。

　ＸＸ（金融機関）の取締役は，平成××年3月31日現在で，一般に公正妥当と認められる企業会計の基準に準拠した財務報告を提供するためのＸＸ（金融機関）の内部統制を検討した。この査定は，バーゼル銀行監督委員会から公表された「銀行組織における内部管理体制のフレームワーク」（1998年9月）により規定されている「内部管理体制の評価のための原則」に基づいている。ＸＸ（金融機関）の取締役会は，この査定に基づき，平成××年3月31日現在，ＸＸ（金融機関）は，一般に公正妥当と認められる企業会計の基準に準拠した財務報告を提供するために有効な内部統制を維持していると認める。

以　上

図15-2 「金融機関の内部管理体制に対する外部監査に関する実務指針」における監査報告書

内部統制の有効性に関する経営者報告書に係る監査報告書

平成××年×月×日

〔金融機関名〕
　　代表取締役社長○○○○　殿

　　　　　　　　　　　　　　　　　　　　　○○○○公認会計士事務所
　　　　　　　　　　　　　　　　　　　　　○○○○公認会計士　印
　　　　　　　　　　　　　　　　　　　　　○○○○公認会計士　印

　私たちは，添付した「財務報告に係る内部統制の有効性に関する経営者報告書」（以下「経営者報告書」という。）に記載されている，XX（金融機関）は平成××年3月31日現在，財務報告に関する有効な内部統制を維持している旨の経営者の言明について，監査を実施した。財務報告に関する有効な内部統制を維持する責任は経営者にあり，私たちは，実施した監査に基づき，経営者報告書に対して意見を表明する責任を有する。監査を実施するに当たり，私たちは，日本公認会計士協会の「金融機関の内部管理体制に対する外部監査に関する実務指針」に準拠し，監査手続を実施した。

　いかなる内部統制においてもその固有の限界から，誤謬又は不正が発生し，それらが発見されない可能性がある。また，将来の期間の財務報告に関する内部統制の評価について予測することは，状況の変化により不適切となったり，方針や手続規定の遵守の程度が悪化することがあるため適当ではない。

　私たちは，監査の結果，XX（金融機関）は平成××年3月31日現在，財務報告に関する有効な内部統制を維持している旨の経営者の言明は，すべての重要な点において，バーゼル銀行監督委員会の「銀行組織における内部管理体制のフレームワーク」（1998年9月）により規定されている「内部管理体制の評価のための原則」に基づき，適正に記載されているものと認める。

　XX（金融機関）と私たちとの間には，公認会計士法の規定により記載すべき利害関係はない。

　　　　　　　　　　　　　　　　　　　　　　　　　　　　　　　以　上

　ところで，内部統制に外部監査人または会計プロフェッションが関与するという場合，次の4つの局面が考えられよう。

　　a　財務諸表監査における内部統制の評定手続
　　b　内部統制の評定プロセス等において気付いた改善事項を経営者または監

査委員会等に通知するという形式での内部統制報告
c　経営者による内部統制報告に対して，保証を付与するという形式での内部統制報告
d　内部監査のアウトソーシングによる内部統制の監視機能の代替

　これらのうち，日本においては，限りなくaやbといった財務諸表監査の範囲の中で行われてきた業務に近い形でcの業務を位置づけ，最小限の業務範囲および責任の拡大にとどめたものということもできよう。

　その一方で，実務指針において示されている考慮は，今後，他の分野において，会計プロフェッションが提供する保証業務の導入の端緒となる可能性があるように思われる。アメリカにおいても，FDICIAの成立を契機として，内部統制およびコンプライアンスに関するアテステーション（証明業務）基準の整備等が進展した経緯があるからである。

4　金融機関における内部統制問題の意義

　一般に，金融機関は，日本においても住専問題等における公的資金の導入の際にさまざまな形で議論されたように，経済システム全体に及ぶシステミック・リスクを有する存在である。したがって，金融機関に対する規制は，多くの国々において，先鋭的ともいえるほど厳格かつ革新的なものであり，多くの場合，他の一般企業に先んじたものであったといえよう。その傾向は，金融・資本市場のグローバル化が進み世界経済一体化が進み，金融商品等の登場もあって各金融機関がかかえるリスクの程度が以前に比べて大きくなるにつれ，顕著なものとなってきているように思われる。

　そこでは，本章で見たように，グローバルな枠組みを各国の規制当局が受け容れる形で規制の標準化が進むと同時に，金融機関におけるリスク管理に対処するに当たって，現時点での「ベスト・プラクティス」ともいえる，内部統制・コンプライアンスにかかる有効性の報告が各国一様に導入されてきているのである。おそらく今後は，内部監査との連携を含めて，内部統制システム全体に

かかる監査手法の見直しや,継続監査の導入の議論が進められていくであろう。

　翻って,日本においても,金融ビックバン以来,金融検査マニュアルや日本公認会計士協会の実務指針に見られるような制度の整備が進められてきている。しかしながら,今なお,監査手続以外の保証手続を導入していく段階にあり,さらには,そのもととなる内部統制の概念フレームワークさえ,2002年1月公表の改訂監査基準によって初めて整備されたという状況にある。

　また,近年,厳格な監査判断が行われているとされる,日本の監査実務ではあるが,内部統制の評定自体の時間的,内容的な不十分さが指摘されているところである。それらの問題を含めた,一般的な内部統制への外部監査人の関与問題も,日本においては,併せて議論していく必要があるであろう。

第16章
企業改革法による内部統制報告問題

1 企業改革法による内部統制報告の法制化

　本書で，すでにこれまでも何度となく触れてきたように，2002年7月30日，アメリカにおいて『企業改革法』(Sarbanes-Oxley Act of 2002) [160]が制定された。同法は，2001年12月のエンロン社の経営破綻を契機とする一連の不正な財務報告問題への法的な対応として，議会が異例の速さで可決成立させたものである。

　同法は，財務報告に関する会計，監査およびコーポレート・ガバナンスの側面について，広範かつ大規模な改革を規定しているが，そこに示されている内容は，従来，それぞれの分野において課題とされてきた事項であり，必ずしも目新しいものではない。言い換えれば，同法は，アメリカの資本市場に対する国際的な不信を払拭するために，現時点で採り得る改革案のほとんどを法制化

---

[160]　同法の正式名称は，『証券諸法に準拠し，かつ，その他の目的のために行われる会社のディスクロージャーの正確性と信頼性の向上により投資家を保護するための法』(An Act to protect investors by improving the accuracy and reliability of corporate disclosures made pursuant to the securities laws, and for other purposes) であるが，同法の基礎となっている2つの法案の提案者の名前を冠して，Sarbanes-Oxley Act of 2002 (『サーベインズ＝オックスリー法』) と略称されている。

したものであり[161]，その本質は，その具体的な適用指針については，SEC，および同法で新設されるPCAOBによる規則に委ねたものの，一連の改革メニューを強制的に実行段階に移すことで，今後の制度改革を方向づけたという点にあるといえよう。

企業改革法では，そのような制度改革の1つとして，次のような内部統制報告の規定を設けている。

404条　経営者による内部統制評価
(a) 要請される規則
　SECは，1934年証券取引所法の13条(a)または15条(d)に規定されている各年次報告に，内部統制報告書を含めるように要請するための規則を定めなければならない。ここにいう内部統制報告書とは，
　(1) 財務報告にかかる適切な内部統制構造および手続を策定し維持することについての経営者の責任を表明するとともに，
　(2) 最新の会計年度末時点における，財務報告にかかる発行体の内部統制構造および手続の有効性の評価を含むものでなければならない。
(b) 内部統制評価および報告
　(a)において要請されている内部統制評価に関しては，発行体に対して監査報告書を作成ないし公表している各登録公開会計事務所 (each registered public accounting firm) が，発行体の経営者によって行われた評価について，アテステーション業務を実施し，報告しなければならない。本節に基づいて実施されるアテステーションは，PCAOBによって公表または採用されたアテステーション契約基準に準拠して行われなければならない。ここにいうアテステーションは，監査契約とは別立ての契約の対象とすることはできない。

この規定に見られるように，今後，アメリカにおける公開会社は，年次報告書の一部として，内部統制に関する経営者の責任表明および内部統制の有効性に関する経営者の有効性の評価からなる内部統制報告書，ならびに，そのような内部統制報告書における評価について，監査を担当する会計プロフェッションが実施したアテステーション報告書を公表しなければならなくなる。

---

161)　企業改革法における他の論点については，八田・町田（2002a; 2002b; 2002c）を参照されたい。

このような内部統制報告の実務の導入は，以前から，多くの国々で議論されてきたところである。とくに，アメリカにおいては，すでに1970年代から内部統制報告の制度化が提唱されてきており，1991年には，FDICIAの制定によって，大規模金融機関を対象とした制度が導入されている。しかしながら，今日まで，公開会社一般を対象とした制度化は行われていない。その背景には，このような実務を導入することによって生じる報告書の作成コストの増加や，経営者や監査人の責任の増大に関して，強い反対があったことがあげられる。

ところが，企業改革法は，アメリカにおける不正な財務報告問題に対する危機感を背景として，従来の制度導入慎重論を抑え，内部統制報告を公開会社一般を対象として導入したのである。その影響は従来のFDICIAの制定時と比べて格段に大きいものといえよう。また，企業改革法の制定を契機として，日本を含む多くの国々において，内部統制報告の制度化の問題が再検討されることとなるように思われる。

そこで本章では，ここまでに検討してきた内部統制報告問題をアメリカの状況をもとに要約・整理するとともに，企業改革法における内部統制報告規定のもつ意義と問題点について考察していくこととする。

2　内部統制報告の展開

(1)　監査人による通知

現在，アメリカにおける内部統制報告の形態としては，前述の企業改革法やFDICIAが規定するような枠組みの他に，監査人が監査の過程で気づいた内部統制に関する改善事項等を経営者に助言するために利用される，非制度的報告としてのマネジメント・レターや，内部統制における欠陥等を監査委員会に対して監査人が通知するものなどがある。アメリカにおける内部統制報告の議論は，1970年代から80年代にかけて，とくに後者の「監査人による通知」を監査業務の中の不可欠の手続として監査基準に取り込み，制度化していくことから始まったといえよう。

まず，初めて公式に，内部統制報告問題がとりあげられたのは，1971年のSAP49号「内部統制の報告」であった。そこでは，監査の過程で監査人が気づいた事項について監査人が内部統制報告を行うことは，経営者，行政機関および他の監査人にとって有用であるとして，内部統制報告書の様式を提示している。

　その後，1970年代には，一般事業会社を中心に企業破綻が多発し，それらに関する監査訴訟等において，いわゆる期待ギャップ問題が顕在化することとなった。そのような状況に対する会計プロフェッションの側からの対応と位置づけられる，1978年のコーエン委員会報告書では，内部統制の重要性に鑑みて，監査人が監査業務を実施するに当たって負うべき監査責任の範囲内で内部統制の整備に寄与するべく，監査人が監査の過程で気づいた内部統制の弱点を**経営者または取締役会**に通知することを勧告しているのである。

　同報告書の勧告は，同委員会の審議中に公表された，1977年公表のSAS20号において，**経営者，取締役会または監査委員会**への通知として制度化されたが，その後，同規定は，資本市場の上場規程等において監査委員会の設置を求める規定が盛り込まれたこと，およびSASにおけるリスク・アプローチの採用を背景として，1988年にSAS60号によって改訂され，現行のような監査委員会への通知を求める規定に至っている。

　このような監査人の通知としての内部統制報告は，その報告対象が，経営者や監査委員会等の企業内部者であることから，その目的も，企業内における内部管理目的ないし監査の円滑な実施のための内部統制の改善目的での利用に限られるものである。また，このような報告は，あくまでも監査業務の一環として位置づけられるものであり，監査の過程で監査人が何らかの欠陥等を発見した場合に限って実施されるものである点に留意する必要がある。すなわち，この形態の内部統制報告は，内部統制の欠陥等の発見のための追加的手続を必要としないこと，報告が不定期の実施に限られること，および監査人の責任が必ずしも大きく拡大するものではない，ということである。言い換えれば，内部統制報告は，このような財務報告および監査業務に影響を及ぼさない部分から，

第16章　企業改革法による内部統制報告問題　271

制度化が図られていったともいえよう。

(2) 一般公表目的の内部統制報告

　企業改革法において予定されている内部統制報告は，監査人による通知とは異なり，公表目的，すなわち一般の財務諸表利用者向け報告であるとともに，経営者の報告を受けて，会計プロフェッションが監査とは異なる枠組みでその報告内容の保証を行うという，新たな報告プロセスが求められている。このような内部統制報告には，経営者の報告の方法およびそれに対する監査人の関与の仕方をめぐって，いくつかの形態が考えられることから，この種の報告の制度化の過程は，さまざまな報告形態の勧告とそれに対する議論を通じて，『企業改革法』に見られるような形態に至るプロセスであったと解することができよう。

　先にあげた 1978 年のコーエン委員会報告書では，経営者に対して，経営者報告書の中に，監査人が指摘した内部統制上の重大な欠陥に対する企業側の対応を含む，内部統制にかかる経営者の評価を記載することを求めるとともに，監査人に対しては，そのような重大な欠陥が経営者報告書で開示されているかどうかを監査報告書で明らかにするよう勧告している。この勧告を踏まえて，翌 1979 年，SEC は，「経営者による内部統制報告書」という提案を公表し，経営者による内部統制報告書を開示し，それに対する監査を実施することを提案したのである。しかし，当時，企業側にあっては報告の実施コストが増加すること，また監査人の側にあっては，監査責任が拡大されることを理由として多くの関係者の批判を受け，制度化には至らなかった。

　1980 年代に入ると，S&L 等の金融機関を中心とした企業の経営破綻が多発し，不正な財務報告に対する問題意識が高まったことを受けて，今度は，会計プロフェッションに限らず財務報告に関わるさまざまな当事者によってトレッドウェイ委員会が組織され，1987 年に最終報告書が公表された。同報告書では，経営者報告書において，内部統制に対する経営者の責任，それがどのように遂行されたか，および内部統制の有効性にかかる経営者の評価を記載するよう求

めるとともに、監査人の対応については、監査基準委員会が経営者の内部統制報告について同意できない場合の監査人の指針を作成するよう勧告している。同報告書の勧告を受けて、SECでは、再び1988年に、経営者報告部分に限定した「経営者の責任についての報告」という提案を行うとともに、併せて、監査人のアテステーションを要求することが望ましいかどうかについてのコメントを募集した。しかしながら、このときも、1970年代と同様、報告コストの問題と監査人の責任に対する懸念から圧倒的な反対意見が寄せられ、制度化は進まなかったのである。

　以上のように、1970年代と1980年代の2つの報告書およびそれを受けてのSEC提案が制度化されなかったのは、新たな報告を導入することのコストがそれによる投資家のベネフィットを上回るものではないという認識、および、会計プロフェッション側の自らの責任拡大に対する懸念という共通点がある。ところが、1991年に成立したFDICIAでは、これらの反対を抑えて、大規模金融機関に対して、内部統制に関する経営者報告書と、同報告書で経営者が示した見解に対する会計プロフェッションによるアテステーションの作成・公表を求めることとなったのである。これはいかなる事情によるものであろうか。

　FDICIAは、1980年代の金融機関の経営破綻によって、預金保険公社を通じて多額の公的資金の投入が不可避となったことを契機として、預金保険公社の構造改革および連邦預金保険機構に加入している金融機関への規制強化を図るべく、議会での審議が始まった法律である。すなわち、同法の制定に当たっては、その背景の1つとして、そのような報告を導入することによるコスト増が、単に投資家がそれを受け取ることのベネフィットと対比されるだけではなく、再び公的資金の投入という社会的な損失を招くことに対する危惧とも対比され、そのような事態を回避するための方策として、法制化が図られたと思われるのである。また同時に、監査人の責任の増大についても、第1に、一般公表目的の報告にあっては、会計プロフェッションの関与が欠かせない、とのアメリカの企業社会および資本市場等における共通認識があり、第2に、監査人の責任の増大についても、FDICIA制定時点に至っては、経営者報告と同様、社会的

コストの観点から，公共の利益に鑑みて当然負うべき責務であるとの認識がすでに支配的となっていたと解せられるのである。

(3) 内部統制報告の枠組みの整備

FDICIA の規定する内部統制報告を実施するには，2つの制度基盤の整備が不可欠であった。1つには，経営者による内部統制報告に当たって，内部統制の枠組みを規定し，そこで内部統制の範囲および構成要素，評価の基準，および報告の形式を明らかにすることであり，もう1つは，監査人たる会計プロフェッションが，アテステーションを実施するための行為基準を用意することである。

前者については，トレッドウェイ委員会報告書の勧告事項を受けて内部統制の枠組みを構築すべく検討を重ねていた，COSO によって，1992年と1994年に内部統制フレームワークが公表された。一方，後者については，1993年に，内部統制報告にかかる2つのアテステーション基準が設定・公表されている。ここで留意すべきは，COSO の内部統制フレームワークは，当初から，内部統制報告のための枠組みを提示するために作成・公表されたという点である。すなわち，同報告書では，経営者が，同報告書が採用した広範な内部統制概念に基づく健全な内部統制を策定・維持することに関して，しかるべき責任を負うことを求めるため，内部統制報告という新たな報告プロセスを求めたのである。

また，FDICIA では，先にあげた企業改革法の規定同様，アテステーション契約を結ぶ主体として，当該企業の監査を行っている会計事務所を指定しており，別途の自由契約を認めていない。このことは，あくまで同法で要請される内部統制報告が，内部統制に対する責任およびその有効性を報告対象とすることから，監査報告とは異なる業務契約を要するものではあるものの，その一方で，監査業務を基礎とした，いわば監査人による追加的報告として位置づけられているものであるといえよう。前述のアテステーション基準は，そのような追加的報告を実施するために，監査とは異なる保証水準の業務を制度化した，ということに他ならない。

以上が，FDICIA に至るまでのアメリカにおける内部統制報告の展開であったといえよう。

3 企業改革法による一般企業への適用

FDICIA は，金融機関に対する規制であるが，同法の規定は，制定当初から，一般公開企業の内部統制報告を制度化するモデルとして，その後の展開が予想されていたのである。たとえば，COSO 内部統制フレームワークでは，内部統制構造に関する報告について引き続き法案が提出されることを期待している旨の見解が示されている（COSO, 1992, p.94）。また，POB も，SEC が，SEC に登録するすべての会社に FDICIA と同様の開示を義務づけるべきであるとの見解を示している[162]。

しかしながら，アメリカでは，当時，経営者報告および監査人のアテステーション報告が一般企業に対して義務づけられるには至らなかった。そのような報告の枠組みは，あくまでも自主的な開示および契約に委ねられたのである。その背景には，2つの立場からの反対意見があった。

1つは，この枠組みによって監査人の責任がさらに拡大することに懸念を抱いた会計プロフェッションによるものである。当時，AICPA は，FDICIA の一般企業への適用を求める GAO との討議の中で，内部統制についての経営者報告書の開示が，多くの企業によってすでに行われるようになっており，それに対する監査人の関与も，監査の副次的業務として行われているアテステーション業務の一部として対応できる，との主張を展開し，一般企業への適用を回避したのである。

もう一方の反対意見は，かつて2度にわたって内部統制報告の制度化を提案してきた，SEC によるものであった。SEC は，内部統制報告にかかるコスト増への懸念や，内部統制報告に内部統制の不備が記載された場合に，内部統制の

---

162) AICPA, POB, *In the Public Interest: A Special Report by the Public Oversight Board of the SEC Practice Section*, AICPA, 1993, Recommendation V-12, p.54.

整備を義務づけている FCPA 違反に問われる危険性等を理由としてあげている (GAO, 1996, p.72；訳書, p.63)。

ところが，その後，AICPA と SEC は，状況の変化によって大きくその立場を変えることとなる。

まず，AICPA は，1994 年に，新たな事業報告の枠組みとしてのジェンキンズ委員会報告書[163]を公表し，利用者目的の多様な報告実務とそれに対する水準の異なる保証の提供を提唱しているが，その中で，内部統制報告とそれに対する会計プロフェッションの関与の有用性が指摘されているのである。これは，近年の投資家からの情報要求の高まりを受けて，それに応えるために，会計プロフェッションの業務領域を保証業務の枠組みとして位置づけ，新たな保証業務に積極的に乗り出していこうとする考え方がとられるようになったためであるといえよう。そのような立場を支えるべく，1995 年 12 月に成立した民事証券訴訟改革法によって，異なる水準の保証の提供に対する会計プロフェッションの責任の限定が図られている。

また，同じ 1995 年には，COSO の内部統制の枠組みを SAS に取り入れる制度改訂[164]が図られ，監査実務における内部統制評定の手続が広範な内部統制概念と整合するものと改められた他，FDICIA のもとで積み重ねられてきた，内部統制にかかるアテステーションの経験等もあって，会計プロフェッションの側では，一般企業を対象とする内部統制報告の制度化に対応できる準備が整っていたといえよう。

また，SEC についても，1990 年代後半から，積極的に企業のコーポレート・ガバナンスの問題や不正な財務報告問題に関与しようとの動向が見られるようになり，その意向を受けて，POB が 2000 年に公表した監査の有効性に関する

---

163) AICPA, *Improving Business Reporting- A Customer Focus: Meeting the Information Needs of Investors and Creditors* (a.k.a. Jenkins Report), September 1994, AICPA. (八田進二・橋本尚訳『事業報告革命』，白桃書房，2002 年。)

164) AICPA, ASB, SAS No.78, *Consideration of the Internal Control in a Financial Statement Audit*, 1995, AICPA.

報告書[165)]では，公開企業に対して，株主宛てに内部統制報告とそれに対する監査人の報告を義務づけるよう勧告しているのである。

このように，会計プロフェッションならびに規制当局が内部統制報告の制度化に柔軟な姿勢を見せていた中，2001年のエンロン社の経営破綻以降の不正な財務報告問題の社会問題化によって，かつて，FDICIAが制定されたときにそうであったように，いくつかの残された問題に対する懸念を抑えて，企業改革法において内部統制報告が制度化されたと捉えられるであろう。

企業改革法制定時点で，残されていた課題としては，次の3点があげられる。
① 内部統制の「有効性」をどのように評価するか
② 内部統制報告における開示とFCPAに基づく内部統制構築責任をどのように扱うか
③ 内部統制報告制度において，会計プロフェッションの権限はどのようになるのか

これらのうち，①については，第9章で検討したように，COSOによって，現在，ビジネスリスク・モデルに対応した新たなガイドラインの策定作業が進められており，近日中に確定・公表される予定となっている。②については，内部統制報告が証券取引所法の修正法である企業改革法として法制化されたことで，FCPAとの調整問題は，SEC規則に委ねられたことになる。そのSEC規則は，すでに，2003年6月6日に公表され，2005年以降，順次適用されることとなっている。また，③については，企業改革法において各種基準の設定権限が，会計プロフェッションからPCAOBに移行したこと等から，規制当局が主導していくことが予想される。実際に，PCAOBでは，2004年3月9日に内部統制の監査報告に関する監査基準を公表しているのである。とくに留意すべきは，同基準で示されている監査報告の枠組みである。たとえば，「統合監査報告書」（図表16-1参照）は，従来の財務諸表監査報告書と内部統制にかかる監査人による報告書とを1つにまとめたものである。実際，同基準では，「公開会社監

---

165) POB, Panel on Audit Effectiveness, *Report and Recommendations,* August 2000. （山浦久司監訳『公認会計士監査』，白桃書房，2001年。）

第16章 企業改革法による内部統制報告問題 277

査」(public company audit) なる新たな概念のもとで，監査人の業務を統合的に捉えようとしているのである。この考え方が進めば，内部統制報告に関する実務は，従来の財務諸表監査の枠組みの変革に繋がる端緒ともなるように思われるのである。

図表 16-1　PCAOB による統合監査報告書

<u>独立の登録公開会計事務所による報告書</u>

[導入のパラグラフ]

われわれは，添付のW社の 20×2 年および 20×3 年 12 月 31 日の貸借対照表，ならびに 20×3 年 12 月 31 日で終了する 3 年間の損益計算書，株主持分・包括損益計算書およびキャッシュ・フロー計算書を監査した。またわれわれは，添付の［経営者報告書の名称］に含まれている，W社が［準拠した規準の名称，たとえば COSO 内部統制フレームワーク］に基づいて 20×3 年 12 月 31 日において財務報告に係る有効な内部統制を維持している，という経営者の言明について監査した。この財務諸表と財務報告に係る内部統制の有効性に関する経営者の言明については，W社の経営者に責任がある。われわれの責任は，われわれの監査に基づいて，財務諸表および経営者の言明に対して意見を述べることである。

[範囲のパラグラフ]

われわれはアメリカの PCAOB の定めた監査基準に準拠して監査を実施した。それらの基準は，財務諸表に重要な虚偽記載がないこと，および財務報告にかかる有効な内部統制がすべての重要な点において維持されていることについて合理的な保証を得るために，監査を計画し，実施することをわれわれに対して求めている。財務諸表監査の手続は，財務諸表の金額と開示を立証する証拠の検証に基づく監査，使用された会計方針および経営者が実施した重要な見積りの評価，全体的な財務諸表の表示の評価，を含んでいる。内部統制監査の手続は，財務報告に係る内部統制の理解，内部統制の設計上および運用上の有効性の検証と評価，状況に応じてわれわれが必要と認めたすべての財務的事項の評価を含んでいる。われわれの監査手続は監査意見表明の合理的な基礎を提供していると確信している。

[定義のパラグラフ]

会社の財務報告に係る内部統制とは，一般に認められた会計原則に準拠した外部目的の財務諸表の作成と財務報告の信頼性に関して，合理的な保証を提供するために設計されたプロセスである。財務報告に係る内部統制は，(1)会社の資産の取引と処分を正確かつ適正に，合理的な程度で詳細に反映する記録の維持，(2)取引は一般に認められた会計原則に準拠して財務諸表が作成されるように記録され，入金および出金は経営者および取締役の承認に基づいたものだけが実行されるという合理

278　第Ⅱ部　内部統制に対する会計プロフェッションの関与

的な保証の提供，(3)財務諸表に重要な影響を与える資産が未承認のままに取得され使用され，処分されることを防止し，あるいは適時に発見することに関する合理的な保証の提供に関する方針と手続を含む。

[固有の限界のパラグラフ]

　財務報告に係る内部統制は，その固有の限界により，虚偽記載を発見または防止しないかもしれない。また，将来の期間にわたるいかなる評価を想定することも，周りの条件の変化によって内部統制が不適切になるかもしれない，あるいは方針や手続への準拠性の程度が低下するかもしれない，というリスクを伴うこととなる。

[意見のパラグラフ]

　われわれの意見では，上記の財務諸表は，すべての重要な点において，W社の20×2年および20×3年12月31日の財政状態，ならびに，20×3年12月31日で終了する3年間の経営成績およびキャッシュ・フローの状況を，アメリカで一般に認められた会計原則に準拠して，適正に表示している。われわれの意見では，W社は20×3年12月31日時点において，財務報告にかかる有効な内部統制を維持している，という経営者の言明は，すべての重要な点について［準拠した規準の名称］に基づいて，適正に表示されている。さらに，われわれの意見では，W社は20×3年12月31日時点において財務報告にかかる有効な内部統制を，すべての重要な点について，［準拠した規準の名称］に基づいて維持している。

[署　名]
[所在地]
[日　付]

4　日本における内部統制報告問題の現状と課題

　アメリカにおいて，今般，内部統制報告が法制化されたことを受けて，今後，多くの国々において，改めて内部統制報告が議論されることになるであろう。
　翻って，日本においては，長らく，COSOのような一定の内部統制概念が示されていない，と言われてきたところであったが，漸く，2002年1月に公表された改訂監査基準において，COSOの枠組みにほぼ準拠した内部統制概念が規定されることとなった。しかしながら，内部統制報告を実施するには，内部統制の有効性を評価するための規準や，報告にかかる規定等が必要であり，さらに今日では，英国の上記ガイダンス，およびアメリカのCOSOが現在検討中の

新たなガイダンスのように，ビジネス・リスク・モデルに基づいた内部統制の有効性評価のガイダンスが求められるようになってきている。

また，そのような報告実務における会計プロフェッションの関与については，日本公認会計士協会より，2001年7月16日に，「金融機関の内部管理体制に対する外部監査に関する実務指針」が公表されている。同実務指針は，内部統制についての経営者報告とそれに対する外部監査人による報告という，FDICIAのような報告モデルを実施に移すための指針であるといえよう。

ただし，同実務指針では，日本においては，アメリカと異なって，監査以外の保証業務がこれまでほとんど行われてきていないため，内部統制についての保証を与えるという監査人の関与をすぐさま実行に移すことは現実的ではないとして，「財務報告目的内部統制」に範囲を限定するとともに，それに対する監査を受託するに当たっての前提の考慮を設けているのである。すなわち，日本においては，財務諸表監査の業務範囲の中で行われてきた内部統制評定に近い形で内部統制報告への関与を位置づけ，最小限の業務範囲および責任の拡大にとどめたものということもできよう。実際，アメリカにおいて最終的にPCAOBの監査基準によって義務づけられたのも，財務報告にかかる内部統制報告に他ならない。

その一方で，同実務指針の公表は，今後，他の分野において，会計プロフェッションが提供する保証業務の導入の端緒となる可能性があるように思われる。アメリカにおいても，先に見たように，FDICIAの成立を契機として，内部統制およびコンプライアンスに関するアテステーション基準の整備等が進展した経緯があり，また，PCAOBにおいても，アテステーション基準に関しては，新たに会計プロフェッションが策定・公表したものを承認することを明らかにしているのである。

前述のとおり，今日，監査人によるアテステーション報告は，監査を担当する会計プロフェッションが担当すべきものとされており，内部統制報告は，財務報告とそれに対する監査に付随する「追加的報告」として位置づけられるものである。このような動向を鑑みるとき，その意義を積極的に捉え，経営者に

よる内部統制報告のガイダンス，ならびに，それに対する監査人による関与のための行動規範を整備することは，単に新たな報告実務の議論としてだけではなく，日本における財務報告および監査制度の充実という点で，今や，不可避な問題となってきているように思われるのである。

第17章
わが国における内部統制問題の調査

1 内部統制に関する調査の概要

　外部監査において，被監査企業の内部統制の整備・運用状況を把握することは，きわめて重要な課題である。監査実施のアプローチは，アメリカでは1980年代のいわゆる新SASの公表によって，また，それを受けてわが国でも，平成3年公表の監査基準において，かつての，被監査企業ないし経営者の誠実性を前提に，内部統制に依拠して試査範囲を決定するという内部統制アプローチから，現在では，監査リスクを踏まえて，効率的な監査資源の配分を図るというリスク・アプローチへと転換が図られたといわれているが，そのようなリスク・アプローチにおいても，内部統制評定の重要性は変わることはない。それどころか，所与の水準に監査リスクを抑えるために，統制リスクの大きさ，すなわち，内部統制の整備・運用状況を大きな決定要因として，監査の資源配分を含めた監査戦略を立てていくことになる以上，被監査企業の内部統制の評定は，リスク・アプローチによる監査を実施する上での枢要なプロセスである。

　約10年ぶりの全面改訂の上，2002年1月25日に企業会計審議会より公表された「監査基準の改訂について」（以下，改訂監査基準）においては，リスク・アプローチの徹底が重要な改訂点の1つとされており，内部統制概念の定義が示されるとともに，「主な改訂点とその考え方」の中で内部統制評定の重要性について言及されているところである。

　ところで，内部統制と一口に言っても，外部監査における内部統制概念は，

被監査企業において日常的に稼動している組織やシステム等を把握することに他ならないため，各企業によって多様なものとなるのはもちろんのこと，被監査企業が事業を営む国や社会の法律，制度または文化等に応じて異なるものとなる。改訂監査基準では，今や世界標準の内部統制に関するフレームワークともいうことのできる，COSO が公表した内部統制フレームワークをほぼ踏襲する内部統制概念が採用されているが，ここで問題となるのは，今般導入が図られた内部統制概念，およびその概念のもとで実施される内部統制評定が，わが国企業社会における内部統制の実態や外部監査の現状との関係で，適切なものなのかどうか，あるいは，どのような課題を招来せしめるものと考えられるのか，という点であろう。

そこで本研究では，上記の問題意識に基づいて，被監査企業ならびに外部監査人に対するアンケート形式の実態調査を行った。本章では，その結果をもとに，若干の考察を行うこととしたい。

アンケートはいずれも，質問票ならびに回答票を送付し，無記名の回答票を返送してもらう形式で行った。被監査企業については，2001 年 8 月から 9 月にかけて日本内部監査協会を通じて同協会加盟企業に対して実施したものであり，調査対象企業は，総計 998 社，回答企業数 341 社，回答率約 34.2％となっている[166]。

一方，外部監査人については，2001 年 11 月から 12 月にかけて実施したものであり，対象とした監査人は，直近の有価証券報告書所収の監査報告書の署名をもとに作成した関与社員リストから，監査法人間の偏りをなくすために，4 大法人から各 100 名とその他から 100 名の合計 500 名を抽出している。有効回答数は，143 名（回答率：28.6％）である。

なお，アンケートの実施時点はいずれも，今般の監査基準の改訂作業におい

---

[166] なお，調査対象企業のうち 68.0％が上場企業である。アンケートの分析に当たっては，上場企業と非上場企業それぞれの回答結果の他，業種別，規模別等の検討も行ったものの，いずれについても有意な差は見られなかったことから，以下では，全体の結果によって議論を進めている。

て，監査基準の改訂に先立って公開草案が公表されていた段階にあった。したがって，アンケート中の質問事項は，公開草案に基づいて作成し，実施したものであるが，本研究で問題とした内部統制に関する部分については，公開草案と，最終的に確定した改訂監査基準の間に内容面における相違は認められないことから，アンケートの結果およびその考察に関して，重大な影響はないものと考えている。

紙幅の関係上，以下本章では，議論に関係する部分の回答結果のみに言及することとする。

2　日本の外部監査における内部統制問題

(1)　内部統制概念

内部統制の概念は，外部監査人にとっては，財務諸表監査の依拠する対象である内部統制の範囲を把握するという意味において重要な問題であり，また，その範囲を明確化することは，結果として自らの責任の範囲を限定することにもなる。それゆえ，アメリカをはじめとする諸外国では，内部統制の概念規定をめぐって，歴史的にさまざまな議論が行われてきた。

近年，アメリカにおいて COSO によって示された内部統制フレームワークは，その後多くの国々における内部統制概念規定に影響を与えてきている。とくに，同フレームワークが，BIS のバーゼル委員会によって採用されたことで，各国の金融機関におけるリスク管理規定に導入され，今や，内部統制に関する一種の世界標準となりつつあるように思われる。

従来，わが国では，内部統制概念に関する明確な規定がないといわれてきた[167]が，近年改訂された『預金等受入金融機関に係る検査マニュアル』（金融

---

[167]　2002年監査基準以前の日本における内部統制に関する規定としては，1994年公表の日本公認会計士協会監査基準委員会報告第4号「内部統制」がある。またそれに先立つ議論としては，1951年公表の通産省産業合理化審議会「企業における内部統制の大綱について」がある。

前者については，山浦 (1999, p.152 以下)，後者については，八田 (1996, pp.435-446) を参照されたい。

検査マニュアル)においては、バーゼル委員会の動向を踏まえて、COSO のフレームワークを全面的に取り入れており、さらに、今般の改訂監査基準では、次のように、監査基準の中において COSO の定義に準じる内部統制概念を規定している(前文中の「5. 内部統制の概念について」)。

「内部統制とは、企業の財務報告の信頼性を確保し、事業経営の有効性と効率性を高め、かつ事業経営に関わる法規の遵守を促すことを目的として企業内部に設けられ、運用される仕組みと理解される。

内部統制は、(1)経営者の経営理念や基本的経営方針、取締役会や監査役の有する機能、社風や慣行などからなる**統制環境**、(2)企業目的に影響を与えるすべての経営リスクを認識し、その性質を分類し、発生の頻度や影響を評価する**リスク評価**の機能、(3)権限や職責の付与及び職務の分掌を含む諸種の**統制活動**、(4)必要な情報が関係する組織や責任者に、適宜、適切に伝えられることを確保する**情報・伝達**の機能、(5)これらの機能の状況が常時監視され、評価され、是正されることを可能とする**モニタリング**という5つの要素から構成され、これらの諸要素が経営管理の仕組みに組み込まれて一体となって機能することで上記の目的が達成される。」(太字は筆者による。)

上記定義に示されている5つの内部統制要素は、COSO の内部統制のフレームワークと同一のものである。問題の焦点は、かかる定義が、わが国の内部統制や企業環境の実態に適したものであるかどうか、という点である。

アンケートによって、同定義を適切なものと考えるかと尋ねたところ、同定義を「適切な定義だと思う」との回答が圧倒的な比率(被監査企業 75.1%、外部監査人 79.0%)を占めたが、この結果の意味するところは、回答者の多くがこの定義を(一般論として)理解できるものであると受けとめた、という程度のことではないかと思われる。ここで示されている定義は、あくまでも抽象的なものであり、今後、実務指針等において具体的な内容が明らかになった状況で、どのような結果となるのかについては、さらなる調査が必要であろう。

また、上記の定義は、監査基準において内部統制を定義するという方法をとったものであるが、そもそも、内部統制は、企業の経営組織等に幅広くかか

わる問題であり，監査に限らず，幅広い利害関係者を含めた議論によって，その国または社会の特性に応じた概念フレームワークが策定されることが望ましいようにも思われる。たとえば，COSO は，AICPA，AAA，IIA，IMA および FEI という5つの団体によって構成されている。

監査基準における定義という方法は，COSO のフレームワークを早期に導入するという観点からすれば，これに替わる方法のないものであったといえるかもしれないが，諸外国における歴史的経緯を見れば明らかなように，内部統制概念が，時代とともに移り変わるものである以上，改訂監査基準が実施に移される 2003 年 3 月期以後にも，改めて，内部統制に関する議論を主体的に扱う「場」の問題を検討する必要があるように思われる。

そこで，前掲の改訂監査基準の問題とは離れて，わが国企業における内部統制に関して，内部統制の概念枠組みや，何らかの一定の実務指針等を策定するとしたら，どのような機関・団体が関与すべきであるか，すなわち，アメリカにおける状況と対比して，日本では，どのような機関・団体が内部統制概念フレームワークの策定に関与すべきであると期待されているか，を尋ねたところ，**図表 17-1** のような結果が示された。

この回答結果において留意すべきは，学会をあげる回答があまり多くないという点であろう。複数回答可という条件であることを考慮すると，回答結果に関する限り，現状での学会への期待度は，低いものと言わざるを得ないように思われる。実務界との適切な関係を構築し，学会という独立な立場から，研究成果に基づく提言と助言を行うという行き方をわが国の学会においても検討する必要があるのではないだろうか。

286 第Ⅱ部 内部統制に対する会計プロフェッションの関与

図表17-1 内部統制に関す関する実務指針等の策定に関与すべき機関・団体
＜複数回答可＞

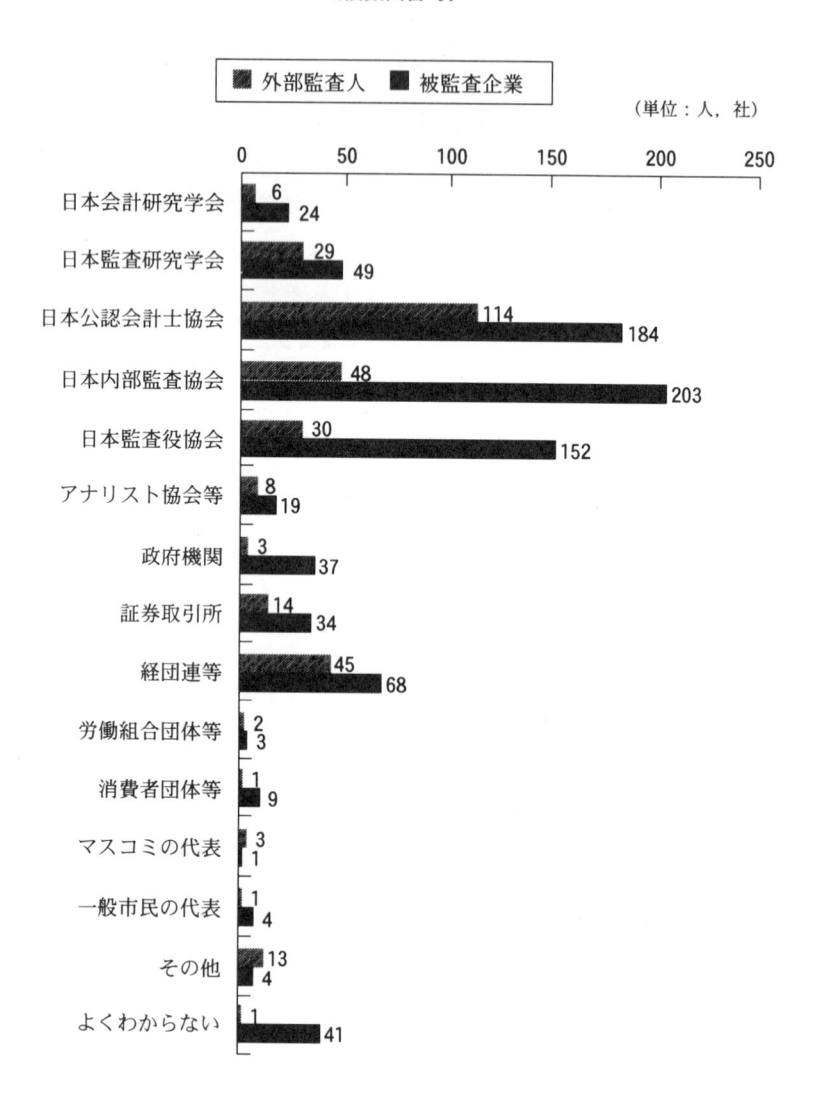

凡例：■ 外部監査人　■ 被監査企業　（単位：人，社）

機関・団体	外部監査人	被監査企業
日本会計研究学会	6	24
日本監査研究学会	29	49
日本公認会計士協会	114	184
日本内部監査協会	48	203
日本監査役協会	30	152
アナリスト協会等	8	19
政府機関	3	37
証券取引所	14	34
経団連等	45	68
労働組合団体等	2	3
消費者団体等	1	9
マスコミの代表	3	1
一般市民の代表	1	4
その他	13	4
よくわからない	1	41

（注1） 回答者数は，外部監査人143名，被監査企業341社である。

(2) 内部統制評定

　前掲の改訂監査基準では、「監査基準　第三実施基準　三 監査の実施2」において、次のように規定している。

　　「監査人は、ある特定の監査要点について、内部統制が存在しないか、あるいは統制リスクが高いと判断した場合には、統制評価手続を実施せず、実証手続により十分かつ適切な監査証拠を入手しなければならない。」

　これによれば、内部統制の不備がある場合、追加的な監査手続が必要となることが考えられる（脇田ほか、2002）。すなわち、新たな内部統制概念のもとで、外部監査人による内部統制評価が変化し、企業に対して、新たな内部統制整備の必要性が生じるというのである。

　この点についての認識を尋ねたところ、回答結果としては、「今後、内部統制の更なる整備を図らなくてはならない」（被監査企業45.0％および外部監査人30.8％）または「今後、組織変更も含めた内部統制の整備を図る必要がある」（同じく、19.0％および39.2％）との回答を示したものがかなりの割合を占めた。この結果を見る限り、新たな内部統制概念に基づく外部監査の実施には、多くの企業において、内部統制の整備にかかる新たな措置が必要であると、被監査企業および外部監査人の双方から認識されているものと解される。

　また、企業を対象としたアンケートについては、日本内部監査協会加盟企業を対象としている点についても、若干の考慮が必要と思われる。一般に、わが国企業の中には、経理や営業等の各部門におけるモニタリングだけで十分であるとして、独立した内部監査部門を持たない企業も多い。そのような企業を含む調査を行った場合、内部統制の整備状況は、さらに多くの課題を提起することとなるであろう。同アンケートでは、内部統制または内部牽制に関する独立的な規定が整備されているかどうか、についても尋ねているが、回答によれば、その整備率は、68.6％であった。言い換えれば、日本内部監査協会加盟企業においてすら、かかる規定の整備率が70％に満たない、ということもできよう。

　では、内部統制に関して改善すべき課題があるとして企業にあっては、どのような問題を識別しているのであろうか。先のCOSOおよび改訂監査基準の定

義にある5つの構成要素を選択肢として尋ねたところ，**図表 17-2** のような結果が示された。

これによって明らかなように，企業側では，「リスク評価」を選ぶ回答が圧倒的に多かったのに対して，外部監査人の側では，それと並んで「統制環境」および「モニタリング」をあげる回答が多く示されている。この点を明らかにするために，当該質問に続いて尋ねた「具体的内容」の自由記入欄の回答内容を

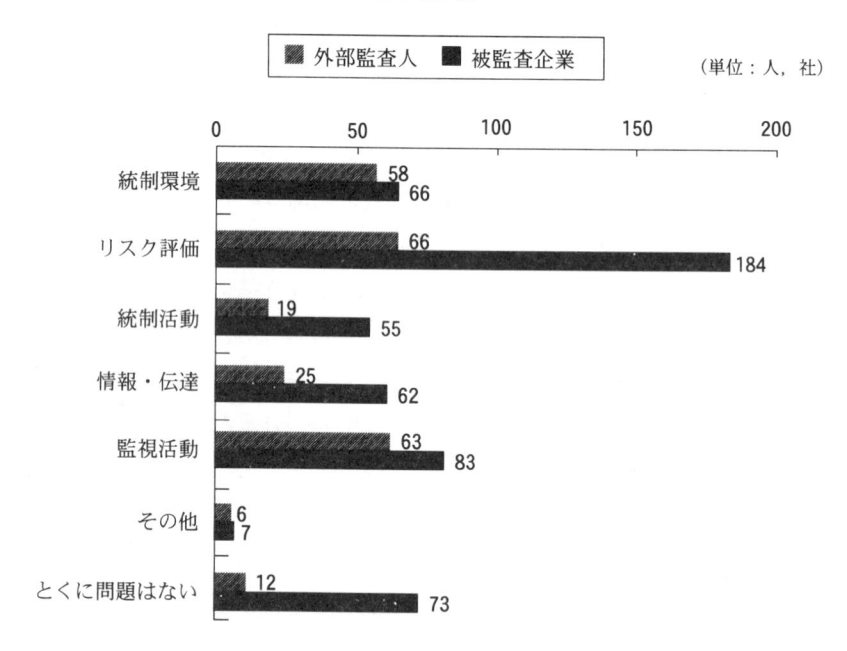

図表 17-2　内部統制の課題
＜複数回答可＞

凡例：外部監査人　被監査企業　　　　（単位：人，社）

項目	外部監査人	被監査企業
統制環境	58	66
リスク評価	66	184
統制活動	19	55
情報・伝達	25	62
監視活動	63	83
その他	6	7
とくに問題はない	12	73

（注1）　回答者数は，外部監査人 143 名，被監査企業 341 社である。
（注2）　外部監査人については，「担当している被監査企業の内部統制に関して」，被監査企業については「御社の定義に即して」課題があると考えられる点について回答を求めている。

整理してみると，企業側では，経営管理上の効率性等の目的のため，リスク評価の重要性を指摘する回答が多く示されていたのに対して，外部監査人の側では，経営者について，または社内全般にわたって，内部統制（あるいは，統制活動やモニタリング）に関する意識が低いという問題が指摘されていた。また，いずれのアンケート結果においても，近年の合理化や組織改編によって，内部統制が脆弱なものとなっているという認識が広くもたれていることが示されている。

次に，内部統制の改善に当たって，外部監査人の助言・指導はどの程度重要か，を尋ねたところ，「非常に重要である」（被監査企業15.1％および外部監査人53.0％），「重要である」（同じく，64.8％および42.0％）という回答結果が示された。

内部統制の改善に関する助言は，古くから外部監査人による助言機能のうちの重要な1つとして認識されてきており，「監査の副産物」などと称されるものであることから，かかる回答結果は，当然のことといえるのかもしれない。しかしながら，今般の改訂監査基準においても明示されているいわゆる二重責任の原則からすれば，わが国では，いわゆる外部監査人の「指導的機能」への期待が非常に大きいという点にも留意する必要があろう。とくに，監査責任の観点から，内部統制の構築を含めた企業側に属する責任とは一線を画すべき外部監査人の側に，かかる機能を重要視する意識が強いことは，わが国の会計プロフェッションにおいて，監査責任に対する意識が必ずしも十分浸透しているわけではないということの証左かもしれないように思われるのである。

いずれにせよ，本アンケートの調査結果が，一概に外部監査人による助言の「有用性」が高い，ということを意味するとは言いきれないものの，外部監査人の立場から有効な内部統制の整備に関与することについて，大きな期待が寄せられているということは明らかであるように思われる。

ところで，外部監査人による内部統制評定の実態はどのようなものなのであろうか。

まず，毎期の監査において，外部監査人が，どの程度の時間および労力をか

けて内部統制の評定を行っているか，を尋ねたところ，被監査企業では，「非常に多くの時間と大きな労力をかけていると思う」と「多くの時間と大きな労力をかけていると思う」という回答を併せても31.7%程度であるのに対して，「あまり時間・労力をかけていないと思う」と「ほとんど時間・労力をかけていないと思う」を併せた比率は，34.9%にのぼるものであったのに対して，外部監査人側では，それぞれ，51.8%と17.5%という結果が示された。全体として，被監査企業側では，外部監査人の認識に比べて，内部統制にかかる外部監査人の評定が十分ではない，という認識がもたれていると解することができるように思われる。

さらに，外部監査人に対するアンケートでは，毎期の監査において，内部統制の評定に費やす時間が全監査時間の何%を占めているかを尋ねているが，結果は，平均で32.2%であった。内部統制にかかるリスク（統制リスク）を重視して監査戦略を策定する現代の監査にあっては，この比率は妥当なものといえるのであろうか。

一般に，日本の外部監査においては，内部統制の評定に十分な時間が割かれていないと批判されることが多い。リスク・アプローチの徹底が図られた改訂監査基準のもとでは，今後，一層内部統制評定の重要性が高まることが予想される。前述の企業における内部統制の状況に関する現状認識，ならびに，外部監査人による内部統制の改善への関与に対する期待の大きさと考え併せると，企業側の期待と外部監査における内部統制評定の実態とのギャップが，わが国監査環境の大きな問題であることが読み取れるように思われるのである。

続いて，毎期の監査において，外部監査人が，どのような方法で内部統制の評定を行っているか，を尋ねたところ，結果は，**図表17-3**のようであった。回答結果において，「担当者等への直接の質問」が最も回答数が多かったが，内部統制の把握の主な部分が担当者等に対する面接調査によるものであることは明らかであり，予想された結果であるともいえよう。

問題は，「内部監査報告のレビュー」に関する回答数が少ない点にある。内部監査報告に関しては，外部監査人に対して必ずしも明らかにされないケースも

あるという。後段で尋ねている内部監査部門と外部監査との連携の問題とも関連するが，かかる手続は，諸外国においては当然のこととして行われている実務であり，この点は，日本における監査の大きな問題点の1つであるといえよう。

また，「担当者等への直接の質問」に関しても，被監査企業側では，自由記入欄においてキャリアの浅い会計士の能力不足を指摘する回答が多く示される等，内部統制評定の実効性について，若干の問題が指摘されている[168]。

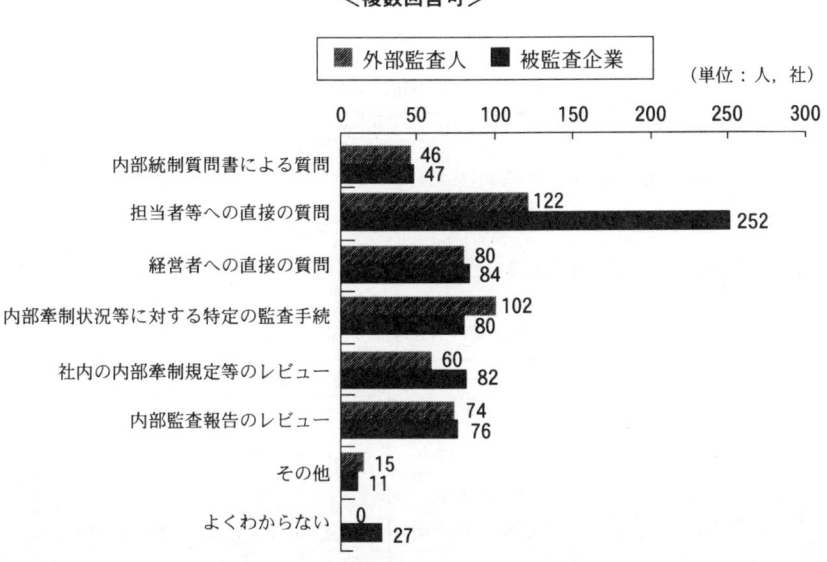

図表17-3　外部監査人による内部統制評定の方法
＜複数回答可＞

凡例：外部監査人／被監査企業　（単位：人，社）

項目	外部監査人	被監査企業
内部統制質問書による質問	46	47
担当者等への直接の質問	122	252
経営者への直接の質問	80	84
内部牽制状況等に対する特定の監査手続	102	80
社内の内部牽制規定等のレビュー	60	82
内部監査報告のレビュー	74	76
その他	15	11
よくわからない	0	27

（注）　回答者数は，外部監査人143名，被監査企業341社である。

---

168)　第4章で示したように，別途実施した公認会計士に対するインタビュー調査においても，一般に，実証性テストに関する技術等に比べて，とくにキャリアの浅い会計士に関して，面談に関する技術または経験の不足を問題視する意見が多くの回答者から示されていた。

(3) 内部統制報告

前述のとおり，前掲の内部統制の定義は，それに類した定義がすでに金融検査マニュアルにおいて導入されている。さらに，金融機関においては，その定義をもとに，内部統制の有効性に関する経営者報告書を公表するとともに，その適正性について，外部監査人が監査手続を実施し，監査報告書とは別の報告書において意見を表明することが予定され，日本公認会計士協会の実務指針が公表されている[169]。

その問題について，尋ねた結果が，**図表 17-4** である。

内部統制報告の問題は，アメリカ等では，1970年代から議論されてきた問題である。先にあげた COSO の内部統制概念のフレームワークは，もともと経営者による内部統制報告を想定した上で作成されたものでもある。現在，アメリカでは，金融機関については，経営者による内部統制報告とそれに対する外部監査人による報告が義務づけられており，一般企業については，強制規定はないものの，自主的契約に基づく会計プロフェッションによるアテステーション（証明）業務によって対応が図られている。

図表 17-4　経営者報告書，外部監査人による報告書の制度化

	外部監査人 (人)	外部監査人 (%)	被監査企業 (社)	被監査企業 (%)
(1) 両報告書とも制度化すべきだと思う	46	32.2	120	35.2
(2) 経営者報告書は制度化すべきだが，監査人による報告書は制度化する必要はない	51	35.7	68	19.9
(3) いずれも制度化する必要はない	26	18.2	48	14.1
(4) その他	6	4.2	11	3.2
(5) よくわからない	12	8.4	86	25.2
(6) 無回答	2	1.4	8	2.3
計	143	100	341	100

---

169)　日本公認会計士協会「金融機関の内部管理体制に対する外部監査に関する実務指針」，2001年7月16日。

しかしながら，日本においては，アメリカ等において行われているようなアテステーション業務の慣行もほとんどなく，また，それを広く実施するための職業基準も整備されていない。そのような現状では，一般企業を対象として，アメリカと同様の内部統制報告の枠組みを早急に導入することは非常に困難であると思われる。本設問は，そのような現状にあって，被監査企業および外部監査人が，内部統制報告問題についてどのような認識をもっているかを把握するために尋ねたものである。

結果として，経営者による内部統制報告の制度化については，肯定的な見解が多かったといえよう。しかしながら，企業側においては，「よくわからない」とする回答も数多かったことからも，この問題がそれほど広く認知されていないと解されるし，また，外部監査人による報告を制度化するまでの必要はない，という比率が，被監査企業で19.9％，外部監査人で35.7％と高いことなどを考慮すると，日本において，どのような形で制度化が図られていくべきかについて，さらなる議論が必要であるように思われる[170]。

3　コーポレート・ガバナンスと内部統制問題

内部統制の本質は，企業の組織等におけるコントロールに関わるさまざまな状況を外部監査上利用することにあるため，いわゆるコーポレート・ガバナンスの議論と大きな関連性を有することとなる。コーポレート・ガバナンスの議論にはさまざまな側面があるが，ここでは，外部監査と内部監査部門の連携問題を取り上げてみたい。

図表17-5に示した，アンケートの回答結果に示されていることは，外部監査，監査役監査，および内部監査といういわゆる三様監査の各機能の連携に

---

[170]　前述のように，金融機関については，日本公認会計士協会から実務指針が公表されているものの，アンケートの回答結果を見る限り，金融機関に分類される企業および金融機関を担当する外部監査人のいずれにあっても，他の回答者による回答との有意な差は認められなかった。

関して，外部監査人と内部監査部門との連携が必ずしも取れていないという点であろう[171]。

今日の外部監査においては，内部統制に大きなウェイトを置かざるを得ず，そのなかで，内部統制の一部として重要な役割を担っている内部監査部門との連携は，外部監査にとって欠かせないものである。

改訂監査基準でも，前文中の「5. 内部統制の概念について」において次のような文言が見られる。

「十分かつ適切に内部統制が運用されている企業については，利用し得る範囲において内部監査との連携等も考慮して，一層の効果的かつ効率的な監査が行われることが期待される。」（下線は筆者）

また，日本公認会計士協会からも，監査の実施に当たっての内部監査との連携および内部監査の結果の利用の重要性を背景として，1998年3月24日に，監査基準委員会報告書第15号「内部監査の整備及び実施状況の把握とその利用」が公表されている。同報告書では，「監査計画の立案及び監査手続の実施において，内部統制組織の一部としての内部監査の整備及び実施状況を把握する場合，内部監査の有効性を評価して監査を進める場合及び十分な監査証拠を入手するために特定の内部監査業務を利用する場合の実務上の指針を提供する」として，内部監査との連携にかかる指針を提供している。

IT化の進展を含めた企業実務の多様化・複雑化と，それに伴うリスクの増大は，外部監査が，単独では十分な機能を発揮することができず，内部統制の一部として，常時企業内においてリスクの評価またはモニタリングを担っている，内部監査部門との連携を不可避なものとするに至っているといえよう。

将来的な課題ではあるが，外部監査における継続監査問題等への対処を考えるときに，日本の監査環境における内部監査と外部監査の連携の脆弱性は，大きな欠陥となる可能性があるように思われるのである。

---

171) 外部監査人に対するアンケートにおいては，内部監査と監査役との連携については尋ねていない。

第17章　わが国における内部統制問題の調査

図表17-5　各監査機能間の連携

① 内部監査部門と外部監査人は十分な連携が図られているか

		被監査企業		外部監査人	
		(社)	(%)	(社)	(%)
(1)	非常によく連携がとれていると思う	2	0.6	3	2.1
(2)	よく連携がとれていると思う	84	26.2	42	29.4
(3)	どちらでもない	75	23.4	40	28.0
(4)	あまり連携がとれていないと思う	74	23.1	35	24.5
(5)	ほとんど連携がとれていないと思う	82	25.5	20	14.0
(6)	よくわからない	1	0.3	1	0.7
(7)	無回答	3	0.9	2	1.4
	計	321	100.0	143	100.0

② 監査役と外部監査人は十分な連携が図られているか

		被監査企業		外部監査人	
		(社)	(%)	(社)	(%)
(1)	非常によく連携がとれていると思う	20	5.9	14	9.8
(2)	よく連携がとれていると思う	155	45.5	73	51.0
(3)	どちらでもない	81	23.8	29	20.3
(4)	あまり連携がとれていないと思う	45	13.2	20	14.0
(5)	ほとんど連携がとれていないと思う	19	5.6	6	4.2
(6)	よくわからない	17	5.0	0	0.0
(7)	無回答	4	1.2	1	0.7
	計	341	100.0	143	100.0

③ 内部監査部門と監査役は十分な連携が図られているか

		被監査企業	
		(社)	(%)
(1)	非常によく連携がとれていると思う	54	16.8
(2)	よく連携がとれていると思う	180	56.1
(3)	どちらでもない	40	12.5
(4)	あまり連携がとれていないと思う	30	9.3
(5)	ほとんど連携がとれていないと思う	11	3.4
(6)	よくわからない	1	0.3
(7)	無回答	5	1.6
	計	321	100.0

内部統制は，各国または各社会ごとの文化や慣行に影響される部分が大きいといわれている。アンケートにおいても，わが国の事業慣行や文化が内部統制に影響を与えているとの回答が数多く示された（「非常に影響があると思う」が，被監査企業で27.6％，外部監査人で54.5％，「多少影響があると思う」が，同じく46.0％および40.6％）。

日本の場合，「日本的経営」という言い方で，近年，その是非を含めた議論が，コーポレート・ガバナンスの議論の中で行われてきているところである。そのような議論において指摘されている項目のうち，近年，解消等が進んでいるとされる，株式持合いや企業別労働組合，さらには，終身雇用や年功序列等に比べて，今なお残る取締役会のガバナンス状況や，決してシステムとして解消するというものではない，横並びやムラ社会等々の意識の問題をあげる回答が多く示された。このことは，内部統制の問題の底辺の広さと改善や改革のためには，単なるシステム改革では対応できないという困難さを垣間見ることができるようにも思われる。

今般の改訂監査基準における内部統制概念が，今後，わが国のコーポレート・ガバナンスの実態を含め，本章で述べてきたさまざまな内部統制上の課題にどのような解答を与えて，具体的な規定に結び付けられていくのかは，非常に重要な問題であろう。

さらに，今般の改訂監査基準では必ずしも扱われなかったビジネス・リスクの問題もある。現在，エンロン社の企業破綻を契機として，アメリカをはじめとする諸外国においては，かかる問題にいかに監査上対処するかということが，喫緊の課題として再検討されている。そのような観点からも，わが国の内部統制およびコーポレート・ガバナンスの問題について，改訂監査基準を基礎として，改めて議論を深めていく必要があるように思われるのである。

なお，アンケートではとりあげなかったが，わが国独自の用語法である「中間監査」をどのように捉えるか，という問題もある。「中間監査」を期中監査に含める，すなわち，期中における内部統制の準拠性テストの一環と捉えるならば，わが国における内部統制評定の時間またはコストは，非常に大きなものと

なるが，それが現状を写したものであるかどうかは議論の余地があろう。

　また，海外の企業においては，通常，月次決算が行われ，そこでは期末修正の多くの部分が行われていることにも留意する必要がある。その結果，たとえばアメリカ企業では，期末から1ヶ月と経たないうちに，外部監査報告が行われることになる。わが国の内部統制評定，ひいては外部監査環境を考えるときには，そのような企業実務の問題をより詳細に吟味しなくてはならないであろう。

　それらの点も含め，新たな監査規範のもとにおける，わが国の内部統制問題のあり方を，今後早急に検討していく必要があるように思われるのである。

第18章
結びにかえて

1 本書の要約

　本書では，監査環境の変化に対する会計プロフェッションの役割期待の問題について検討してきた。以下，本書において検討してきたところを要約してみたい。

　まず，第1章に示したように，本書の課題は，監査環境の変化の中で，会計プロフェッションにいかなる役割期待が寄せられ，それに対して，どのような対応が図られてきているのか，を検討することであった。

　そこで，第Ⅰ部においては，現在のように監査環境が大きく変化する中で，いかなる役割が監査人たる会計プロフェッションに対して期待されているのかについて検討した。

　第2章では，財務諸表監査の究極の要証命題である適正表示の問題を手懸りに，財務諸表の適正性を超えて，どこまでの役割を監査人が担うのか，について，適正性レベルの概念を用いて議論している。適正性レベルの概念とは，たとえば，各国において，監査の水準や監査の基礎となるGAAP等が異なる場合，その結果として，監査人の関与によって保証され，リスクが軽減される範囲が異なってくるという考え方である。

　適正性レベルの議論によれば，監査において，GAAP準拠性を確かめるということでは対応できない，ゴーイング・コンサーン問題や経営者不正，あるいは開示情報の基礎となる内部統制の健全性等の問題があり，それらへの対応は，

財務諸表監査を離れて，各国の会計プロフェッションの役割および責任に委ねられることとなる。

　一般に外部監査として行われる財務諸表監査において，監査人は，適正表示に関する意見表明を行うことで，開示プロセスを完結させる役割を担っている。適正性の概念は，財務諸表監査において究極命題と称されるように，最も重要なものであるが，現在の監査環境においては，「適正性」の意味する内容が大幅に拡張されてきている。すなわち，財務諸表が適切な会計基準に準拠して作成されているかどうかという問題を超えて，会計基準の枠組みにおいては対応できないゴーイング・コンサーン問題，経営者不正，あるいは開示情報の基礎となる内部統制の健全性等の問題等についても，広義の適正性の概念を構成する要素となる。

　それらの問題への対応が，会計基準によって図られるのであれば問題はないが，必ずしもそれらすべてに対応した会計基準の整備状況，すなわち GAAP 環境がもたらされるとは限らない。第3章では，その一例として，アメリカにおけるゴーイング・コンサーン問題への対応を取り上げ，GAAP と GAAS の関係，すなわち，GAAP の整備状況が GAAS のあり様にどのように影響を及ぼすものかという点について検討している。

　そこで明らかとなったことは，GAAP 環境の不備がある領域については，会計プロフェッションが，社会からの期待に応えて，会計基準準拠性を中心とした従来の役割を超えた，何らかの役割および責任を担わざるを得ないという点である。

　また，第4章では，わが国の監査人に対して実施したインタビュー調査をもとに，わが国において，会計ビッグバンと呼ばれるように会計基準の整備が急速に進められてきた近年の監査環境の変化の中で，会計プロフェッションがどのような意識で監査に携わっているのか，すなわち，監査人がどのような役割および責任を担おうとしているのかについて考察した。

　結果として，かかる監査環境の変化を背景として，わが国の会計プロフェッションにあっては，監査判断の厳格化という事態が生じていることが明らかと

なった一方，諸外国ですでに実施されている，ゴーイング・コンサーン問題や内部統制報告に対する対応を図ることついては，調査時点においては，非常に消極的であることが明らかとなった。

以上のような監査環境の変化に応じた会計プロフェッションの役割および責任の拡張をさらに推し進め，同時に，監査を含む会計プロフェッションの機能を理論的にも再構成すると考えられるのが，第5章，第6章で検討した，保証業務の議論である。

第5章では，現在の日本においてはまだ将来的な課題として考えられている，保証業務の議論を取り上げた。保証業務は，会計プロフェッションの新たな業務領域として，わが国においても導入が議論され始めているところであるが，そのような職域拡大の問題以上に，今後の会計プロフェッションの役割に大きな影響を及ぼす問題である。保証業務のフレームワークでは，会計プロフェッションの機能を，会計情報に限らずさまざまな事象について保証を付与することとして捉えることとなる。そのように解するならば，会計プロフェッションは，最高水準の保証を行う監査から，低レベルの保証業務までのさまざまな保証業務によって，社会からの期待に対して役割および責任を担っていくという，従来の監査に対する社会的需要の議論とは異なった形で，会計プロフェッションの業務に対する需要が捉えられることになる。

第6章では，現在，諸外国において重視されてきている事業報告の考え方のもとで，会計情報以外の最も重要な開示手段の1つとして位置づけられるMD&Aの問題を取り上げ，MD&Aに対する保証の付与について，会計プロフェッションがどのような役割および責任を担っているのかを検討した。

このように，会計プロフェッションは，監査環境の変化を受けて，従来の適正性の枠組みを超えて社会から期待されつつあるさまざまな役割に対して，保証のフレームワーク，すなわち，異なる水準の保証を提供するというフレームワークによって対応を図ろうとしてきているといえよう。

ところで，現在，監査人ないしは会計プロフェッションに対して期待されている最も重要な課題は，各国での議論およびわが国での監査基準の改訂の議論

にも見られるように，ゴーイング・コンサーン問題，経営者不正問題および内部統制問題の3つに集約されているように思われる。

　これらは，いずれも企業の健全性についての開示問題に関連がある。すなわち，企業の経営破綻を監査人が早期に発見し何らかの対応を図るべきとするゴーイング・コンサーン問題，そのような経営破綻の主な原因となる経営者不正の摘発に関する問題，さらには，ゴーイング・コンサーン問題や不正問題が生じるリスクに対処するために企業内に構築されるべき内部統制の有効性に関して，新たな報告の枠組みによって対応しようとする内部統制報告の問題である。

　これらのうち，本書では，以下の第Ⅱ部において，内部統制問題を検討することとした。それは，ゴーイング・コンサーン問題については，すでに今般の監査基準の改訂によって一定の対応が図られたところであるとともに，企業破綻という特別な状況下における問題であり，また，不正問題については，わが国においては，監査役監査の存在によって，会計プロフェッションの役割だけではなく，コーポレート・ガバナンス全体の問題と位置づけられるように思われるが，一方内部統制については，内部統制の評定が，現在も，従来同様，財務諸表監査における中心的な役割を担う問題であり，そのような問題について，ここまでに検討してきた監査環境の変化の中で，どのような対応が図られてきたかを考察することで，監査環境の変化に対する会計プロフェッションの対応のあり方を明らかにするのに最適であると考えるからである。

　そこで，第Ⅱ部においては，第Ⅰ部において検討してきた結果を踏まえ，各論として，内部統制問題に対する会計プロフェッションの関与の問題をさまざまな側面から考察した。

　まず，第8章および第9章において，近年，各国で設定，公表されてきた内部統制概念のフレームワークを検討し，それらが設定，公表された共通の背景として，相次ぐ企業の不正等への対応を図るためにコーポレート・ガバナンスを強化するという課題があること，ならびに，それらのフレームワークは，各国の企業システムや法制等が異なっている状況に応じて，必然的に異なる内容

をもつものとなっていることを明らかにした。

　かかるフレームワークは，多くの場合，内部統制に関する報告を重要な課題として設定されている。すなわち，内部統制の有効性について，財務報告とは別に新たな報告の枠組みを設けて，会計プロフェッションによる関与を求めようというものである。

　第10章では，マネジメント・レターと呼ばれる監査人から経営者に向けて提出される書簡のうち，内部統制に関するものが，内部統制問題の重要性の認識が高まるにつれて，監査制度の中に取り込まれていったことを論じた。

　続く第11章では，アメリカにおけるFDICIAの制定前後の議論をもとに，一般企業に対する内部統制報告の意義について検討した。第12章では，英国とカナダの状況を整理している。これらの章では，そのような状況に至る経緯を示すとともに，現在の状況が，会計プロフェッションに対する社会の期待と，そのような責任の拡大をともなう実務に抵抗する会計プロフェッション側の主張との間で，妥協的なシステムと捉えられることを明らかにした。

　第13章では，従来の監査報告に追加して，新たに報告を行うことに，どのような意義があるのか，について，情報監査と実態監査という概念区分の問題を踏まえて考察を行っている。財務諸表監査という情報監査の純化した形態を補完して，企業の実態に対処するための新たな報告システムを設定するというのが，追加的な監査報告の意義であるという点を論じたところである。

　第14章では，近年，経営者不正問題に対してさまざまな取組みが行われているが，その内容と内部統制の評定および報告の議論とがどのような関係にあるのか，について考察してきた。

　第15章では，第14章において検討した不正問題の1つの事例として，近年，わが国おいて初めて内部統制問題が判例によって明示的に取り上げられた事例でもある，大和銀行事件とその影響の問題を取り上げた。同事件は国際的にも大きな影響を及ぼし，バーゼル委員会の規定を通じて，わが国においても，金融機関を先駆けとして，第Ⅱ部を通じて検討してきた内部統制報告が制度化される契機となったものである。

第16章では，2002年に制定されたアメリカの企業改革法による内部統制報告の法制化の動きの意義を，それまでの内部統制報告の議論を再整理しつつ，明らかにした。

　そして，最後に第17章では，以上のような検討をもとにして実施した内部統制問題に関する実態調査をもとに，日本における内部統制評定の現状，および，内部統制報告導入の将来的な展望等について検討を行った。

　そこでは，日本においては，内部統制報告の制度化には多くの課題が残されていることが明らかとなった。すなわち，わが国においては，従来，監査時間の少なさ等を理由として，内部統制の評定が必ずしも十分に実施されていたとはいえないこと，企業側においても，内部統制の構築が十分に行われておらず，まずは，それらに対する対応が先決となると思われるからである。とくに，企業の内部監査部門の整備が不十分な状況は，現在，国際的に見れば，内部統制の評定に当たっては内部監査部門による協力を不可欠としている状況と比べるときに，非常に大きな問題であるといえよう。

　また，諸外国と異なり，監査以外の業務をほとんど実施していない状況にあるわが国会計プロフェッションにおいては，保証の階層性によって内部統制問題に対応するということが困難なものとなる。

　以上のように，アメリカ等の内部統制報告の問題への対応は，古くからの歴史的経緯によって，順次対応が図られてきたものであり，わが国においては，その実施にはまだ多くの困難がある。しかしながら，そのような実務の要請が，現在の会計プロフェッションに対する役割期待である以上，わが国のコーポレート・ガバナンス等の状況を踏まえた上で構築された内部統制概念に基づいて，保証業務のフレームワークに基づく内部統制報告に関する実務を醸成していく必要があるように思われるのである。

2 展　　望

　本書では，監査環境の変化に対して，監査人ないしより広い概念としての会計プロフェッションがいかに対応し，その結果，社会から期待される役割および責任を引き受けてきているのかを検討してきた。

　日本では，2002年1月に改訂監査基準が公表され，2003年3月期決算にかかる財務諸表の監査から適用されている。同基準においては，本書で検討してきた内部統制概念，リスク・アプローチ，不正問題への対処，さらには，ゴーイング・コンサーン問題等にかかる規定が盛り込まれており，「国際的に遜色のない」監査規範を目指すとの目標が明示されたのである。

　しかしながら，内部統制の問題を論じる過程でも述べてきたように，単に規定を設けただけでは，内部統制問題に託された会計プロフェッションによるガバナンスへの積極的な関与という目的は，必ずしも果たされないであろう。第4章および第17章で示したような実態調査によれば，内部統制に関する意識は，監査人の側も，被監査企業の側も，決して高いものとはいえない。そもそも，内部統制の議論は，広く利害関係者の議論によって，社会的に合意されていくべきものであって，ただ海外からの制度をそのまま移入したところで，それが日本の企業のガバナンス状況に見合うものでなければ，監査実務の現場における実態は，従来と変わらないものとなってしまうであろう。

　内部統制の概念を広く設定し，それに対して会計プロフェッションの関与を求めていくという動向は，従来の適正表示の枠組みを超えて，企業内で財務報告の裏側にある状況に対して，会計プロフェッションの関与を通じて，事業報告の枠組みにとり込んでいくプロセスの一部として解することができよう。したがって，財務報告が産み出される背景としての，日本企業のガバナンス状況等の実態について，有効な報告システムを構想していくことが望まれるのである。

　振り返れば，日本で新監査基準が公表されようとしていたまさにそのとき，

アメリカにおいては，エネルギー会社エンロンの不正問題が，会計および監査制度を大きく揺るがす事態を招来せしめていた。アメリカでは，COSO内部統制フレームワークによる広義の内部統制概念のもとで，アテステーション契約という自主的なフレームワークによって，監査人または会計プロフェッションの内部統制報告問題に対する一定の解決策を示していた。しかしながら，企業改革法のもとで，そのようなある意味での妥協策は，見直しが図られることとなったのである。

換言すれば，今や，アメリカの会計プロフェッションが，歴史的に内部統制報告の義務づけを回避し続けてきた論理が，現下の監査環境のもとでは社会的に受け容れられなくなってきているのである。また，今後の会計プロフェッションの新たな業務として注目を集め，大きな収入源として期待されていた保証業務についても，独立性強化の観点から非監査業務が原則禁止となった現状では，更なる見直しが必至な情勢である。

そのような状況にあって，日本においても，内部統制問題をはじめとして，監査人および会計プロフェッションの社会に対する契約としての役割および責任を，改めて広く議論する必要があるのではないだろうか。

企業の財務報告，とくに財務諸表情報の信頼性を担保する目的で，長く社会的な制度として実施されてきた監査については，監査環境の変化の中で，厳しい見直しが求められてきている。高度に国際化し，即時かつ適時の情報を求める資本市場が円滑に機能するには，開示される財務報告または会計情報だけではなく，それを生み出す企業内の機構の信頼性，すなわち，内部統制の有効性が担保されなければならないといえよう。

このように考えてくると，本書で検討してきた内部統制報告というのは，現下の監査環境の変化のもとで，最も重要な役割を担うシステムの1つとして，会計プロフェッションと社会との間の新たな社会的契約となりうるように思われるのである。日本においても，そのような観点に立った内部統制報告システムの積極的な導入が望まれるところである。

参考文献

洋文献

Alchian, A. and H. Demsetz, "Production, Information Costs and Economic Organization," *American Economic Review*, Vol.62, December 1972, pp.777-795.

Altman, Edward I., "Financial Ratios, Discriminant Analysis and the Prediction of Corporate Bankruptcy," *Journal of Finance*, September 1968, pp.589-609.

Altman, Edward I. and Thomas P. McGough, "Evaluation of a Company as a Going Concern," *Journal of Accountancy*, Vol.138 No.6, 1974, pp.50-57.

American Accounting Association[AAA], Committee to Prepare a Statement of Basic Accounting Theory, *A Statement of Basic Accounting Theory*, AAA, 1966.（飯野利夫訳『基礎的会計理論』，国元書房，1969年。）

American Institute of Accountants [AIA], Special Committee on Auditing Procedure, Statement on Auditing Procedure [SAP] No.1, *Extensions of Auditing Procedure*, AIA, 1939.

――, Committee on Auditing Procedure [CAP], *Tentative Statement of Auditing Standards- Their Generally Accepted Significance and Scope*, AIA, 1947.

――, CAP, *Internal Control- Elements of Coordinated System and its Importance to Management and the Independent Public Accountant*, AIA 1949.

American Institute of Certified Public Accountants [AICPA], Committee on Auditing Procedure [CAP], Statement on Auditing Procedure [SAP] No.30, *Responsibilities and Function of the Independent Auditor in the Examination of Financial Statements*, AICPA, 1960.

――, CAP, SAP No.32, *Qualifications and Disclaimers*, AICPA, 1962.

――, CAP, SAP No.33, *Auditing Standards and Procedures*, AICPA, 1963.

――, CAP, Statement on Auditing Standards [SAS] No.20, *Required Communication of Material Weaknesses in Internal Accounting Control*, AICPA, 1971a.

――, CAP, SAP No.49, *Reports on Internal Control*, AICPA, 1971b.

――, CAP, SAP No.54, *The Auditor's Study and Evaluation of Internal Control*, 1972.

――, Auditing Standards Executive Committee [AudSEC], SAS No.1, *Condification of Auditing Standards and Procedures*, AICPA,1973.

――, AudSEC, SAS No.5, *The Meaning of Present Fairly in Conformity with Generally Accepted Accounting Principles in the Independent Auditor's Report*, AICPA, 1975.

――, AudSEC, SAS No.16, *The Independent Auditor's Responsibility for the Detection of*

―――, *Errors or Irregularities*, AICPA, 1977a.

―――, AudSEC, SAS No.17, *Illegalities Act by Clients*, AICPA, 1977b.

―――, The Commission on Auditors' Responsibilities, *Report, Conclusions, and Recommendations*, AICPA, 1978. （鳥羽至英訳『財務諸表監査の基本的枠組み――見直しと勧告――』, 白桃書房, 1990年。）

―――, CAP, SAS No.30, *Reports on Internal Accounting Control*, AICPA, 1980.

―――, Auditing Standards Board [ASB], Exposure Draft, *Proposed Statement on Auditing Standards: The Communication of Control- Structure Related Matters Noted in an Audit*, AICPA, 1987.

―――, ASB, SAS No.53, *The Auditor's Responsibility to Detect and Report Errors and Irregularities*, 1988a.

―――, ASB, SAS No.54, *Illegalities Act by Clients*, AICPA, 1988b.

―――, ASB, SAS No.55, *Consideration of the Internal Control Structure in a Financial Statement Audit*, AICPA, 1988c.

―――, ASB, SAS No.58, *Reports on Audited Financial Statements*, AICPA, 1988d.

―――, ASB, SAS No.60, *Communication of Internal Control Structure Related Matters Noted in an Audit*, AICPA, 1988e.

―――, *Financial Report Survey* No.26, 1990.

―――, ASB, SAS No.69, *The Meaning of 'Present Fairly in Conformity with Generally Accepted Accounting Principles' in the Independent Auditor's Report*, AICPA, 1992.

―――, ASB, Statement on Standards for Attestation Engagement [SSAE] No.2, *Reporting on an Entity's Internal Control Structure Over Financial Reporting*, 1993a, AICPA.

―――, ASB, SSAE No.2, *Reporting on an Equity's Internal Control Structure Over Financial Reporting*, AICPA, 1993b.

―――, ASB, SSAE No.3, *Compliance Attestation*, 1993c, AICPA.

―――, Public Oversight Board [POB], *In the Public Interest: A Special Report by the Public Oversight Board of the SEC Practice Section*, 1993d, AICPA.

―――, POB, Advisory Panel on Auditor Independence, *Strengthening the Professionalism of the Independent Auditor*, 1994a. （日本公認会計士協会訳『コーポレート・ガバナンス制度と外部監査人』, 1996年, 所収。）

―――, The Special Committee on Financial Reporting, *Improving Business Reporting- A Customer Focus: Meeting the Information Needs of Investors and Creditors* (a.k.a. Jenkins Report), AICPA, 1994b. （八田進二・橋本尚訳『事業報告革命』, 白桃書房, 2002年。）

―――, ASB, SAS No.78, *Consideration of the Internal Control in a Financial Statement Audit*, AICPA, 1995.

―――, ASB, SAS No.82, *Consideration of Fraud in a Financial Statement Audit*, AICPA, 1997a.

―――, ASB, *Horizons for the Auditing Standards Boards -Strategic Initiatives towards the twentyfirst Century*, 1997b.

―――, The Special Committee on Assurance Service, *Report of the Special Committee on Assurance Service*, 1997c.

―――, ASB, SSAE No.8, *Management's Discussion and Analysis*, AICPA, 1998.

―――, POB, *The Panel on Audit Effectiveness: Report and Recommendations*, AICPA, 2000. (山浦久司監訳, 児島隆・小澤康裕共訳『公認会計士監査――米国POB：現状分析と公益性向上のための勧告――』, 白桃書房, 2001年。)

―――, ASB, Exposure Draft, *Proposed Statement on Auditing Standards Consideration of Fraud in a Financial Statement Audit*, 2002.

(The) American Law Institute [ALI], *Principles of Corporate Governance: Analysis and Recommendations*, ALI, 1994. (証券取引法研究会国際部会訳『コーポレート・ガバナンス――アメリカ法律協会「コーポレート・ガバナンスの原理：分析と勧告」の研究』, 日本証券経済研究所, 1994年。)

Anonymous article, "AICPA Responds to SEC Management Proposal," *Journal of Accountancy*, February 1989, p.21.

―――, "Financial Fraud Detection Act Introduced," *Journal of Accountancy*, May 1992a, p.17.

―――, *Accounting Today*, November 9, 1992b, pp.7, 14.

―――, *Wall Street Journal*, December 2, 1992c, p.A3.

―――, "Fraud detection and the role of the accountant," *Controllers Update*, No.97, January 1993, pp.2-3.

―――, "'Effectiveness' debate hots up," *Accountancy*, May 1995a, p.16.

―――, "Auditors 'are not ready'," *Accountancy*, July 1995b, p.13.

―――, "APB urged to rethink internal Control guidance," *World Accounting Report*, August / September 1995c, p.7.

―――, "Buck Passed to Hampel," *Accountancy*, February 1996, p.13.

Arens, Alvin A. and James K. Loebbecke, *Auditing- An Integrated Approach*, fifth edition, Prentice-Hall International, Inc., 1991.

Baliga, Wayne, "FDIC Claim Does Not Revive Statute of Limitations Period," *Journal of Accountancy*, Vol.177 No.2, February 1994, p.24.

Barrett, M. Edgar, "Financial Reporting Practices: Disclosure and Comprehensiveness in an International Setting," *Journal of Accounting Research*, Vol.14 No.1, Spring 1976, pp.10-26.

Basel Committee on Banking Supervision, *Framework for Internal Control Systems in Banking Organizations*, 1998.

Beasley, M. S. et al., *Fraudulent Financial Reporting: 1987-1997 - An Analysis of U. S. Public Companies*, COSO, March 1999.

―― et al., *Fraud-Related SEC Enforcement Actions against Auditors: 1987-1997*, ASB, August 2000.

Benston, George J.,"The value of the SEC's accounting disclosure requirements,"*The Accounting Review*, Vol.44 No.3, July 1969, pp.515-532.

――, "The market for public accounting services: demand, supply and regulations," *Journal of Accounting and Public Policy*, Vol.4 No.1, Spring 1985, pp.33-79.

Beresford, Dennis R., James J. Doyle and Gray A. Zell, "On Trial-Voluntary Internal Control Reports," *Financial Executive*, September 1980, pp.14-19.

Berle, A. A. and G. C. Means, *The Modern Corporation and Property*, 1932. (北島忠男訳『近代株式会社と私有財産』, 文雅堂銀行研究社, 1958年。)

Berry, Leonard Eugene and Wanda A. Wallace, "Governmental auditing research: An analytic framework, assessment of past work, and future directions," *Research in Governmental and Nonprofit Accounting*, Vol.2, 1986, pp.89-115.

Blue Ribbon Committee on Improving the Effectiveness of Corporate Audit Committees, *Report and Recommendations of the Blue Ribbon Committee on Improving the Effectiveness of Corporate Audit Committees*, NYSE, 1999.

Bologna, G. J. and R. J. Lindquist, *Fraud Auditing and Forensic Accounting*, 1987.

Brown, R. Gene, "Changing audit objectives and techniques," *The Accounting Review*, Vol.37 No.4, October 1962, pp.696-703.

Bryan, Stephen H., "Incremental Information Content of Required Disclosures Contained in Management Discussion and Analysis," *The Accounting Review*, April. 1997, pp.285-301.

Burton, John C.,"Fair Presentation: Another View,"*CPA Journal*, Vol.45 No.6, June 1975, pp.13-19.

Campbell, Jane E. and Jane F. Mutchler, " The 'Expectations Gap' and Going- Concern Uncertainties," *Accounting Horizons*, Vol.2 No.1, 1988, pp.42-49.

Canadian Institute of Chartered Accountants [CICA], the Special Committee to Examine the Role of the Auditor, *Report of the Special Committee to Examine the Role of the Auditor*, CICA, 1978.

――, Criteria of Control Board [CoCo], *Control and Governance No.1: Guidance on Control*, CICA, 1995. (八田進二・橋本尚共訳「カナダ勅許会計士協会 統制規準審議会公表ガイダンス第1号『統制に関するガイダンス』」,『駿河台経済論集』Vol.6 No.2, 1997年3月, pp.281-328.)

――, Auditing Standards Board [AuSB], *Communication of Matters Identified during an Audit of Financial Statements*, CICA, 1996a.

――, AuSB, *Internal Control in the Context of an Audit- Weaknesses in Internal Control*, CICA, 1996b.

―――, CoCo, *Guidance for Directors- Governance Process for Control*, December 1997.（八田進二・橋本尚共訳「カナダ勅許会計士協会　統制規準審議会公表ガイダンス第2号『取締役のためのガイダンス――統制のための統治プロセス』」,『駿河台経済論集』Vol.8 No.1, 1998年9月, pp.83-115.）

―――, CoCo, *Guidance for Directors- The Millennium Bug*, February 1998.（八田進二・橋本尚共訳「カナダ勅許会計士協会　統制規準審議会公表ガイダンス特別公報『取締役のためのガイダンス――千年紀バグ』」,『駿河台経済論集』Vol.8 No.2, 1999年3月, pp.153-175.）

―――, CoCo, *Guidance on Assessing Control*, April 1999.（八田進二・橋本尚共訳「カナダ勅許会計士協会　統制規準審議会公表ガイダンス第3号『統制の評価に関するガイダンス』」,『駿河台経済論集』Vol.9 No.1, 1999年9月, pp.85-141.）

―――, CoCo, *Guidance for Directors- dealing with risk in the boardroom*, April 2000.（八田進二・橋本尚共訳「カナダ勅許会計士協会　統制規準審議会公表ガイダンス第4号『取締役のためのガイダンス――取締役会議室におけるリスクへの対処』」,『駿河台経済論集』Vol.10 No.1, 2000年9月, pp.153-175.）

Caplan, Dennis H., *The Expectation Gap: Understanding Auditors' Efforts to Detect Fraud*, University of California, Berkeley, 1995.

Carmichael, D. R., "What does the Independent Auditor's Opinion Really Mean ?," *Journal of Accountancy*, Vol.138 No.5, November 1974, pp.83-87.

―――, "Risk and Uncertainty in Financial Reporting and the Auditor's Role," in Howard F. Stettler, ed., *Auditing Symposium Ⅲ*, Touche Ross/University of Kansas Symposium on Auditing Problems, Lawrence, Kan.: University of Kansas School of Business, 1976, pp.32-44.

―――, "Statements in Quotes: Internal Accounting Control- It's the Law, *Journal of Accountancy*, May 1980.

―――, "Report card on the accounting profession," *CPA Journal*, Vol.67 No.1, January 1997, pp.18-24.

Carmichael, D. R. and John J. Willingham, *Auditing Concepts and Methods- A Guide to Current Auditing Theory and Practice, fifth edition*, McGraw-Hill Book Company, 1989.

Casson, Peter, "The Bank of England's relationship with auditors and reporting requirements," *Financial Regulation Report*, May 1996, pp. 6-7.

Chapman, Christy, "Bringing ERM Into Focus," *Internal Auditor*, June 2003.

Chatfield, Michael, *A History of Accounting Thought*, The Dryden Press, Illinois, 1974.（津田正晃・加藤順介訳『会計思想史』, 文眞堂, 1978年。）

Chen, Kevin C. W. and Bryan K. Church, "Default on Debt Obligations and the Issuance of Going-Concern Opinions," *Auditing: A Journal of Practice & Theory*, Vol.11 No.2, Fall

1992, pp.30-49.

Choi, Frederick D. S. and Vinod B. Bavish, "Diversity in Multinational Accounting," *Financial Executive*, Vol.50 No.8, August 1982, pp.45-49.

Chow, C. W., "The demand for external auditing: Size, debt and ownership influences," *The Accounting Review*, Vol.57 No.2, April 1982, pp.272-291.

Chow, C.W., I. Kramer and W. A. Wallace, "The Environment of Auditing," in Abdel-Khalik, A. R. and I. Solomon (eds.), *Research Opportunities in Auditing: The Second Decade*, AAA, 1998.

Coase, R., "The Nature of the Firm," *Economica*, Vol.4, November 1937, pp.386-405.

Cole, C., "MD & A trends in Standard & Poor's top 100 companies," *Journal of Corporate Accounting and Finance*, Winter 1990, pp.127-136.

(The) Commission to Study the Public Expectation of Audit, *Report of the Commission to Study the Public Expectation of Audit*, CICA, June 1988.

Committee of Sponsoring Organizations of the Treadway Commission [COSO], *Internal Control − Integrated Framework*, AICPA, September 1992 and May 1994.（鳥羽至英・八田進二・高田敏文共訳『内部統制の統合的枠組み―理論篇―』および『内部統制の統合的枠組み―ツール篇―』，白桃書房，1996年。）

――, *Internal Control Issues in Derivatives Usage: An Information Tool for Considering the COSO Internal Control − Integrated Framework in Derivatives Applications*, COSO, 1996.

――, *Fraudulent Financial Reporting: 1987-1997 An Analysis of U. S. Public Companies*, COSO, 1999.

――, COSO, "COSO Launches New Study to Provide Guidance on Assessing and Managing Enterprise Risks," *Immediate Release*, January 21, 2002.

――, *Enterprise Risk Management Framework*, ED, COSO, July 15th, 2003.

Committee on Corporate Governance, *Corporate Governance- Final Report*, January 1998a.（八田進二・橋本尚共訳『英国のコーポレート・ガバナンス』，白桃書房，2000年，所収。）

――, *Corporate Governance- The Combined Code*, June 1998b.（八田進二・橋本尚共訳『英国のコーポレート・ガバナンス』，白桃書房，2000年，所収。）

Committee on the Financial Aspects of Corporate Governance, *Report of the Committee on the Financial Aspects of Corporate Governance*, December 1992.（八田進二・橋本尚共訳『英国のコーポレート・ガバナンス』，白桃書房，2000年，所収。）

Costouros, G. J., "Auditing in the athenian state of the golden age (500-300b.c.)," *The Accounting Historian Journal*, Vol.5 No.1, Spring 1978, pp.41-50.

Cowan, Tom K., "Are Truth and Fairness Generally Acceptable ?," *The Accounting Review*, Vol.40 No.4, October 1965, pp.788-794.

Cox, Clifford T. and Henry Wichman Jr., "A Survey of the Perceived Benefits of Management Letters for Government Units," *Government Accountants Journal*, Vol.40 No.2, 1991, pp.16-24.

Dharan, Bala G., "Auditing as a signal in small business," *Journal of Small Business Finance*, Vol.2 No.1, 1992, pp.1-11.

Edmister, R. O., "An Empirical Test of Financial Ratio Analysis for Small Business Failure Prediction," *Journal of Financial and Quantitative Analysis*, March 1972, pp.1477-1493.

Edwards, John Richard, *A History of Financial Reporting*, Routledge, London, 1989.

Elliott, Robert K., "Assurance Service Opportunities: Implication for Academia," *Accounting Horizons*, Vol.11 No.4, December 1997.

Elliott, Robert K. and Peter D. Jacobson, "The Auditor's Standard Report: The Last Word or in Need of Change ?," *Journal of Accountancy*, Vol.163 No.2, February 1987, pp.72-79.

Emby, Craig and Ronald A. Davidson, "The effects of engagement factors on auditor independence," *Journal of International Accounting Auditing & Taxation*, Vol.7 Issue 2, 1998.

Etherington, Lois D. and Irene M. Gordon, *Internal Control in Canadian Corporations-Management Perspectives*, CICA, 1985.

Filios, V. P.,"A concise history of auditing (3000b.c.-a.d.1700),"*Internal Auditor*, Vol.41, June 1984, pp.48-49.

Garland, Roger, "Internal Control- Where are we now ?" *Accountancy*(Ireland), June 1994, pp.17-21.

General Accounting Office [GAO], *The ACCOUNTING PROFESSION- Major Issues: Progress and Concerns*, GAO, 1996.（藤田幸男・八田進二監訳『アメリカ会計プロフェッション——最重要問題の検証：改革の経緯と今後の課題』, 白桃書房, 2000年。）

――, *Foreign Banks: Internal Control and Audit Weakness in US Branches*, Report to the Subcommittee on Financial Institution and Consumer Credit, Committee on Banking and Financial Services, House of Representatives, September 1997.

Golen, Steven P., Stephen W. Looney and Richard A. White,"An Empirical Examination of CPA Perceptions of Communication Barriers Between Auditor And Client," *Advances in Accounting*, Vol.6, 1988, pp.233-250.

Gramling, Audrey Ann, *The Influence of Client and Partner Preferences on Audit Judgments*, The University of Arizona, 1995.

Green, Brian Patrick, *Identifying Management Irregularities through Preliminary Analytical Procedures*, Kent State University, 1991.

Gwilliam, David, "Auditor's On-Going Concern," *Accountancy*, January 1993, pp.70-72.

Hermanson, Roger H., Jerry R. Strawser and Robert H. Strawser, *Auditing Theory and Practice*, *fourth edition*, IRWIN, 1987.

Higson, Andrew and John Blake, "The True and Fair View Concept- A Formula for International Disharmony: Some Empirical Evidence, *The International Journal of Accounting*, No.28, 1993, pp.104-115.

Hooks, K. L. and J. Moon, "A classification scheme to examine management discussion and analysis compliance," *Accounting Horizons*, June. 1993, pp.41-69.

Hooten, J. G. and D. L. Landsittel, "Addressing 'Early Warning' and the Public Interest: Auditor Involvement with Internal Control," *The CPA Journal*, June 1991, pp.10-13.

Hudack, Lawrence R. and Larry L. Orsini, "A Note of Caution to Users of Japanese Financial Reports: A Demonstrarion of an Enlarged Exogenist Approach," *International Journal of Accounting*, No.27, 1992, pp.15-26.

Institute of Chartered Accountants in England and Wales [ICAEW], Auditing Practice Board [APB], Statement of Auditing Standards 130, *The Going Concern Basis in Financial Statements*, November 1994a.

――, The Technical Department, *Internal Control and Financial Reporting: Guidance for Directors of Listed Companies Registered in the UK*, ICAEW, December 1994b.

――, APB, *Internal Financial Control Effectiveness*, A Discussion Paper, ICAEW, April 1995.

――, 2005 Working Party, *Added-value Professionals- Chartered Accountants in 2005*, ICAEW, 1996.

――, The Internal Control Working Party, *Internal Control: Guidance for Directors on the Combined Code*, ICAEW, September 1999. (KPMG 著・八田進二監訳『企業価値向上の条件』, 白桃書房, 2002 年。)

The Institute of Directors in South Africa, *The King Report on Corporate Governance*, November 1994. (八田進二・橋本尚・町田祥弘共訳『コーポレート・ガバナンス――南アフリカ・キング委員会報告書――』, 白桃書房, 2001 年。)

International Capital Market Group [ICMG], *International Corporate Governance: Who Holds the Reins?* ICMG, 1995. (日本公認会計士協会訳『コーポレート・ガバナンス制度と外部監査人』, 1996 年, 所収。)

International Federation of Accountants [IFAC], International Auditing Practices Committee, *Reporting on the Credibility of Information*, 1997, IFAC.

――, International Auditing and Assurance Standards Board[IAASB], *International Framework, for Assurance Engagements*, December 2003.

――, International Statement on Auditing 570, *Going Concern*, June 1999.

Jackson, Peter, "Co-operative Control," *CA Magazine*, April 1994, pp.59-63.

Jacobson, Robert and David Aaker, "Myopic Management Behavior with Efficient, but Imperfect,

Financial Markets- A Comparison of Information asymmetries in the U. S. and Japan, *Journal of Accounting Economics*, No.16, 1993, pp.383-405.

Jensen, Michael C. and William H. Meckling, "Theory of the firm: Managerial behavior, agency costs and ownership structure," *Journal of Financial Economics*, Vol.3, October 1976, pp.305-360.

Kelly, T. P., "The COSO Report: Challenge and Counterchallenge," *Journal of Accountancy*, February 1993, pp.10-18.

Kida, Thomas, "An Investigation into Auditors' Continuity and Related Qualification Judgments," *Journal of Accounting Research*, Vol.18 No.2, 1980, pp.506-523.

Konrath, Larry F., "Uncertainty and the Subject-to Qualification: the Auditor Requirement," Professional Notes, *Journal of Accountancy*, May 1985.

Leonard, Steven, "Internal Control Debate," *Accountancy*, June 1995, pp.74-75.

Littleton, A. C., *Accounting Evolution to 1900*, Accounting History Classics Series, University of Alabama Press, Alabama, 1981. Reprint of the 1933 original ed. published by American Institute Publishing Co., New York. (片野一郎訳『リトルトン会計発達史』第9版, 同文舘, 1967年。)

Luscombe, Nelson, "Control without Command," *CA Magazine*, May 1993.

MacDonald, William A., "Great Expectations," (interview with CA Magazine), *CA Magazine*, July 1988, pp.18-30.

Matsumura, Ella Mae and Robert R. Tucker, "Fraud Detection: A Theoretical Foundation," *The Accounting Review*, Vol.67 No.4, October. 1992, pp.753-782.

Mautz, R. K. and Hussein A. Sharaf, *The philosophy of Auditing*, AAA, 1961. (関西監査研究会訳『監査理論の構造』, 中央経済社, 1987年。)

May, George O., *Twenty-Five Years of Accounting Responsibility*, Vol.1, Scholars book Co., 1936. (加藤盛弘ほか訳, 『会計原則の展開』, 森山書店, 1981年。)

――, *Financial Accounting*, 1946. (木村重義訳『G.O. メイ 財務会計』, 同文舘, 1970年。)

Menon, K. and D. D. Williams, "The Insurance Hypothesis and Market Price," *The Accounting Review*, Vol.69 No.2, April 1994, pp.327-342.

Messier, Jr., William F. and O. Ray Whittington, "Auditor Attestation to Management Reports on Internal Control- Should It Be Required ?," in *The Expectation Gap Standards*, by AICPA, 1993, pp.244-255.

Moraglio, J. F. and J. F. Green, "The FDIC Improvement Act: A Precedent for Expanding CPA Reporting?" *Journal of Accountancy*, April 1992, pp.63-71.

Mutchler, Jane F., "Auditors' Perceptions of the Going-Concern Opinion Decision," *Auditing: A Journal of Practice & Theory*, Vol.3 No.2, Spring 1984, pp.17-30.

――, "A Multivariante Analysis of the Auditor's Going-Concern Opinion Decision," *Journal of*

Accounting Research, Vol.23 No.2, Autumn 1985, pp.668-682.

(The) National Commission on Fraudulent Financial Reporting [Treadway Commission], *Report of National Commission on Fraudulent Financial Reporting*, AICPA, 1987.（鳥羽至英・八田進二訳『不正な財務報告—結論と勧告—』，白桃書房，1991 年。）

Nekrasz, Frank, Jr., *A Theoretical Investigation of Mandatory Auditor Reports on Internal Control Structure*, University of Illinois at Urbana-Champaign, 1993.

―, "Auditor reports on client internal control structures and management fraud: A theoretical investigation," *Research in Accounting Regulation*, Vol.10, 1996, pp.139-168.

Ng, D. S., "An Information Economics Analysis of Financial Reporting and External Auditing," *The Accounting Review*, Vol.53 No.4, October 1978, pp.910-920.

Noke, C. W., "Agency and the excessus balance in monarial accounting," In R. H. Parkerand B. S. Yamey, editors, *Accounting History*, Clarendon Press, Oxford, 1994.

Oliver, Henri, "Challenges Facing the Accounting Profession," *The European Accounting Review*, Vol.9 No.4, 2000, pp.603-624.

O'Malley, Shaun F., "Toward a Better Understanding of the Expectation Gap," *The CPA Journal*, Vol.63 No.2, February 1993, pp.6-7.

O'Reilly, Vincent M., et al., *Montgomery's Auditing, Twelfth Edition*, John Wiley & Sons, Inc, 1998.（中央監査法人訳『モントゴメリーの監査論＜第 2 版＞』，中央経済社 1998 年。）

O'Reilly-Allen, Margaret, *The Effect of Management and Auditor reports on Internal Control on Financial Analysts' Perceptions and Decisions*, Drexel University, 1997.

Pava, M. L. and M. Epstein, "MD & A as an investment tool: User beware!" *Journal of Accountancy*, Mar. 1993, pp.51-53.

Pope, Peter F. and William P. Rees, "International Differences in GAAP and The Pricing of Earnings," in *International Capital Markets in a World of Accounting Differences*, edited by Frederick D. S. Choi and Richard M. Levich, New York: IRWIN, 1994, ch.4, pp.75-107.

Raghunandan, K., "Predictive Ability of Audit Qualifications for Loss Contingencies," *Contemporary Accounting Research*, Vol.9 No.2, Spring 1993, pp.612-634.

Rittenberg, Larry E. and Bradley J. Schwieger, *Auditing- Concepts for a Changing Environment*, Dryden Press, 1994.

Root, Steven J., *Beyond the COSO: International Control to Enhance Corporate Governance*, John Wiley & Sons, 1998.

Rosenfield, Paul and Leonard Lorensen, "Auditors' Responsibilities and the audit report," *Journal of Accountancy*, Vol.138 No.3, September 1974, pp.73-83.

Roussey, Robert S., Ernest L. Ten Eyck and Mimi Blanco-Best, "Three New SASs: Closing the Communications Gap," *Journal of Accountancy*, December 1988, pp.44-52.

Rowe, Thomas M. and Gary A. Giroux, "Diocesan financial disclosure: A quality assessment,"

Journal of Accounting and Public Policy, Vol.5 No.1, Spring 1986, pp.57-74.

Saudararan, Shahrokh M. and Gary C. Biddle, "Financial Disclosure Levels and Foreign Stock Exchange Listing Decisions," in *International Capital Markets in a World of Accounting Differences*, edited by Frederick D. S. Choi and Richard M. Levich, IRWIN, New York, 1994, ch.7, pp.159-201.

Schroeder, Nicholas and Chales Gibson,"Readability of Management's Discussion and Analysis," *Accounting Horizons*, December. 1990, pp.78-87.

Schuetze, Walter P. (1993), "Reporting by Independent Auditors on Internal Controls,"*The CPA Journal*, Vol.63 No.10, October 1993.

Schwartz, K. and K. Menon, "Auditor Switches by Failing Firms," *The Accounting Review*, Vol.60 No.1, April 1985, pp.248-261.

Securities and Exchange Commission [SEC], Securities Act Release *No.4936*, December 9, 1968; *No.5520*, August 14, 1974; *No.6231*, September 2, 1980; *No.6711*, April 20, 1987; *No.6835*, May 18, 1989.

——, Notification of Enactment of Foreign Corrupt Practices, *Accounting Series Release*, No.242, February 1978.

——, "Statement of Management on Internal Accounting Control," Release No.34-15772, April 1979.

——, "Proposed Report of Management's Responsibilities," Release No.33-6789, July 1988.

——, *Final Rule: Revision of the Commission's Auditor Independence Requirements*, November 21, 2000, SEC.

Sever, Mark V. and Ronald E. Boisclair, "Financial Reporting in the 1990s," *Journal of Accountancy*, January 1990, p.40.

Smieliauskas, Wally,"Sensitivity Analysis of the Realized Risks of Auditing with Uncertainty Concerning Internal Control Evaluations, *Journal of Accounting Research*, Vol.23 No.2, 1985, pp.718-739.

Smieliauskas, Wally and Lloyd Smith, "A Theory of Evidence Based on Audit Assertions," *Contemporary Accounting Research*, Vol.6 No.2, Spring 1990, pp.407-426.

Smith, Sylvia, "More Than a Drop in the Bucket," *CA Magazine*, February 1993, pp.50-52.

Solomons, Morton B. and Joe R. Cooper, "Reporting on International Control: The SEC's Proposed Rules," *Journal of Accountancy*, June 1990, pp.56-63.

Srivastava, Rajendra P., "Auditing Functions for Internal Control Systems with Interdependent Documents and Channels,"*Journal of Accounting Research*, Vol.24 No.2, 1986, pp.422-426.

Steinberg, Richard M., "Reaching Consensus: The GAO's Acceptance of the COSO Report, " *Journal of Accountancy*, September 1994, pp.37-40.

Stephens, Ray G., "An Investigation of the Descriptiveness of the General Theory of Evidence and Auditing, *Auditing: A Journal of Practice and Theory*, Vol.3 No.1, Fall 1983, pp.55-74.

Stone, Peter F. and Mark L. Frigo,"The Neglected Management Letter,"*The CPA Journal*, Vol.58 No.9, 1988, pp.38-43.

Study Group chaired by Sir Richard Greenbury, *Directors' Remuneration*, July 1995.(八田進二・橋本尚共訳『英国のコーポレート・ガバナンス』, 白桃書房, 2000 年, 所収。)

Swanson, G. A. and J. C. Gardner,"Not-for-profit accounting and auditing in the early eighteenth century: Some archival evidence,"*The Accounting Review*, Vol.63, No.3, 1988, pp.436-447.

Tennyson, B. M., R. W. Ingram and M. T. Dugan, "Assessing the Information Content of Narrative Disclosures in Explaining Bankruptcy," *Journal of Business Finance and Accounting*, Summer 1990, pp.391-410.

Thornton, Daniel B., *The Financial Reporting of Contingencies and Uncertainties: Theory and Practice*, Research Monograph No.5, The Canadian Certified General Accountants' Research Foundation, 1983.

Tongren, J. D., "CoActive Control," *Internal Auditor*, June 1995.

Toronto Stock Exchange Committee on Corporate Governance in Canada, "*Where were the Directors ?*"- *Guidelines for Improved Corporate Governance in Canada*, December 1994.

Verschoor, Curtis C., "The Impact of Legislation and Regulation on Internal Auditing," *Internal Auditor*, Vol.48 No.3, June 1991, pp.96-100.

――, "Internal Control Reporting in the U.S. and Implications for Other Countries," unpublished manuscript at the 18th Annual Congress of European Accounting Association, 1995.

Von Kaschnitz, Egon, "Management Letters For Clients Of Small Accounting Firms," *Journal of Accountancy*, Vol.121 No.2, 1966, pp.33-38.

Wallace, Wanda A., *The Economic Role of The Audit in Free and Regulated Markets*, The Touche Ross & Co., 1980. (reprint in Auditing Monograph, PWS-Kent Publishing Company, 1986, 千代田邦夫・盛田良久・百合野正博・朴大栄・伊豫田隆俊訳『ウォーレスの監査論』, 同文舘, 1991 年。)

――, "Internal Control Reporting- 950 Negative Responses," *The CPA Journal*, January 1981, pp.33-38.

――, "Should CPAs' Reports on Internal Control Be Required ?- Survey Evidence on the Effects of Such a Requirement," *Akron Business and Economic Review*, Spring 1982, pp.20-23.

――, "More Effective Management Letters," *CPA Journal*, Vol.53 No.12, 1983, pp.18-29.

――, "The timing of initial independent audits of municipalities: An empirical analysis," *Research in Governmental and Nonprofit Accounting*, Vol.2, 1986, pp.3-51.

――, "Agency theory and governmental and nonprofit sector research,"*Research in Government and Nonprofit Accounting*, Vol.3, Part B, 1987a, pp.51-70.

――, "The economic role of the audit in free and regulated markets: A review," *Research in*

Accounting Regulation, Vol.1, 1987b, pp.7-34.
――, "The Irony of Responding to Regulators' Pressures: The Case of Management Letter Precautionary Representations," *Accounting Horizons*, Vol.2 No.1, 1988, pp.88-93.
――, "Whose Power Prevail in Disclosure Practices ?" *Auditing: A Journal of Practice & Theory*, Vol.11 Supplement, 1992, pp.79-105.
Watts, Ross L.,"Corporate Financial Statements, a Product of the Market and Political Processes," *Australian Journal of Management*, Vol.2, pp.53-75, April 1977.
Watts, Ross L. and Jerold L. Zimmerman, "Agency Problem, Auditing and the Theory of the Firm: Some Evidence," *Journal of Law and Economics*, Vol.26, October 1983, pp.613-634.
Zimmerman, Vernon Kenneth, *British Background of American Accountancy*, Ph. D thesis, University of Illinois, 1954.（小澤康人・佐々木重人訳『近代アメリカ会計発達史――イギリス会計の影響力を中心に――』，同文舘，1993年。）

和 文 献

青木茂男『現代の業務監査』，中央経済社，1984年。
青木昌彦『経済システムの進化と多元性』，東洋経済新報社，1995年。
青柳文司『アメリカ会計学』，中央経済社，1986年。
石塚博司編著『会計情報と株価』，同文舘出版，1987年。
石田三郎「財務諸表監査における適正性概念再考」，『産業経理』Vol.53 No.2，1993年，pp.2-9.
石原俊彦『リスク・アプローチ監査論』，中央経済社，1998年。
伊丹敬之『マネジメント・コントロールの理論』，岩波書店，1986年。
今福愛志「GAAPの階層関係の再編成――米国の会計基準設定諸機関をめぐる階層関係――」，山本繁編著『現代会計基準と会計制度』，同文舘，1993年，pp.45-55.
伊豫田隆俊「経済財としての監査サービスの職能――Wallace, W. A. の所説を中心に――」，『大阪経大論集』No.198，1990年11月，pp.41-65.
――――『制度としての監査システム――監査の経済的機能と役割――』，同文舘出版，2003年。
岩原紳作「大和銀行代表訴訟事件一審判決と代表訴訟制度改正問題〔上〕〔下〕」，『商事法務』No.1576，2000年11月5日，No.1577，11月15日。
上村達男「取締役が対会社責任を負う場合における損害賠償の範囲」，『商事法務』No.1600，2001年7月15日。
大塚宗春編『金融商品に係るリスク情報開示実態の日米比較研究』，平成5年度科学研究費補助金研究成果報告書，1994年。

岡崎隆造「英国における金融機関をめぐる規制の概要と最近の動向」,『JICPA ジャーナル』No.480, 1995 年 7 月, pp.72-73.
荻茂生「MD&A 情報に関する SEC の規制――ソニーの例を中心として――」,『経理情報』, 1998 年 11 月 20 日, pp.44-45.
加古宜士『物価変動会計論』, 中央経済社, 1981 年.
―――「公表財務諸表制度における時価情報の地位」,『会計』Vol.139 No.3, 1991 年 3 月, pp.358-370.
―――編『トライアングル体制下における会計的認識領域の拡張可能性に関する研究』, 平成 9-10 年度科学研究費補助金研究成果報告書, 1999 年.
川崎友巳「アメリカ金融犯罪の一段面――『大和銀行 NY 支店事件』からの教訓――」,『商事法務』No.1602, 2001 年 8 月 5 日, pp.51-75.
菊地伸「大和銀行株主代表訴訟判決に触れて」,『監査役』No.436, 2000 年 12 月 25 日, pp.5-6.
日下部與市『新会計監査詳説』, 中央経済社, 1979 年.
日下部與市先生論文集編纂委員会『財務公開制度と監査』, 1976 年.
経済産業省リスク管理・内部統制に関する研究会『リスク管理・内部統制に関する研究会報告書〜リスクマネジメントと一体となって機能する内部統制〜』, 2003 年 6 月 27 日.
公認会計士審査会『会計士監査の充実に向けての提言』, 1997 年 4 月.
古賀智敏『情報監査論』, 同文舘, 1990 年.
小西一正「内部統制の重大な欠陥に関する伝達」,『研究季報（奈良県立商科大学）』開学記念号, 1990 年 12 月, pp.65-74.
小宮山賢「時価会計の導入と監査実務上の諸問題」,『会計』Vol.159 No.2, 2001 年 2 月, pp.214-226.
酒居叡二「監査に対するゲーム論応用の試み」,『彦根論叢』No.293, 1995 年 1 月, pp.173-190.
櫻井弘蔵「米国監査の構造的変貌と内部統制」,『企業会計』Vol.30 No.3, 1978 年 3 月, pp.60-69.
佐藤信彦「『真実かつ公正な概観』と監査判断」,『経理知識』No.66, 1987 年 3 月, pp.67-82.
塩原一郎「監査報告書の情報提供機能――後発事項との関連での提言――」,『税経セミナー』Vol.27 No.1, 1982 年 1 月, pp.15-23.
―――『財務会計原論』, 税務経理協会, 1994 年.
―――「適正性概念の個別性と一般性（一）・（二・完）」,『会計』Vol.148 No.4, 1995 年 10 月, pp.486-498, および No.5, 1995 年 11 月, pp.732-742.
―――「わが国財務諸表監査は社会的期待にいかに対応したか――期待レヴェル概念

―――「職業専門家による法定外部監査の1930年体制」,『早稲田商学』No.385, 2000年, pp.1-500.

塩原一郎・町田祥弘「未確定事項問題の再検討―――GAAP vs. GAAS の観点から―――」,『税経通信』Vol.50 No.10, 1995年, pp.10-19.

―――・―――「日本的環境における監査人の判断の特質―――『監査の厳格化』の指摘との関連において―――」,『会計』Vol.158 No.4, 2000年10月, pp.556-568.

清水毅「金融機関におけるトレーディング勘定への時価評価導入による監査への影響」,『企業会計』Vol.49 No.4, 1997年4月, pp.477-483.

染谷恭次郎『米国財務諸表監査の研究』, 早稲田商学同攻会（非出版）, 1952年。

―――『国際会計』, 中央経済社, 1984年。

―――『会計職能の変化と拡大』, 税務経理協会, 1994年。

高田敏文「財務諸表監査と経営者不正問題」,『商学論集』（福島大学経済学会）Vol.60 No.4, 1992年, pp.51-65.

千代田邦夫『アメリカ監査制度発達史』, 中央経済社, 1984年。

―――『公認会計士―――あるプロフェッショナル100年の闘い―――』, 文理閣, 1987年。

―――『アメリカ監査論』, 中央経済社, 1994年。

鳥羽至英『監査証拠論』, 国元書房, 1983年。

―――「監査人の役割と新たな監査の潮流―――コーエン報告書とトレッドウェイ報告書が新監査基準に及ぼした影響―――(1)(2)」,『JICPAジャーナル』, 1991a年5月, pp.13-20, および1991b年6月, pp.13-18.

―――「監査理論とエージェンシー理論―――『エージェンシー監査説』の検討2」,『産業経理』Vol.53 No.3, 1993年10月, pp.47-57.

―――「監査理論とエージェンシー理論―――『エージェンシー監査説』の検討」,『研究年報「経済学」』Vol.55 No.3, 1994a年1月, pp.341-357.

―――『監査基準の基礎［第2版］』, 白桃書房, 1994b年。

内藤文雄「決算書監査人の警告機能について」,『国民経済雑誌』Vol.165 No.3, 神戸大学経済経営学会, 1992年3月, pp.77-100.

―――「企業のリスク・不確実性情報に関する監査の役割」,『企業会計』Vol.48 No.7, 1996年7月, pp.74-79.

―――「会計情報の拡大と監査対象能力」,『会計』Vol.153 No.5, 1998a年5月, pp.110-124.

―――「公認会計士の監査・保証業務の拡張に関する調査研究の動向」,『JICPAジャーナル』No.519, 1998b年10月。

―――『財務諸表監査の変革』, 税務経理協会, 2003年。

中村聡「米国証券民事責任訴訟改革法の概要」,『商事法務』No.1414, 1996年2月15日

号，pp.2-7，および3月5日号，pp.33-37.

永見尊「1960年代に至る監査報告基準の進展と『条件』付監査意見の記載実務」，『作新経営論集』No.11, 2002年3月, pp.41-62.

日本公認会計士協会「金融機関の内部管理体制に対する外部監査に関する実務指針」, 2001年7月16日

日本公認会計士協会・次世代会計士保証業務研究会『公認会計士保証業務〜基礎概念，実務，および責任の研究〜』(最終報告書), 2000年7月1日。

日本公認会計士協会・我が国企業の財務情報の信頼性回復のための対応策プロジェクトチーム『我が国の監査の信頼性を回復するための提言』, 2000年3月22日，日本公認会計士協会。

日本コーポレイト・ガヴァナンス・フォーラム『日本型コーポレイト・ガヴァナンス原則（中間報告書）』, 1997年。

─────『コーポレート・ガヴァナンス原則──新しい日本型企業統治を考える　最終報告』，日本コーポレート・ガヴァナンス・フォーラム事務局, 1998年5月。

─────『改定コーポレイト・ガバナンス原則』, 2001年10月。

野村修也「金融機関に求められるコンプライアンス体制─金融検査マニュアルの理論的背景に関する一考察─」，『商事法務』No.1527, 1999年6月5日, p.11.

八田進二「企業の内部統制をめぐる新たな展開」，『経営行動』Vol.9 No.4, 1994年12月, pp.36-44.

─────「カナダにおける内部統制の議論」，『産業経理』Vol.57 No.2, 1997年7月。

─────「会計情報の拡大と監査可能性－監査範囲の拡大と監査業務の品質の確保を中心に－」，『会計』Vol.155 No.4, 1999年4月, pp.60-81.

─────「内部統制とコーポレート・ガバナンス」，『企業会計』Vol.53 No.1, 2001a年1月。

─────編著『ゴーイング・コンサーン情報の開示と監査』，中央経済社, 2001b年。

─────「エンロン事件の伏線をたどる」，『旬刊経理情報』No.985, 2002a年6月1日, pp.26-29.

─────「改訂監査基準はエンロン・ショックに耐えうるか」，『旬刊経理情報』No.978, 2002b年3月10日, pp.8-11.

八田進二・町田祥弘「米国『企業改革法』にみる監査人の独立性規制の将来像」，『税経通信』Vol.57 No.13, 2002a年10月, pp.22-30.

─────・─────「米国『企業改革法』にみる監査委員会制度の将来像」，『月刊監査役』No.454, 2002b年10月, pp.1-9.

─────・─────「米国『企業改革法』にみる監査規制の将来像」，『JICPAジャーナル』Vol.14 No.11, 2002c年11月, pp.95-100.

林隆敏「アメリカにおけるゴーイング・コンサーン問題の史的考察」，『会計』Vol.155

No.5，1999年5月，pp.93-105.

―――「監査報告書におけるゴーイング・コンサーン問題の記載実態－SECフォーム10-Kの実態分析－」，『商学論究』（関西学院大学商学研究会）第48巻第4号，2001年3月，pp.145-160.

―――「財務諸表注記におけるゴーイング・コンサーン問題の開示実態－SECフォーム10-Kの分析－」，『商学論究』（関西学院大学商学研究会）第49巻第3号，2002年3月，pp.91-110.

朴大栄「特記事項――監査報告書の性格と関連させて――」，『国民経済雑誌』Vol.170 No.5，1994年11月，pp.1-23.

広瀬義州『会計基準論』，中央経済社，1995年.

―――「『企業会計原則』の見直しに伴う課題」，『旬刊商事法務』No.1446，商事法務研究会，1997年1月.

藤沼亜起「国際社会からみた日本の会計と監査―その課題と展望―」，『現代監査』No.12，2002年3月.

藤本幸弘・松田暖「『大和銀行事件』判決が問いかけるもの―株主代表訴訟制度の見直しをめぐる最近の動向―」，『経理情報』No.949，2001年4月20日，pp.22-25.

古庄修「コーポレート・ガバナンス・ディスクロージャーの国際的動向」，『国際会計研究学会年報――1997年度――』，1998年3月，pp.69-86.

町田祥弘「マネジメント・レターの制度化の意義について」，『商経論集』No.67，早稲田大学大学院商学研究科，1994年12月15日，pp.39-56.

―――「監査人による内部統制報告書問題の展開――連邦預金保険公社改革法（FDICIA）の制定を契機として」，『早稲田商学』No.368，早稲田商学同攻会，1996a年3月，pp.27-48.

―――「外部監査人による内部統制報告」，『税経通信』Vol.51 No.11，1996b年8月，pp.145-154.

―――「内部統制についての追加的監査報告の意義と機能」，『東京経大学会誌――経営学――』No.206，東京経大経営学会，1997年12月，pp.133-145.

―――「内部統制フレームワークと外部監査人の役割」，『税経通信』Vol.53 No.11，1998a年9月，pp.265-272.

―――「内部統制概念：その拡張と規定要因」，『JICPAジャーナル』No.519，1998b年10月，pp.50-51.

―――「適正性レベルと監査人の役割」，『産業経営』No.24，早稲田大学産業経営研究所，1998c年12月，pp.105-121.

―――「内部統制フレームワーク設定の意義と背景」，『東京経大学会誌――経営学――』No.212，東京経大経営学会，1999a年2月，pp.127-136.

―――「内部統制報告をめぐる経営者と監査人の関係」，『現代監査』No.9，日本監査研

究学会，1999b 年 3 月，pp.54-61.
――――「MD&A 開示と監査需要論」，『産業経理』Vol.59 No.3，1999c 年 10 月，pp.82-91.
――――「保証業務のフレームワークによる外部監査機能の再編成」，『産業経営』No.27，早稲田大学産業経営研究所，1999d 年 12 月，pp.1-26.
――――「不正問題と内部統制――内部統制の有効性をめぐって――」，『東京経大学会誌――経営学――』No.218，東京経大経営学会，2000 年 3 月，pp.189-201.
――――「日本における監査環境の変化と監査プロフェッションの意識――監査プロフェッションに対するインタビュー調査をもとにして――」『東京経大学会誌――経営学――』No. 224，東京経大経営学会，2001a 年 3 月，pp.65-78.
――――「監査人からの情報発信をめぐる諸問題――監査報告モデルと日本の監査環境による制約――」，『現代監査』No.11，2001b 年 3 月，pp.13-20.
――――"Change in Audit Environment of France and its Implication to the Reforming of the Audit Infrastructure in Japan," in *International Auditing Environment,* edited by Ichirou Shiobara, Zeimukeiri-Kyokai Co., Ltd: Tokyo, 2001c, pp.141-146.
町田祥弘・土屋和之『『市場の証拠』の研究―エイジェンシー理論に基づく監査需要論 (1)」，『商経論集』（早稲田大学大学院商学研究科）No.72，1997 年 3 月 25 日，pp.67-81.
――――・――――「日本における監査の代替的モニタリングの研究――近代紡績業の状況を中心にして――」，『千葉商大論叢』Vol.36 No.2，千葉商科大学，1998 年 9 月，pp.119-144.
松本祥尚 "The Countervailing Power of Japanese Auditors," 『香川大学経済論叢』Vol.68 No.2・3，1995 年.
――――「職業会計士による保証機能の多層性」，『商學論集』（関西大学）Vol.43 No.4，1998 年 10 月.
水野隆徳『大和銀行事件』，ダイヤモンド社，1996 年
村山德五郎「新 SAS 研究ノート〔V〕・〔VI〕―監査報告書 (5)・(6)―」，『JICPA ジャーナル』No. 431・434，1991 年 6 月・9 月，pp.33-40・pp.74-77.
森實『リスク指向監査論』，税務経理協会，1992a 年.
――――「内部統制に関する一考察―社会的期待と監査人の論理の調整」，『国民経済雑誌』Vol.165 No.3，1992b 年，pp.1-18.
――――「内部統制とコーポレート・ガバナンス」，『税経セミナー』Vol.52 No.2，1998 年 2 月.
森川八州男「財務諸表の『適正性』の検討」，『明大商学論叢』Vol.76 No.4，1994 年 3 月，pp.83-95.
盛田良久『アメリカ証取法会計』，中央経済社，1987 年，pp.252-265.
――――編著『監査問題と特記事項』，中央経済社，2002 年.

山浦久司「財務諸表監査と内部統制組織」,『産業経理』Vol.36 No.10, 1976年10月, pp.76-85.
────「適正意見の意味の再確認とわが国へのインプリケーション」,『会計』Vol.151 No.3, 1997年3月, pp.309-322.
────「保証業務の論理とニーズの構造」, 日本監査研究学会課題別研究部会『保証業務(assurance service)のフレームワークと会計士の責任』(最終報告), 1999年, 第1章, pp.3-21.
────「実態監査機能強化の要求と内部統制報告書の導入」,『企業会計』Vol.53 No.1, 2001年1月, pp.75-80.
────『監査の新世紀──市場構造の変革と監査の役割──』, 税務経理協会, 2001年。
────『会計監査論〔第3版〕』, 中央経済社, 2003年。
山田恵「保証業務の特質〜エリオット委員会報告書における保証の独立性に関連して〜」, 日本監査研究学会課題別研究部会『保証業務(assurance service)のフレームワークと会計士の責任』(最終報告), 1999年, 第2章, pp.23-35.
山地秀俊『情報公開制度としての現代会計』, 同文舘, 1994年。
百合野正博「試査と内部統制組織の関係──その歴史的考察──」,『同志社商学』Vol.30 No.4, 1979年, pp.29-54.
────「監査目的と2つの不正概念──米国における財務諸表監査成立期の考察を中心として──」,『同志社商学』Vol.34 No.3, 1982年, pp.335-360.
脇田良一ほか「監査基準の改訂をめぐって」,『JICPAジャーナル』第560号, 2002年3月, pp.11-25.

索　引

【A～Z】

CoCo 報告書··211
COSO··136, 140
COSO 内部統制フレームワーク
　　　　　　　　　　············117, 123, 152
─────────の課題
　　　　　　　　　　··140
COSO 分析報告···244
ERM フレームワーク案···········135, 143, 150
FCPA···129, 173
FDICIA·······139, 187, 193, 194, 197, 262, 272
GAAP 準拠性································22, 24, 25
GAAP の階層構造··23
GAO···195, 199, 259
IAASB··5
IFAC··4
IT の進展···7
MA 業務···74
MD&A···6, 94
PCAOB··157
POB パネル報告書··246

【あ行】

アテステーション業務·······································72
エイジェンシー仮説··································78, 104
エリオット委員会··71

【か行】

海外不正支払防止法·······················⇒ FCPA
会計基盤強化のための国際フォーラム ··· 5

開示レベル··20, 28
監査環境··3
監査需要論···77
監査の厳格化··53, 54
─────のプロセス··57
監査の副産物······································87, 105
監査判断···58, 64
企業改革法··267
期待ギャップ···42
キャドベリー委員会·····································206
金融検査マニュアル·····················55, 260, 261
経営者観測分析····································⇒ MD&A
経営者不正···120, 243
公開会社会計監視委員会·············⇒ PCAOB
ゴーイング・コンサーン問題
　　　　　　　　　　·········42, 48, 61, 67
コーエン報告書································27, 41, 175
コーポレート・ガバナンス ··· 118, 119, 193
国際会計士連盟··································⇒ IFAC
国際監査・保証基準審議会 ··· ⇒ IAASB
コンチネンタル・ベンディング・マシン社事件
　　　　　　　　　　······································22

【さ行】

サーベインズ＝オックスリー法
　　　　　　　　　　············⇒企業改革法
財務会計···8
時価会計···6
条件付適正意見···36
情報仮説···82, 105
情報提供機能説··223

【た行】

ターンバル・ガイダンス……………209
大和銀行事件………………………253
追加的コスト………………………217
────────報告………216, 226, 229
通知……………………………219, 269
適正性…………………………………19
────レベル………………………29
投資家保護…………………………222
統制目的と内部統制の構成要素の関係
　　　　　　　　………………………138
トレッドウェイ報告書……………177

【な行】

内部統制の限界……………………238
内部統制の構成要素………………124
内部統制の有効性…………………234
内部統制報告……………60, 66, 271
二重責任…………………………10, 41

【は行】

バーゼル銀行委員会………………261
バケット理論………………………211
ハンペル委員会……………………208
ビジネス・リスク……………………42
不正問題……………………………236
保険仮説………………………84, 105
保証機能説…………………………223
保証業務…………………………70, 71

【ま行】

マネジメント・レター……159, 162, 184
未確定事項……………………35, 36
民事証券訴訟改革法……75, 102, 275

【や行】

有用性………………………………218

【ら行】

利害調整……………………………221
リスク・アプローチ…………………240
リスク開示……………………………6
リスク新時代の内部統制……136, 153
レジェンド（警句）問題……20, 29, 52

〈著者紹介〉

町田　祥弘（まちだ　よしひろ）
東京経済大学経営学部助教授（財務会計・会計監査論）

1991 年　早稲田大学商学部卒業
1997 年　早稲田大学大学院商学研究科博士後期課程単位取得退学
同　年　東京経済大学経営学部専任講師
2000 年　同助教授（現職）
2002 年　博士（商学）（早稲田大学）
2002-2003 年　Warwick University（英国）にて客員研究員

現在，日本監査研究学会幹事，金融庁企業会計審議会専門委員，日本公認会計士協会
「監査規範の概念的枠組みに関する研究会」委員，他。

主な著・訳書等
『現代会計―継承と変革の狭間で―』（分担執筆，創成社，2004 年）
『監査のコスト・パフォーマンス分析 ―日米欧国際比較― 』（分担執筆，同文舘出版，2003 年）
『現代会計研究』（分担執筆，白桃書房，2002 年）
『ゴーイング・コンサーン情報の開示と監査』（共著，中央経済社，2001 年）
『コーポレート・ガバナンス』（共訳，白桃書房，2001 年）
『International Auditing Environment』（分担執筆，税務経理協会，2001 年）
『アメリカ会計プロフェッション』（共訳，白桃書房，2000 年）

著者との契約により検印省略

平成 16 年 3 月 30 日　初版発行

会計プロフェッションと内部統制

著　者	町　田　祥　弘
発行者	大　坪　嘉　春
整版所	株式会社アイディ・東和
印刷所	税経印刷株式会社
製本所	株式会社三森製本所

発 行 所　東京都新宿区下落合2丁目5番13号　株式会社 税務経理協会

郵便番号　161-0033　振替 00190-2-187408　電話 (03) 3953-3301（編集部）
FAX (03) 3565 - 3391　(03) 3953-3325（営業部）
URL http：//www.zeikei.co.jp/
乱丁・落丁の場合はお取替えいたします。

ⓒ　町田祥弘 2004　　　　　　　　　　　　　　　Printed in Japan

本書の内容の一部又は全部を無断で複写・複製（コピー）することは，法律で認められた場合を除き，著者及び出版社の権利侵害となりますので，コピーの必要がある場合は，予め当社あて許諾を求めてください。

ISBN4－419－04176－5　C 1063